Mike Kauschke

Auf der Suche nach der verlorenen Welt

Eine Reise zur poetischen Dimension unseres Lebens

Wie hat Ihnen das Buch gefallen?
Teilen Sie gern
Ihre Meinung mit uns!

https://www.kamphausen.media/auf-der-suche-nach-der-verlorenen-welt/t-9783958835153

Bibliografische Information der Deutschen Nationalbibliothek:
Die Deutsche Nationalbibliothek verzeichnet diese Publikation in der Deutschen Nationalbibliografie; detaillierte bibliografische Daten sind im Internet über https://www.dnb.de abrufbar.

1. Auflage 2022
Lektorat: INA KLEINOD, Nobitz
Umschlaggestaltung | Layout und Satz: GESINE BERAN, Turin
Umschlagmotiv: © SYLVIA SEELMANN, Berlin
Gesamtherstellung | Druck: FINIDR, S. R. O., Tschechische Republik
Printed in the European Union

ISBN 978-3-95883-515-3 | ISBN E-BOOK 978-3-95883-516-0
www.kamphausen.media

INHALT

Poesie öffnet eine Tür
in die Tiefe des spürenden Verstehens
und in die Weite unseres möglichen Werdens.
Im Hören werden wir wach.

Und in uns Blüten dichtet – Eine Einführung

ES IST EIN WARMER SOMMERSONNTAG und ich sitze in der Stille, die diesen Tag durchdringt. Sonne und Wolken wechseln sich ab über der weiten Wiese und der Wald atmet ruhig. Die Berge wandern im Dunst des Horizonts. Ich halte inne. Vor etwa einem Jahr begann ich, an diesem Buch zu schreiben. Nur einige erste Ideen dazu waren mir im Sinn. Im Laufe der Zeit hat sich daraus Seite um Seite entfaltet, weitaus umfangreicher, als ich zuerst dachte. Vieles, von dem ich bislang selbst nicht wusste, dass es in mir schlummert, sprach sich aus. Damit sind wir schon mitten in der Poesie. Denn das vermag sie: unser inneres Geheimnis und das Mysterium der Welt in Worte zu fassen und dadurch ansprechbar zu machen. Unentdeckte Länder zu finden und zu bewohnen.

Aus dieser Fähigkeit heraus hat Poesie die Kraft, unser Leben von innen her zu verwandeln, es zu verzaubern, zu poetisieren. Es ist das Anliegen dieses Buches, Wege aufzuzeigen, wie das möglich sein kann. Poesie verstehe ich hier viel weiter gefasst, als sie meist verstanden wird. Wenn wir an Poesie denken, dann erinnern sich einige an die Poesiealben ihrer Jugend oder an den Deutschunterricht, in dem sie Gedichte auswendig lernen mussten. Andere denken an einen neuen Poesie-Trend mit Poetry-Slams und Instagram-Gedichten. Man erwartet eine literaturwissenschaftliche Abhandlung über die Dichtung oder komplexe Gedichtinterpretationen. Für einige sind die Worte bestimmter Dichterinnen und Dichter eine innere Nahrung geworden, die sie schon lange begleitet. Wie auch immer deine bisherige Erfahrung mit der Poesie ist, ich möchte dich in diesem Buch einladen, sie neu zu entdecken. Denn ich will eigentlich nicht *über* die Poesie schreiben, sondern *aus* ihr und *mit* ihr.

Ich nähere mich der Poesie nicht vordringlich als einer Ausdrucksform der Literatur, sondern als existenzielle Sinnerfahrung, als Nahrung und Heimat. Bei der Arbeit an dieser Einführung fiel mir scheinbar zufällig ein kleines Büchlein wieder in die Hände, das ich vor langer Zeit gelesen habe. In *Das Leben beginnt heute* bemerkt der französische Autor Jacques Lusseyran: »Poesie war keine Literatur, nicht nur Literatur.« Seit seinem achten Lebensjahr blind, engagierte er sich in der Résistance, wurde von den Nazis verhaftet und in das Konzentrationslager Buchenwald deportiert, das er vor allem auch durch die Kraft der Poesie überlebte. Er beschreibt, wie alle still wurden, wenn er oder andere in der Baracke der Häftlinge einige dichterische Verse vortrugen, die wie ein »Mantel der Menschlichkeit« alle miteinander verbanden: »Ich machte die Erfahrung, dass die Poesie eine Handlung ist, eine Beschwörung, ein Friedenskuss, eine Medizin. Ich machte die Erfahrung, dass die Poesie eines der wenigen, sehr wenigen Dinge ist, die über Kälte und Hass siegen können.«[1]

EINE POETISCHE LEBENSKUNST, wie ich sie hier skizziere, folgt dieser menschlichen Hoffnung, die sich im Atem der Poesie ausspricht. Als Kunst, ein poetisches Leben zu gestalten, möchte sie die existenziellen Haltungen und inneren Qualitäten des Poetischen aufnehmen, um das eigene Sein und Werden schöpferischer, wacher, verbundener, mitfühlender zu gestalten – und so auch den Blick für eine Umgestaltung unserer Gesellschaft öffnen. Mit Poesie meine ich also keine schwärmerische Weltflucht oder die Einkapselung in ein privates Wohlgefühl. Denn ich bin davon überzeugt, dass ein Grund für die Krisen, in denen wir heute als Mensch und als Menschheit stehen, darin liegt, dass wir den Quellgrund des Poetischen verschüttet haben. Systemische, soziale und ökologische Krisenfelder wie Burnout, Depression, Sinnkrise, Klimawandel, Artensterben, Finanzkrise, Flüchtlingsbewegungen, globale Ungerechtigkeit und gesellschaftliche Polarisierung sind Symptome für den inneren Verlust unserer Zugehörigkeit zum ganzen Feld des Lebens. Insbesondere auch die zunehmende Digitalisierung unserer Lebenswelt und das Eindringen der Technik in alle Lebensbereiche können uns von der Welt entfernen. In digitalen Medien nehmen wir Informationen auf, aber uns begegnet, ruft und antwortet nicht mehr die Welt, sie geht uns verloren. Wir können die Welt und ihre unverfügbare Lebendigkeit aus dem Blick verlieren und damit auch aus dem Fühlen, dem Spüren und, was am schwersten wiegt, aus unserer schöpferischen Teilhabe. Dieses Buch will Wege aufzeigen, wie wir diese, unsere Welt wiederfinden, inniger bewohnen und kreativ gestalten können.

Es mag sich naiv anhören, den überwältigenden Herausforderungen unserer Zeit mit Poesie begegnen zu wollen. Aber auch die Krisen *reden* zu uns. Mir scheint, sie fragen nach unserer Verbundenheit mit dem Leben in all seinen Formen und nach unserem Antworten auf die Ansprache der Welt. Wer sind wir, wenn wir zuhören? Vielleicht sind wir dann diejenigen, auf die wir warten. Du und ich. Gehen wir gemeinsam den Weg ins poetische Geheimnisland, um es herauszufinden, herauszuhören, um wacher, liebender und schöpfungsfreudiger zu leben.

Poesie erwächst aus einem tiefen Gefühl, mit dem Leben verbunden zu sein, und sie kann dieses Empfinden vermitteln. In der Dichtung wird das Geheimnis eröffnet, dass wir mit der Welt sprechen können. Die Welt ist nicht stumm und tot, sondern zutiefst lebendig und resonanzfähig, ja resonanzsuchend. Ein poetisches Leben zu führen heißt zu lernen, poetisch wahrzunehmen und durch diese Fähigkeit alle Lebensbereiche von innen zum Sprechen und Strahlen zu bringen.

Die Annäherung an das Poetische ist zugleich persönlich und universell. Es ist auch ein Merkmal des Poetischen, dass sie unsere endliche, gebrochene und doch einzigartige, leuchtende Existenz mit der Entfaltungskraft des umfassenden Ganzen verbindet, welches uns so weit übersteigt und gleichzeitig tiefinnerlich meint. Dieses Ganze, das wir sind.

Auf den folgenden Seiten erforsche ich, wie wir unser ganzes Leben mit der Spürkraft der Poesie durchdringen und damit neu verzaubern können – nicht als Flucht in eine gefühlige Harmonie, sondern in der verantwortungsvollen Mitgestaltung unserer Kultur und Gesellschaft. Dazu kristallisiere ich 12 Qualitäten des Poetischen und fächere diese in meiner subjektiven Erfahrung und Berührtheit auf:

Geheimnis – Staunen – Ehrfurcht – Berührung
Verletzlichkeit – Sehnsucht – Zugehörigkeit – Dankbarkeit
Verbundenheit – Kreativität – Verantwortlichkeit – Dialog

ICH SCHÖPFE AUS MEINEM INNEREN ZWIEGESPRÄCH und dem Dialog mit Menschen, Büchern und Gedanken, aus biografischen Erlebnissen, Beziehungen, der Praxis von Meditation, meiner Arbeit im Hospiz, meiner journalistischen Tätigkeit und vielem mehr. Hinzukommen ausgewählte Inspirationen aus Dichtung, Kunst, Wissenschaft, Philosophie und Mystik.

Ich möchte in der Sprache selbst die Spürkraft und Geheimnisnähe des Poetischen vermitteln, sodass in allem Sagbaren immer wieder auch das Unsagbare fühlbar wird. Im Verlauf des Buches wechseln manchmal persönliche Geschichten und poetisches Erleben mit philosophischen Betrachtungen zur allgemeinen Relevanz einer *POETISCHEN LEBENSKUNST*. In allem habe ich aber versucht, den schöpferischen Puls der Sprache spürbar zu machen. In Ergänzung zitiere ich ausgewählte Gedichte oder Gedichtzeilen, in denen Dichterinnen und Dichter ihre poetische Erfahrung vermitteln. Jedes Kapitel endet mit eigenen Versen, in denen ich auf die Grundstimmung des Geschriebenen antworte.

IM TEXT VERWENDE ICH abwechselnd die männliche und weibliche Schreibweise, meine aber immer alle Menschen. Und ich wähle für die Ansprache der Lesenden das nahe »du«, weil es für mich unmittelbarer ist. Denn dieses Buch verstehe ich als ein Gespräch.

Getragen bin ich als Autor vor allem vom poetischen Schreiben, das mir seit meiner Jugend immer wieder neue Horizonte eröffnet hat. Ich schreibe also nicht aus der Perspektive des beobachtenden oder analysierenden Forschens, sondern als jemand, den die poetische Wandlungskraft schon ein Leben lang begleitet. Ich befrage diese Kraft und möchte aufschlüsseln, was sie uns über ein gelungenes Leben sagen kann. Ich möchte die Poesie gleichsam von innen her durchdringen.

MAN KANN DIESES BUCH von vorn nach hinten durchlesen, die Kapitel entwickeln dabei jeweils ihre eigene Sequenz der Bedeutung. Deshalb ist genauso gut auch der Einstieg bei jedem Einzelthema möglich. Die Inhalte entfalte ich nicht nur linear aufeinander aufbauend, sondern auch rhythmisch und mäandernd mit reichhaltigen Querverweisen und Rückbezügen. Beim mehrmaligen Lesen zeigen sich darüber womöglich immer wieder neue Bezugspunkte. Ich stelle mir gerne vor, dass man das Buch immer wieder hervorholen und als Inspirationsquelle öffnen kann, und im Idealfall wird es vielleicht zu einem Lebensbegleiter.

Um dir auf diesem Weg eine Orientierung zu geben, habe ich den vier Buchteilen und den einzelnen Kapiteln kurze Einführungstexte vorangestellt. Ich beginne im ersten Teil bei der Grunderfahrung unseres Menschseins, wie es sich im Licht der Poesie zeigt. Unser Dasein beginnt, endet und atmet immer im Geheimnis, im Mysterium des Seins. Die Haltung des Staunens eröffnet uns diesen geheimnisoffenen Blick und macht uns sehend für das Wunder, in dem wir *sind*. Die Ehrfurcht lässt uns innehalten und nach dem wesentlichen Urgrund unseres Hierseins fragen.

Im zweiten Teil wird sichtbar, wie uns ein umfassendes Spüren das Leben näher erfahren lässt. Wir leben immer in vielschichtigen Berührungen und in der Verletzlichkeit liegt eine eigene Würde. Letztlich berührt uns jede Sehnsucht von innen her und trägt uns über uns hinaus. Der dritte Teil fragt nach unserer Verwurzelung, nach Heimat und Zugehörigkeit. Ich folge dem Empfinden der Dankbarkeit, das uns die Fülle des Seins erschließt, und fächere die vielen Dimensionen unserer Verbundenheit auf. Aus dieser Zugehörigkeit zum Entfaltungsprozess des Lebens eröffnet sich die poetische Fähigkeit, auf das Leben zu antworten. Und aus dieser Fähigkeit zur Antwort entsteht wiederum eine Verantwortlichkeit, der ich im vierten Teil nachgehe. Diese gründet in unserer menschlichen Möglichkeit, schöpferisch zu wirken. Hieraus quillt auch die Poesie. Eine Wachheit für diese schöpferische Kraft eröffnet uns neue Impulse, um uns aktiv in den Prozess ökologischer und gesellschaftlicher Wandlung zu stellen. Abschließend vertiefe ich dann die verbindende Kraft des Dialoges als eines allumfassenden Gesprächs mit dem Leben, von dem die Poesie zeugt.

Aus der Sicht der 12 Qualitäten der *POETISCHEN LEBENSKUNST* erwächst ein völlig neuer Blick auf unser Leben, wir können die Schönheit und Kostbarkeit darin wahrnehmen und die schöpferische Kraft in uns aufspüren. Wir können eine tiefe Beheimatung finden in der Verbundenheit mit dem lebendigen Kosmos und die Fähigkeit entwickeln, auf das Sprechen der Welt zu antworten – im Dialog zu stehen mit der ganzen Fülle der Existenz. Im Grunde ist Poesie dieser fortwährende Dialog mit dem Mysterium des Lebens, und mit diesem Buch lade ich dich ein in dieses Gespräch.

Komm
Über das Ufer
Das du bist

Die Berge wandern ferner
Die Wege leuchten heimwärts
Und unser Fragen wird gehört

Die Schritte sind leicht
Der Blick ganz weit

So groß
Werden wir

Damit das Leben sich findet

Und in uns Blüten
Dichtet

TEIL I

DAS HERZ DES HIMMELS – **IM LEBEN SEIN**

WER SIND WIR ALS MENSCHEN? Was ist unser Sein in dieser Welt? Wie ist der Kosmos beschaffen, in dem wir leben? Die Poesie stellt diese Fragen nicht, um sie zu beantworten, sondern um mit ihnen zu sein, in ihnen zu leben. Diesen Fragen gehe ich in diesem ersten Teil nach und umkreise die Erfahrungsräume von Geheimnis, Staunen und Ehrfurcht als die grundlegenden Seinsqualitäten, von denen aus und auf die hin die Poesie unser Leben aus seinem Urgrund heraus verwandeln kann.

KAPITEL 1

Und finde in jedem ein Mysterium – Geheimnis

Wir beginnen unseren Weg im Geheimnis. Wir erforschen, wie die Poesie im Mysterium unseres Daseins ihren Ausgangspunkt nimmt, daraus spricht, darauf hinspricht. Und uns als Lauschende dorthin mitnimmt. Mit der Geburt kommen wir aus einem Geheimnis in diese Welt, mit dem Tod gehen wir wieder dorthin zurück. Dieses Mysterium zeigt sich an den Grenzen unserer Existenz, doch auch immer dann, wenn uns das Leben in seiner Tiefe berührt. Die Poesie macht uns offen für das Wunder unserer Existenz. Darin erwachen wir im Zauber des Seins.

WÄHREND ICH DIESE ZEILEN SCHREIBE, schaue ich in einen dichten Novembernebel, der sich über und in den angrenzenden Wald legt. Vögel kreisen in der weißen Stille, das Grün der Wiesen hat etwas Schläfriges. Die Welt scheint in sich geborgen und wartend. Der blasse Sonnenkreis schwebt im Dunst und erleuchtet ihn von innen. Ich atme und fühle die innere Wachheit, die leichte Aufregung auch, denn ich beginne etwas in Worte zu fassen, das mir zutiefst kostbar und vertraut ist, zugleich aber so unbegreifbar und unsagbar erscheint. Wie noch manch andres Mal bei der Arbeit an diesem Buch macht es mich nahezu stumm, etwas ausdrücken zu wollen, das sich meinem eigenen Verstehen doch immer wieder entzieht.

Genau darin aber liegt das Geheimnis des Augenblicks. Nicht so sehr in dem, wie der Moment meines oder deines Lebens ist – egal wie er sein mag. Das Geheimnis blüht vielmehr daraus, dass wir *sind*. Dass ich jetzt hier den Novembertag wahrnehme, meine Lebendigkeit spüre und an einer großen Welt teilhabe. Und dass ich aus Gegenwart schöpfend etwas anspreche und du es mitempfinden kannst.

Oft sind es besondere Momente, die uns dafür sensibilisieren, dass unser Hiersein aus einem großen Geheimnis atmet. Du kennst sicher solche Erlebnisse: Wenn du im Frühling die ersten Blüten siehst und dich in ihrem schönen Erscheinen verlierst. Oder wenn du auf andere Weise in der Größe der Natur aufgehst, in der Majestät der Berge oder der Unendlichkeit des Meeres. Oder wenn du ganz aus deinem Inneren etwas in die Welt bringst, ohne genau zu wissen, woher es kommt, sei es ein Wort, eine Idee, ein Kunstwerk oder ein nächster Schritt im Leben. Wenn dich eine Begegnung mit einem anderen Menschen tief berührt mit der Empfindung, sich ganz tief, wie aus einer Dimension jenseits von Zeit und Raum zu kennen. Wenn du einem Tier in die Augen schaust und intuitiv weißt, dass wir alle Mitgeschöpfe eines großen Lebens sind. Wenn du ein Neugeborenes auf den Armen trägst oder einem Sterbenden die Hand hältst und wahrnimmst, wie dieses Menschenleben in einem größeren Sein geborgen ist. Und du mit ihm. Es ließen sich wohl noch unendlich viele solcher Erfahrungen andeuten. Dabei sind es nicht nur die leuchtenden Sternstunden, sondern auch die abgründigen dunklen Momente der Verzweiflung oder des Verlustes, die uns an den Saum des Mysteriums führen können. Und ein Gespräch schwingt in einem wundersamen Klang, wenn wir uns über existenzielle Momente austauschen oder unvermittelt gemeinsam einen solchen ewigen Augenblick erleben.

Solch aufleuchtende Augenblicke erfahren wir häufig als einen Ausdruck des Poetischen. Warum? Für mich ist die besondere Qualität, die all diese Erfahrungen verbindet oder ihnen zugrunde liegt, das Geheimnisvolle. Es sind poetische Momente, in denen wir vom Mysterium des Lebens berührt werden, in denen uns etwas anspricht, das dem gewohnten Gang widerstrebt, das aus einer anderen Welt zu kommen scheint, aber doch ein klares Licht auf diese wirft. Ein Einbruch der Ewigkeit in die Zeit, der Unendlichkeit in das begrenzte Sein. Eine Erfahrung, in der mein Getrenntsein von der Welt durchlässig wird und die Dinge wieder beginnen zu sprechen.

Vor einiger Zeit begegnete mir ein Gedicht von Rose Ausländer, in dem mich eine solche Geheimniskraft besonders berührte.

Die Seele der Dinge
läßt mich ahnen
die Eigenheiten
unendlicher Welten.
Beklommen
such ich das Antlitz
eines jeden Dings
und finde in jedem
ein Mysterium.
Geheimnisse reden zu mir
eine lebendige Sprache.
Ich höre das Herz des Himmels
pochen
in meinem Herzen.[1]

WENN ICH MICH ANSPRECHEN LASSE, kann sich die Seele der Dinge in ihrer je besonderen Einzigartigkeit zeigen. Jedes Ding öffnet in sich unendliche Welten. Im geheimnisoffenen Blick wird das Antlitz jedes Wesens zum Mysterium. Und im Wachsein für das, was ist, sprechen die Geheimnisse der Welt eine lebendige Sprache. Das Herz des Himmels pocht in meinem Herzen. Hier gibt es keine Trennung mehr zwischen mir und einem Ding oder einem Wesen. Alle sind wir im Geheimnis, sind das Geheimnis, sind als Geheimnis uns selbst nah.

Hüter des Verborgenen

DAS GEDICHT VON ROSE AUSLÄNDER hat viel zu der Inspiration beigetragen, dieses Buch zu schreiben. Es erinnerte mich aus einer ahnenden Tiefe an meine eigene Beziehung mit dem Geheimnisvollen, das mich zur Poesie geführt hat. Die Poesie ist die Sprache des Mysteriums. Sie lebt in Worten, die den Raum des Unbekannten offenhalten. Die uns spüren lassen, dass dem Leben ein Leuchten innewohnt, das wir nie ganz begreifen können. Die Dichtenden sind die Erinnernden des Geheimnisses, die Hüter des Verborgenen. Und Gedichte nehmen uns mit in das Strahlen der unmittelbaren Begegnung mit dem Dasein, die immer so viel mehr ist als das, was wir verstehen können. Gedichte eröffnen den Zugang zu einem anderen Wissen, das nicht aus distanzierter Analyse erwächst, sondern aus teilnehmendem Mitvollziehen einer Lebensbewegung. Dichtung verzaubert die Welt, legt ihren Zauber frei, sodass wir uns selbst darin umfassender und tiefer verstehen. In einer entzauberten Welt steht die Poesie dafür ein, das Wunder immer wieder neu aufscheinen zu lassen. Für mich hat sie damit den Grund des Lebens freigelegt, den Ursprung und den Sinn meines Hierseins.

Ich bin in einer Umgebung aufgewachsen, die mir als Kind völlig geheimnisfern schien, in einer Plattenbausiedlung im Osten Deutschlands. In der DDR sah man sich der Naturwissenschaft und einer materialistischen Idee verpflichtet, die in der Kultur kaum Raum ließ für das Geheimnisvolle. Alles war erklärbar, bis hin zum ganzen Universum. Dafür gab es ein Buch, das alle Schüler zur Jugendweihe erhielten, mit dem Titel *Weltall, Erde, Mensch*. Es sollte den Kosmos und unseren Platz darin zweifelsfrei bestimmen. Ich blätterte fasziniert in den Exemplaren meiner Geschwister, noch lange bevor ich selbst »in den Kreis der Erwachsenen aufgenommen wurde«, wie es damals hieß. Aber in mir entstand durch die Bilder der Milchstraße, der Erde als blau leuchtende Kugel im Weltraum und der weit verzweigten Stammbäume der Evolution keine Gewissheit, sondern vielmehr Staunen und ein Schauer des Mysteriums.

Eine andere frühe Erfahrung des Geheimnisses entstand durch diverse Besuche der Tropfsteinhöhlen im Harz, wo wir als Familie Urlaub machten. Mich faszinierte der Gang in die Unterwelt, ins Innere der Erde, und das Zauberreich, das sich mir dort auftat. Die Gesteinszapfen, die von unten nach oben und von oben nach unten wuchsen, wobei manche sich sogar begegneten. Ich lernte ihre Namen und die Unterscheidung, die Stalaktiten wuchsen von der Höhlendecke herab und die Stalagmiten vom Boden herauf. Aber ich verwechselte beide ständig, und eigentlich hatte ich bei diesen Namen eher lebendige Wesen der Vorzeit im Sinn als Steine. Diese Zeiträume von Jahrtausenden, in denen sie gewachsen waren, konnte ich nicht erfassen. Aber ich spürte unbewusst die unvorstellbare Ausbreitung der Zeit. Die Tropfsteine regten meine Fantasie an, ich stellte mir vor, wie im flackernden Licht Menschen der Frühzeit oder ausgestorbene Tiere plötzlich wieder lebendig wurden. Über solch eine Höhlenerfahrung schrieb ich auch den ersten Text, an den ich mich erinnern kann. Nach den Sommerferien bekamen wir von unserer Deutschlehrerin die obligatorische Aufgabe, ein Ferienerlebnis in einer Erzählung aufzuschreiben. Ich beschrieb einen Gang in die Höhle und eine mystische Begegnung mit einem Höhlenbären, der sich dann aber als Gesteinsformation entpuppte. Für mich war es die erste Erfahrung davon, dass man mit Worten etwas Erlebtes so fühlbar wiedergeben kann, dass es andere berührt.

IN DIESES ERLEBEN KAM ICH AUCH, wenn ich Gedichte vortrug. Ich liebte es, ihnen im Deutschunterricht bei Aufsagen meine Stimme zu geben. Wenn ich mich so einließ auf die gedichteten Verse, schien ich ein Mysterium zu berühren, dass zwischen dem Klang der Worte und dem Rhythmus der Reime mitschwang. Ich wurde so gut darin, Lyrik zu verstimmlichen, dass mich meine Lehrerin zum Rezitatorenausscheid schickte. Das war eine etwas merkwürdige Institution in der DDR, bei der man sich unter anderem im Rezitieren von Gedichten maß (und die heute in einigen Regionen der ehemaligen DDR weitergeführt wird).

WIE BEI MEINEN HÖHLENABENTEUERN fand ich das Geheimnisvolle damals aber vor allem in der Natur, die für mich zum Ort der Zuflucht wurde. Ich liebte es, stundenlang durch die feuchten Wiesen hinter unserem Neubaugebiet zu streifen und in den Gräben Frösche zu beobachten oder auch zu fangen. Diese Urwesen zogen mich magisch an, etwas an ihnen schien den Atem vergangener Zeiten erahnen zu lassen. Besonders fasziniert beobachtete ich, wie sich aus den Kaulquappen allmählich kleine Froschwesen entwickelten. Zuerst waren es nur schwarze Würmchen im flachen Wasser, die erst zwei und dann vier Gliedmaßen bekamen, bis sich dann eines Tages kleine Frösche im Graben tummelten. Meine Versuche, sie zu fangen, missglückten meistens, und ich landete oft mit den Füßen und manchmal auch kopfüber im Graben. Sehr zum Leidwesen meiner Mutter, wenn ich völlig durchnässt und viel zu spät nach Hause kam. Aber immer mit einem inneren Glück, denn ich fühlte, dem Leben begegnet zu sein. Ich hatte die Ahnung einer gemeinsamen Herkunft der Schöpfung und ihrer Wesen gespürt. Die lebendige Anwesenheit von etwas Unerklärlichem in der Natur veranlasste mich dazu, in die ARBEITSGEMEINSCHAFT JUNGE NATURFORSCHER einzusteigen, die es an unserer Schule gab. Wir gingen in den nahe gelegenen Wald und brachten selbst gebaute Vogelhäuser an oder bauten ein Freiluftterrarium, in das wir Eidechsen und Frösche setzten und beobachteten.

Heute würde ich sagen, dass ich in diesen Begegnungen mit dem Lebendigen die Poesie des Lebens zum ersten Mal erfuhr. Später, in meiner Jugend, wurde für mich die Musik zum Raum der Sehnsucht und des Erlebens, ein Raum, in dem ich in das Poetische nahezu hineinwuchs. Damals, in den 1980ern, gab es in der DDR eine Untergrundkultur, eine wilde Mischung aus Punk und New Wave, mit der ich eine Resonanz fand auf mein inneres Aufbegehren gegen eine durcherklärte Welt. Mich faszinierten Songs, in denen ich das Geheimnisvolle atmen konnte. Die Subkultur der Gruftis und Gothics mit schwarzer Kleidung und einem Hang zu Magie, Melancholie und Mythen ist auch Ausdruck einer Verweigerung gegenüber einer auf Leistung und Erklärbarkeit ausgerichteten Mainstreamkultur. Das war in der DDR nicht viel anders. Abgesehen davon vielleicht, dass sie dort zusätzlich eine Rebellion für den freien Selbstausdruck in einer konformierten Gesellschaft darstellte. Mir jedenfalls boten Magie, Musik und Menschen, die zu dieser Szene damals gehörten, eine Atmosphäre, in der ich meine eigene Sehnsucht nach einem Lebensgefühl ausdrücken konnte, das den nicht erklärbaren Dimensionen des Menschseins nachspürt.

IN DIESEM UMFELD HÖRTE ICH AUCH zum ersten Mal von den Dichtern, die für mich wichtig werden sollten: Novalis und Friedrich Hölderlin, Georg Trakl und Rainer Maria Rilke, alle auf je eigene Weise Künder des Geheimnisses, Hüter des Verborgenen. Vor allem Novalis und die Dichter und Denker der Frühromantik eröffneten mir in ihren Worten einen geheimnisschwangeren Blick auf die Welt, in Bereiche, die ich innerlich spürte, aber noch nicht klar zu fassen vermochte. Ihre erklärte Absicht, alle Bereiche des Lebens zu poetisieren, stieß bei mir auf eine tiefe Wesensantwort. Obwohl ich noch nicht wusste, was das bedeuten könnte. Wenn ich jetzt dieses Buch schreibe, dann auch als eine Hommage an sie, denn ich versuche zu umkreisen, wie eine so radikale Poetisierung der Wirklichkeit unser Sein verändern kann.

Die Würde des Unbekannten

IN DER ZEIT DER FRÜHROMANTIK um das Jahr 1800 waren viele geniale Geister unterwegs, die für unsere Kultur prägend wurden: die Dichter Goethe, Schiller, Herder, Hölderlin, die Philosophen Fichte, Hegel, Schelling, aber auch die Gebrüder Grimm und Humboldt u.v.m. In Jena traf sich der Freundeskreis um Novalis, den Dichter Ludwig Tieck und den Gebrüdern Friedrich und Wilhelm Schlegel. Sie alle lebten in einer Epochenwende. Man glaubte nicht mehr an eine religiöse Bestimmung der Welt und die adlige Vorherrschaft war endgültig zu Ende. Die Französische Revolution mit ihrem Ruf nach Freiheit, Gleichheit, Brüderlichkeit elektrisierte Europa. Der Sturz der französischen Monarchie setzte Träume von einer gerechteren Welt frei, die enttäuscht wurden, als die Revolution in Grausamkeit und Massenmord mündete. Die Aufklärung hatte den denkenden Menschen ins Zentrum gerückt, der sich aus »selbstverschuldeter Unmündigkeit befreit«, wie es Immanuel Kant formulierte. Mit der Wertschätzung des rationalen Erkennens trat die Naturwissenschaft ihren Siegeszug an. Die Welt wurde erforscht, vermessen, analysiert. Sie wurde aber auch entzaubert.

Die sensiblen Geister der Frühromantik standen mitten in diesen gesellschaftlichen Verwerfungen. Diese jungen Wilden waren einerseits begeistert von der Idee eines freien, schöpferischen Individuums, das aus eigener Kraft die Welt gestaltet. Zugleich sahen sie die destruktiven Folgen einer wissenschaftlichen Rationalität, die glaubt, die Welt im Messen, Begreifen und Sezieren vollständig erklären zu können. Als Alternative zum beginnenden Materialismus vertraten sie die Vision einer *Romantisierung der Welt*. Das Romantisieren sollte die Erfahrungen des Geheimnisvollen, Unnennbaren und Verbindenden zur Grundlage unseres schöpferischen Umgangs mit der Welt machen: »Indem ich dem Gemeinen einen hohen Sinn, dem Gewöhnlichen ein geheimnisvolles Ansehen, dem Bekannten die Würde des Unbekannten, dem Endlichen einen unendlichen Schein gebe, so romantisiere ich es«, schrieb Friedrich von Hardenberg, der sich als Dichter Novalis nannte, »der Neuland Bestellende«.[2]

DIESER SATZ IST FÜR MICH so etwas wie die Grundformel einer *POETISCHEN LEBENSKUNST*. In einer geheimnisoffenen Sicht spricht Novalis unsere gestalterische Kraft an. Ich kann in meinem Leben die Welt, wie sie mir gegeben ist und geschieht, poetisieren. Wie das möglich ist, möchte dieses Buch aufzeigen. Der Dichter selbst gibt uns Hinweise, wie wir das »Neuland« unseres Lebens so »bestellen« können, dass darin der Samen des Poetischen wachsen kann.

Wenn ich »dem Gemeinen einen hohen Sinn« gebe, dann gibt es nichts Banales mehr. Alle Kleinigkeiten des Alltags, die Dinge und Situationen, mit denen ich umgehe, werden bedeutsam, erhalten einen eigenen Glanz. Sie sind eine Gelegenheit, dem Leben zu begegnen und seinem Grund nachzuspüren. Wenn ich eine Mahlzeit esse, kann ich es bewusst und präsent tun statt abgelenkt und nebenher. Ich kann mir dankbar vergegenwärtigen, wie viele Kräfte und Wesen dazu beigetragen haben, dass die Nahrung jetzt auf meinem Teller ist.

Indem ich »dem Gewöhnlichen ein geheimnisvolles Ansehen« gebe, frage ich nach dem Besonderen hinter dem Gewohnten. Wenn ich jetzt einfach dasitze und atme, das Kommen und Gehen der Luft spüre, die meinen Körper erfüllt und wieder verlässt, kann ich bemerken, in welchem Wunder ich damit bin. Ein Prozess, der jeden Tag viele Tausende Male automatisch abläuft, wird mir bewusst als etwas zutiefst Kostbares, das ich im Grunde nicht erfasse. Durch den Atem bekomme ich mein Leben in jedem Moment neu geschenkt.

Wenn ich »dem Bekannten die Würde des Unbekannten« gebe, lasse ich alles, was ich über die Welt zu wissen glaube, los, und ich sehe sie mit neuen, unverbrauchten Augen. Der Mensch, mit dem ich jeden Tag zusammenlebe und den ich zu kennen meine, erscheint mir dann wie eine offene Möglichkeit, ein noch zu entdeckendes Land. Dann werde ich ihm anders begegnen.

Dadurch, dass ich »dem Endlichen einen unendlichen Schein« gebe, finde ich im zeitlichen Augenblick die Öffnung hin zur Ewigkeit. Wenn ich bei einem Baum verweile, in seine Präsenz eintauche, mich mit ihm verbinde, kann ich wahrnehmen, wie in der Gegenwärtigkeit die Zeit nicht mehr zu existieren scheint. Und dass es nur den einen Augenblick gibt, in dem ich mich als getrenntes Wesen vergesse. Ganz aufgehe im Jetzt.

EINE SOLCHE GEHEIMNISOFFENHEIT ist keine Weltflucht oder Schwärmerei. Sich dem Mysterium unseres Daseins anzuvertrauen, es berühren und vertiefen zu wollen, bedeutet auch nicht, dem rationalen Denken oder der Wissenschaft zu misstrauen. Aber wir können ihre Grenzen erkennen und das, was geschieht, wenn wir uns allein auf das verlassen, was wir rational, gegenständlich, messbar wissen können. Gerade Novalis ist dafür ein Beispiel. Er war nicht nur der dichtende Impulsgeber der Romantik, sondern auch ein präziser, philosophischer Denker und hingebungsvoller Wissenschaftler. Intensiv setzte er sich mit den Philosophen seiner Zeit auseinander, studierte Bergwerkskunde, Mathematik und Chemie, arbeitete an der Erschließung von Braunkohletagebauen mit und trug zur geologischen Vermessung

Thüringens bei. Novalis war ein Höhlenforscher, ein Sucher nach dem Verborgenen, Unsichtbaren sowohl in der äußeren Welt der Natur als auch im menschlichen Wesen. Gerade die Verbindung und lebendige Integration von Wissenschaft, Poesie, Kunst, Philosophie, Religion und Politik war für ihn und seine frühromantischen Mitstreiter und Mitstreiterinnen der Ausdruck eines romantischen Lebens. Sein Freund Friedrich Schlegel fand dafür den Begriff der »progressiven Universalpoesie«. Als progressiv verstanden sie ihren Impuls, weil sie ihn nicht als festes Ideengebäude sahen, sondern als werdende und wachsende Durchdringung und Verwandlung aller Lebensbereiche durch die Kraft des Poetischen.

Wenn wir die Welt auf ein solche integrative Weise romantisieren, treten wir in das Mysterium unseres Daseins ein und öffnen uns der Anrede des Geheimnisvollen, welches in allem spricht. Mit einer Sprache, die wir lernen können. Das ganze Leben kann so zum Erfahrungsfeld des Poetischen werden, kann darin seinen tieferen Ursprung und Sinn offenbaren. Denn, so schreibt Novalis an anderer Stelle, »das Sichtbare ist ein in den Geheimniszustand erhobenes Unsichtbares«.[3]

DIE WELT IST IM GEHEIMNISZUSTAND, weil wir sie auch durch alles Analysieren, Messen, Forschen und Kartographieren nie umfänglich erfassen und »dingfest« machen können. Je mehr wir von ihr erkennen, desto größer wird ihr Geheimnis. Die Kosmologie erklärt uns, dass es im von uns beobachtbaren Bereich 100 Milliarden Galaxien mit buchstäblich zahllosen Sternen gibt – etwa so viele wie Sandkörner auf unserer Erde. Dabei sind etwa 95 Prozent des Universums unsichtbar, bezeichnet als »Dunkle Energie« und »Dunkle Materie«. Die Suche nach den kleinsten Bestandteilen der Materie verschwimmt in subatomaren Teilchen, Quarks und Strings und damit im Vibrieren von Energie und Beziehung. In der Biologie können wir die Vorgänge des Lebens beschreiben und sogar manipulieren, aber wir verstehen nicht, *was* genau Leben ist und *wie* das Leben aus toter Materie entstand. Und es gibt das Rätsel des Bewusstseins – the hard problem of consciousness: Es muss immer schon ein Bewusstsein vorhanden sein, um wissenschaftliche Fragen stellen zu können. Wir kommen also nie an einen Punkt außerhalb unseres Bewusstseins, um es zu untersuchen. Deshalb wissen wir im Grunde nicht, was es ist.

WIR WISSEN ALSO IMMER MEHR, aber damit wird auch das Geheimnis größer. Und das ist gut so, weil es uns in allem Wissenwollen in der beglückenden Aura des Mysteriums aufgehen lässt, wie es Albert Einstein, der Physiker, der auch im Poetischen zu Hause war, in seinem »Glaubensbekenntnis« schrieb: »Das Schönste und Tiefste, was der Mensch erleben kann, ist das Gefühl des Geheimnisvollen.«[4] Wenn mir bewusst wird, dass die Welt unser Verstehen übersteigt, so viel wir auch forschen, dann komme ich selbst in einen Geheimniszustand. Darin frage ich hinaus in die Welt und hinein in mein Wesen, auf der Suche nach dem noch nicht Entdeckten. Ich lasse mich ein auf das, was ist. Wende mich zu, gehe in Resonanz, nähere mich an. Mein Sehen und Sein werden behutsam, auch ahnend, weil ich erwarte, dass in allem etwas anwesend ist, das ich noch nicht kenne. Auch in mir selbst. Wenn ich mir selbst immer wieder mit offenen Augen begegne, kann ich in mir noch unbekannte Samen finden, die aufbrechen wollen. Wenn ich so ansprechbar lebe, dann birgt alles, was ich sehen, spüren, erleben, erleiden kann, in sich eine verborgene Botschaft. Die Poesie kann das, was in und hinter dem Sichtbaren wirkt, in der Sprache erstrahlen lassen. Die poetische Stimme nutzt und verwandelt die Sprache so, dass sie die tieferen Ströme des Seins in Worte fassen kann, um sie zum Ausdruck zu bringen. In diesem Sinne ist die Poesie der Geheimniszustand der Sprache. Dichtung ist Sprache, die sich nicht nur im Wiedergeben des Gewussten erschöpft, sondern die uns selbst und die Welt neu entdecken möchte. Sie ist eine Sprache, die aus dem Mitsein mit dem entsteht, wovon sie spricht.

So zeigt sich das Geheimnis auch darin, dass wir nie von der Welt getrennt sind, dass ein Strom der Verbundenheit uns einflicht in alles, was ist. Das bedeutet, dass auch unser Inneres noch weitgehend unentdecktes Terrain ist. »Nach Innen geht der geheimnisvolle Weg. In uns, oder nirgends ist die Ewigkeit mit ihren Welten, die Vergangenheit und Zukunft«[5], deutet Novalis den Weg zum inneren Geheimniszustand.

Das Tor zum Geheimen öffnen

DER ANLASS, SICH DEN GEHEIMNISSEN des Inneren zuzuwenden, ist oft eine Situation, in der im Außen unseres Lebens eine Krise, etwas Unvorhersehbares einbricht, das das eigene Lebensgefüge durcheinanderwirft. Mir ging es so, als eine Liebesbeziehung in die Brüche ging und ich wusste: Ich muss tiefer in mich selbst eintauchen, um zu verstehen, was geschehen ist, und um zu heilen. Gleichzeitig spürte ich auch eine Sehnsucht, meine Innenwelt besser kennenzulernen und mich damit anzufreunden. Ich fühlte auch, dass darin Kräfte schlummerten, die noch nicht erwacht waren.

Ich verbrachte damals einige Zeit in einem kleinen Schwarzwalddorf, das für mich zum Geheimnisort wurde. In Rütte, in der Nähe von Todtmoos, hat der Tiefenpsychologe und Zen-Lehrer Karlfried Graf Dürckheim gemeinsam mit seiner Frau Maria Hippius einen Ort der inneren Entfaltung gegründet, an dem psychologische Innenschau und meditative Übung miteinander verbunden werden. Aus beiden Elementen hatte Dürckheim basierend auf der Tiefenpsychologie C.G. Jungs und Erich Neumanns und auf seinen eigenen Erfahrungen auf dem Zen-Weg in Japan die Initiatische Therapie begründet, eine Form der transpersonalen Psychotherapie. *Initiare* bedeutet so viel wie »das Tor zum Geheimen öffnen«, und das Anliegen dieser Arbeit ist, den Weg zum innersten Wesen zu erschließen und dessen Kräfte der Heilung und Integration wirken zu lassen.

Dürckheim unterscheidet zwischen Welt-Ich und Wesen. Zwischen dem, was ich im Laufe meiner Biographie und durch die Prägungen und Konditionierungen von Familie und Gesellschaft geworden bin, und dem inneren Kern, dem Wesen oder Selbst, das in mir als Lebenssamen anwesend ist und sich entfalten möchte. Scherzhaft stellte Dürckheim die Frage unseres Lebens einmal so: »Wie kommt der Karlfried durch den Dürckheim durch?«[6] Wie kommt der Mike durch den Kauschke durch? Wie kann sich also das innerste Wesen in den äußeren Formen des Lebens zum Ausdruck bringen und sie von innen her verwandeln?

IN DER INITIATISCHEN THERAPIE werden verschiedene Erfahrungsformen genutzt, um eine innere Wesensanbindung zu unterstützen, zum Beispiel die Arbeit mit dem Leib, das geführte Zeichnen oder das Tonfeld. Hinzukommt die Übung der inneren Versenkung in die Stille. Für mich öffnete sich in dieser Therapie tatsächlich das Tor zu einem Geheimnisland. Ich weiß noch, wie ich einmal nach einer Sitzung in der Leibarbeit durch den dichten Wald und über den Höhenzug lief und mich selbst so wach und lebendig spürte wie noch nie. In der Arbeit mit dem Leib wird die innere Lebendigkeit des Körpers angeregt und befreit, und so kommen auch verborgene Seelenimpulse zum Vorschein. Ich spürte damals das Wachsen einer inneren Kraft, ein Strahlen aus dem Inneren, welches auch daraus entstand, dass ich den Eindruck hatte, die Wurzel meines Seins gefunden zu haben. Einen Resonanzraum, in dem sich meine Seele durch Bilder, Träume, Intuitionen und Gedichte zu erkennen gab und mir zeigte, wie sich die Kraft meines Wesens entfalten will. Mein Leben kam so in einen neuen Geheimniszustand, denn ich erfuhr, dass aus meinem Wesen heraus tiefere Impulse ans Licht kommen wollten, um mir zu helfen, meinen Weg und Sinn zu finden. Es war auch das Gefühl, dass in mir selbst, in meinem Unbewussten, eine freundliche, heilende Kraft wirkt. Dass darin ein Wesenskern vibriert, der in sich Weisheit und Lebenskraft trägt und zum kreativen Quell meiner Entfaltung werden kann.

DIE POESIE SCHÖPFT AUS DER INNEREN QUELLE der Bilder, Symbole und Ahnungen und fasst sie in Sprache. Jedes Gedicht ist wie ein Tauchgang ins Innere, um eine Empfindung, eine Erkenntnis oder ein Erlebnis durch Worte ins Licht des Wachbewusstseins zu heben. Dichtung ist, wie jeder schöpferische Prozess, ein Grenzgang zwischen den Welten des Unbewussten und des Bewussten, zwischen innen und außen. Dann wird das, was ich denke und weiß, von der Geheimniskraft der Imagination, Inspiration und Intuition genährt. Und was ich in der Außenwelt erfahre, kann ich innerlich nachvollziehen und tiefer verstehen. In der poetischen Wahrnehmung sind Innen- und Außenwelt keine sich gegenüberstehenden Bereiche, sondern sie durchdringen einander. Alles, was von Menschen im Äußeren geschaffen wurde, entstand zuerst als Idee im Bewusstsein. Und die Dinge und Wesen der äußeren Welt können zu Symbolen und Wirkkräften im Inneren werden. In der Dichtung wird Inneres und Äußeres ständig aufeinander bezogen, voneinander durchwirkt. Damit zeugt sie von einer Einheit der Wirklichkeit, in der auch Bewusstes und Unbewusstes nicht getrennt sind.

WENN ICH EINEN BERG BETRACHTE, dann sehe ich zunächst die aufragende Gestalt, die schroff abfallenden Klüfte, die Berührung mit dem Blau des Himmels. Aber da ist auch eine innere Spürung – etwas in mir richtet sich auf. Ich empfinde eine innerliche Stärkung, mein »Bergsein«. Die Kraft, den Stürmen des Lebens zu trotzen. Aufgerichtet zu bleiben, stark im Atem der Ewigkeit. Nach einer Wanderung im Gebirge spüre ich oft diese »Bergnatur« in mir. Sie ist Symbol geworden für eine seelische Qualität, die in der äußeren Gestalt sichtbar wird. Diese Stärke ist in der Welt und der Berg lehrt mich dies. Ich höre zu und antworte.

Für den Tiefenpsychologen Erich Neumann ist ein solches Grenzgängertum zwischen innen und außen, zwischen Psyche und Welt das Merkmal des schöpferischen Menschen. Es versetzt die Wirklichkeit in einen Geheimniszustand: »Unmerklich erweist sich das Natürliche als höheres Geheimnis; die Dinge bewegen sich, belebt, von Sinn leuchtend, in der Welt, die Gedicht ist.«[7] Die ganze Wirklichkeit ist beseelt, wird von Sinn erfüllt, den ich in mir mitspüren kann. Und allein die Tatsache, dass mir das möglich ist, zeugt bereits von einem Mysterium: Die Welt ist so beschaffen, dass ich sie innerlich mitvollziehen kann. Deshalb sind Welt und Psyche zuinnerst aufeinander bezogen, sind Entfaltung der einen ungetrennten Wirklichkeit. Das psychische Zentrum der Ganzheit ist für Neumann das Selbst, in dem die individuelle Seele gleichsam in die Weltseele hineinreicht und von dorther empfängt, was sich dann als Gedicht, Kunstwerk oder Idee im Menschen zeigt.

IN DER NATURPHILOSOPHIE DER ROMANTIK, wie sie unter anderem der Philosoph Friedrich Schelling formulierte, ging man davon aus, dass die Natur ebenso wie der Mensch eine Innenseite hat, in der organische Prinzipien oder Kräfte wirken. Die Natur wurde nicht als eine Maschinerie verstanden, die festen Abläufen folgt, sondern als zutiefst wesenhaft und schöpferisch. Dabei nahmen die frühromantischen Denker vor allem auch Bezug zu dem christlichen Theosophen Jakob Böhme, der schon im 16. Jahrhundert in seinen Schriften eine Naturmystik begründete. Für ihn war die ganze Schöpfung der Ausdruck eines geistigen Prinzips und die Natur selbst eine Offenbarung des verborgenen Gottes. Indem wir uns spürend und meditativ auf die Formen und Prozesse der Natur einlassen, erkennen wir auch unser Inneres. Besonders schön kommt dieser einfühlende Blick in diesem Satz zum Ausdruck: »Du wirst kein Buch finden, da du die göttliche Weisheit könntest mehr inne finden zu forschen, als wenn du auf eine in vieltausenderlei Kräutern gründende und blühende Wise gehest: da wirst du die wunderliche Kraft Gottes sehen, riechen und schmecken, wie wohl es nur ein Gleichnis ist.«[8] Böhme war, so könnte man sagen, auch ein früher Vorläufer der heutigen Tiefenökologie, die dem Lebendigen einen inneren Wert beimisst, der unabhängig vom Nutzen für den Menschen besteht. Die Poesie ist erfüllt von der Erfahrung, dass die lebendige Wirklichkeit der Natur von einer Wirkkraft, einer schöpferischen Energie, einem leuchtenden Geist durchdrungen ist. Dieses Erleben schwingt in unserem Gemüt weiter und kann uns neue Geheimnisbereiche unseres Selbst eröffnen.

MIR SELBST ERÖFFNETE DIESER GEHEIMNISBLICK eine neue Sicht auf die Welt. Es gab eine Zeit mit Anfang zwanzig, als ich mich intensiv in die Bücher Jakob Böhmes vertiefte. Seine Sprache ist über die Entfernung vieler Jahrhunderte schwer zu verstehen. Auch seine christliche Perspektive war mir nur schwer nachvollziehbar. Was mich aber berührte, war die Einsicht, dass die Welt der natürlichen Formen und Kräfte nicht nur ein materielles Geschehen ist. Vielmehr atmet darin ein Geist, eine All-Seele. Mit meinem Atmen und Sehnen bin ich davon nicht getrennt. Das ist, so könnte man sagen, die Grundintuition der Poesie, wie es die Dichterin Kathleen Raine formuliert: »Eingeweihte wie Jakob Böhme sahen die gesamte Welt in ihrem Ganzen und in ihren Teilen von der Signatur der Quelle erfüllt.« Das sei »die poetische Art des Denkens«.[9]

HIER ÜBERSCHNEIDET SICH DAS POETISCHE DENKEN mit dem mystischen Erleben. Denn die Erfahrung der Einheit der Wirklichkeit ist das Kernanliegen der Mystik. Die Religionen sind ein Versuch, auf das Geheimnis unserer Existenz zu antworten, ihr ein Bild zu geben, ein Gegenüber, auf das wir uns beziehen und mit dem wir uns verbinden können. Das Wesentliche des Religiösen stirbt und verschließt sich aber, wenn wir meinen, das Geheimnis zu kennen, und beginnen, es in Namen und Normen zu gießen.

Die mystischen Strömungen in den Religionen haben seit jeher versucht, den Zugang zum Geheimnis offen zu halten und Wege zu finden hindurchzugehen. Das griechische Wort *mystikós* bedeutet »geheimnisvoll« und stammt aus der Wurzel *myein*, was »sich schließen« heißt. Die Erfahrung des Geheimnisvollen ereignet sich in uns, im Innersten unseres Herzens, im Innersten der Welt – und dort, wo beide sich berühren, wo das Herz des Himmels in meinem Herzen pocht. Die Mystik hat Praxisformen entwickelt, in denen der Mensch seine Einbettung in das Geheimnis unmittelbar erfahren kann. Für mich öffnete sich damals in Rütte nicht nur das Tor zum Geheimen meiner eigenen Seele, ihrer Bilderwelt und schöpferischen Kraft, sondern auch zum Geheimen des offenen Grundes des Bewusstseins.

IN DER MEDITATION DER STILLE lasse ich alle Bilder und Gedanken los und konzentriere mich auf den Atem und die leibliche Gegenwärtigkeit. In diesem Prozess kommen die Bewegungen des Verstandes nach und nach zur Ruhe und die Offenheit des Geistes wird als ein klares, warmes Leuchten spürbar. Und eine Freiheit entsteht, in der ich wahrnehme, dass mein Bewusstsein nicht von seinen Inhalten abhängig ist. Im Buddhismus wird eine solche Erfahrung als *Leere* oder *Nichts* bezeichnet, als das *Offene*. In der Offenheit lösen sich auch meine Ich-Begrenzungen auf. In stiller Versenkung gibt es keine Grenzen zwischen mir und der Welt, wir verschmelzen in gegenwärtiger Anwesenheit. Aus der Offenheit heraus kann ich dann erfrischt und befreit auf die Welt zugehen, die ich immer schon bin.

MAN KÖNNTE VIELLEICHT SAGEN, dass die zwei Tore – schöpferische Fülle und offene Leere – in das Geheime des Inneren führen. Beide sind in einer inneren Wechselbeziehung, denn meine Kreativität hat eine andere Frische und Unschuld, wenn sie verbunden ist mit der freien Offenheit. Und die Offenheit wird fruchtbar, wenn sie sich in Gestaltungen ausdrücken darf und diese durchwirkt. In einer *POETISCHEN LEBENSKUNST* können wir durch beide Tore zum Geheimen gehen und erforschen, wie das Mysterium sich uns darin zeigt. Für mich ist es grundlegend geworden, mich täglich in die Stille zu versenken und dieser Offenheit Raum zu geben. Gleichzeitig ist es mir wichtig, kreative Ausdrucksmöglichkeiten zu finden, um der inneren Welt der Bilder, der Inspirationen und Ahnungen einen Atemraum zu geben. In diesem Prozess können wir einen poetischen Sinn entwickeln, der eine Art Wahrnehmungsorgan für das Geheimnisvolle ist. Wir können uns also selbst so einstimmen, dass wir hinter die Dinge schauen, an ihre Wurzel reichen, ihre Quelle strömen hören. Dann reicht unser Sehen, Fühlen und Lauschen tiefer als das, was zu sein scheint. Wir durchdringen die Dinge – hin zu ihrem Wesen, dem Großen Geheimnis, mit dem wir eins sind.

Aus einer unwissbaren Ferne

ICH FINDE ES IMMER WIEDER ERSCHÜTTERND, wie sehr in der Meditation das Geheimnis meines Lebens spürbar wird. Dieses Mysterium kommt aus nichts »Besonderem«, sondern einfach aus der Vergegenwärtigung des Offensichtlichen: *Ich bin. Ich atme. Ich lebe.* Der Selbstverständlichkeit, hier und jetzt als bewusstes Wesen anwesend zu sein, wird der Boden entzogen und ein weiter Kosmos öffnet sich. Die Grundsituation des Lebens – dass wir sind, dass wir geboren wurden und sterben werden – konfrontiert uns mit dem Mysterium. Wenn wir es an uns heranlassen.

Jedes Leben beginnt im Geheimnis. Wir kommen aus einer unwissbaren Ferne in die Welt, jedes neu geborene Wesen ist ein Wunder in sich. Eine Schöpfung der Natur durch uns. Ein erwachender Embryo, der zu einem Menschen wird. Wenn du in die Augen eines Neugeborenen blickst, begegnet dir die Liebe des Lebens ganz direkt. Die Liebe des Lebens zu sich selbst. Ich habe immer wieder beobachtet, wie uns dieses unbedingte Lebenwollen, die Neugier und die Freude am Sein an das Wunder erinnern kann, das das Leben ist. Auch deshalb sind uns Kinder so kostbar, weil sie die Stimme des großen *Lebens* in unserem menschlichen Leben sind. Ob wir es wissen oder nicht, ob wir es vergessen haben oder uns erinnern, unser Sein ist ein Geschenk des Lebens an sich selbst. Mich bewegt die Erkenntnis immer wieder: Mein eigenes Leben gehört mir nicht, es gehört dem Geheimnis. Es wurde mir geschenkt, um es als Geschenk zu erfüllen und zu gestalten mit dem, was in mir lebt und spricht und wirkt.

SO, WIE ES BEGINNT, so endet unser Leben auch in einem großen Geheimnis. In der Gegenwart des Todes ragt das Unnennbare immer schon in unser Leben hinein. Nicht umsonst haben spirituelle und philosophische Weisheitstraditionen die Todesanwesenheit mitten im Leben als Weckruf verstanden, um uns im Lichte unserer Vergänglichkeit an den kostbaren Moment zu erinnern. Nur in jedem gegenwärtigen Augenblick öffnet sich der Horizont für das Mysterium. Mit der Gegenwart des Todes durchdringt es immer schon jeden unserer Augenblicke. So entfaltet sich unser gesamtes Denken, Fühlen, Erinnern und Handeln in der Welt vor dem Hintergrund des Geheimnisses, dass wir einmal nicht mehr sein werden. Was das Nichtsein, der Tod, für uns sein wird, können wir nicht wissen. Auch wenn wir Hoffnungen oder Ahnungen finden, die über den Tod hinausragen, letztlich wissen wir es nicht und können es nicht wissen.

Meine langjährige Arbeit im Hospiz verstand ich in diesem Sinne auch als Hinwendung zum anwesenden Mysterium in jedem Menschen. Im Angesicht des Todes wird der Geheimnisglanz eines menschlichen Lebens so überdeutlich: Im Leben, Lieben und Sterben entfaltet sich der Reifungsprozess des individuellen Daseins. Der Tod ist ein Dichter, der die Konturen jedes gelebten Lebens hervorbringt, sichtbar werden lässt in der Gebrochenheit, den Freuden, dem Scheitern, der Angst und Hoffnung. Einem Sterbenden zu begegnen ist ein zutiefst poetischer Moment, weil alles, was ich weiß oder sagen zu können denke, wie zwischen den Fingern zerrinnt und bedeutungslos scheint. Tragend und haltend ist nur der präsente Augenblick. Dieser gemeinsame Augenblick, in dem wir stumm werden und lauschen, im Angesicht des Mysteriums, das wir sind, und zu dem auch gehört, dass wir nicht mehr sein werden in menschlicher Form. Sich dem miteinander auszusetzen ist wie ein Hinauswagen auf das weite, unsichere und doch zutiefst beglückende offene Meer der Existenz. Wenn wir uns dort begegnen, scheint zwischen uns etwas auf, das jenseits zu sein scheint von Endlichkeit und Begrenzung: Ewigkeit und Unendlichkeit, Liebe und Einheit, für die wir keine Namen finden und die allein die Poesie in Sprache bringen kann, sodass wir sie nichtverstehend verstehen.

DIE LIEBE, DIE IM HERZEN LEBT oder leben will, ist solch eine aufbrechende Öffnung des Poetischen in uns und unserem Leben. Die Liebe ist die Stimme des Unverfügbaren im Herzen unseres Seins. Und was tut sie, die Liebe? Sie hebt uns über uns hinaus, sie bricht uns auf für den anderen und das Andere. Sie macht uns berührbar und schutzlos. Sie vernichtet uns auch und baut uns wieder auf, fügt uns neu zusammen. Aber was ist Liebe? In all ihren Formen und worauf sie sich auch richtet, sie sprengt unser Getrenntsein und findet den Weg zum anderen. Aber vor allem ist sie ein Geheimnis.

Meine erste große Liebe fand ich über eine Zeitungsannonce. Wir begannen einen Briefwechsel, schrieben uns zwei Jahre lang fast jede Woche und kamen uns durch Worte näher. Wir teilten Erfahrungen, Gedichte, Gedanken, Sehnsüchte. Es entstand eine Intimität durch Worte und dem, was darin aufschien und uns berührte. Wir schickten uns keine Fotos, wir wussten nicht, wie wir aussehen. Wir lebten allein in der Imagination des anderen und durch die Worte. Wir blieben im Geheimnis und darin näherten wir uns an. Enthüllten uns sacht, spürten uns aber immer mehr. Und irgendwann wusste ich, dass es Liebe war. Eine Liebe, die noch kein Bild hatte, sondern nur die tastenden Worte. Als wir uns schließlich begegneten, waren wir eigentlich schon ein Paar und mussten die Liebe, die schon im Geheimnis aufgekeimt war, nur noch enthüllen.

LIEBE LEBT AUS DEM GEHEIMNIS, das in einer Kultur, in der alles sofort gezeigt wird und verfügbar ist, untergeht. Wenn das Mysterium schwindet, wird aus Liebe eine Transaktion oder gar porno-grafische Entblößung. Facebook, Instagram, Tinder sind digitale Orte, die daraus leben, dass wir alles zeigen. Aber auch sonst ist unsere Kultur mit Konsum und Leistungsorientierung, mit Beschleunigung und Nutzbarmachung der Welt darauf aus, jedes Geheimnis zu lüften. Wir brauchen aber innere Schutzräume, in denen sich in Bildern, Empfindungen und Sehnsüchten zukünftige Formen unseres Seins behutsam noch im Verborgenen bilden können, bevor sie das Licht der Welt erblicken. Wir können solche Räume für uns freihalten und noch mehr einander lassen. Denn hier kann das Mysterium atmen und wirken.

Wenn wir uns verlernen

WENN ICH DIE TORE ZUM GEHEIMEN ÖFFNE, erlebe ich, dass ich zutiefst verwoben bin mit der Welt, wie sie mir begegnet. Im Gewahrsein meiner Vergänglichkeit empfinde ich die Kostbarkeit des Daseins. Daraus kann eine Wertschätzung für jeden gelebten Augenblick entstehen, die man als *Achtsamkeit* bezeichnet. Weil unsere Welt so beschleunigt und informationsgeladen ist, wächst die Sehnsucht nach einer solch wachen Präsenz im eigenen Sein. Heute gibt es Achtsamkeitskurse in Unternehmen, Schulen, Kliniken, im Sport. Manche sprechen sogar von einer Achtsamkeitsrevolution, wozu auch wissenschaftliche Forschungen beitragen, die bestätigen, dass Meditation zu physisch messbaren Veränderungen in der Gehirnsubstanz und zur Stärkung psychischer Kräfte wie Stresstoleranz, Konzentration und Effektivität führt. Deshalb wird Achtsamkeit auch als ein Mittel zur mentalen Hygiene oder zur Leistungssteigerung genutzt. Jedoch ist diese Praxis damit auch in genau dem Leistungsdenken angekommen, aus dem sie uns zu befreien versprach. Und das heißt, dass Meditation auch leicht instrumentalisiert und als eine Methode angewendet werden kann, um in einem krank machenden System »besser« zu funktionieren. Dann verliert sie ihre Kraft, uns zum inneren Kern unseres Wesens zu führen. Sie verliert ihre ursprüngliche Bedeutung als eine Form der Aufmerksamkeit, die sich dem zuwendet, was gerade erlebt wird. Zuwendung bedeutet: Ich lasse mich auf das ein, was ich gerade tue. Ich begegne dem, was mir geschieht, mit Wertschätzung. Wenn du etwas wirklich wertschätzt, vielleicht sogar liebst, ist Achtsamkeit dann nicht eine natürliche Folge? Das Gefühl der Liebe für einen Menschen zum Beispiel will Ausdruck finden, sei es in einem freundlichen Wort, einem Geschenk, einem festlich gedeckten Tisch, einem Ausflug an einen schönen Ort. Wie wäre es, wenn das Leben, auch im gewöhnlich scheinenden Alltag, erfüllt wäre von einer solchen liebevollen Zuwendung?

Ich möchte eine solche Haltung als eine poetische Achtsamkeit beschreiben. In einer instrumentellen Achtsamkeit nutze ich eine bestimmte Methode, um festgelegte Ziele zu erreichen. Die poetische Achtsamkeit ist dagegen eine Weise, in der Welt zu sein. Sie erwächst aus der liebevollen Wertschätzung der Dinge, Situationen und Wesen, denen ich begegne. Immer ahne ich, dass mich darin das Mysterium des Lebens anspricht. Oft erfordert das

Wahrnehmen des Geheimnisvollen eine gewisse Entschleunigung und Muße – ein Sein mit den Dingen. Und oft ist es erst der zweite Blick, der uns sehen lässt, was vor uns ist.

Während ich dies schreibe, betrachte ich die Teeschale neben mir. Ich benutze sie jeden Tag, sie ist ein treuer Begleiter. Wenn ich sie mit dem geheimnissensiblen Blick betrachte, dann öffnen sich darin *unendliche Welten*. Ich empfinde in dem, dass sie ist und wie sie ist, ein Wunder. Die schwarze matte Färbung außen und die von Erdbraun in türkises Grün übergehende Glätte im Inneren. Das Grün erinnert mich an den Chiemsee im hellen Sonnenlicht. Die Schale ist ein Geheimnis, das ich berühren kann. Ein Wunder, das auch mit meiner Beziehung zu diesem »Ding« zu tun hat, das mich nährt. Ich fühle mich verbunden mit den namenlosen Menschen, die die Schale hergestellt haben, denke an den Freund, von dem ich sie bekommen habe. Es erwächst eine innere Wertschätzung für diesen Gegenstand, und daraus werde ich anders mit ihm umgehen, ihn anders in der Hand halten und zum Mund führen.

DAS ACHTSAMKEITSTRAINING, WIE ES HEUTE in Form der Methode der Achtsamkeitsbasierten Stressreduktion (MBSR) vermittelt wird, hat der Molekularbiologe Jon Kabat-Zinn ins Leben gerufen. Ich habe einige seiner Bücher ins Deutsche übersetzt und war beeindruckt von der existenziellen Tiefe, aus der er darin schöpft. Er hat viele Jahre lang Meditation mit buddhistischen Meistern vertieft und einen Weg gefunden, ihre Lehren in eine wissenschaftlich akzeptierte Sprache zu bringen. Dabei war er sich dessen bewusst, dass der radikale Kern dieser Praxis verwässert werden könnte. Gleichzeitig aber gelang es ihm, eine Art »trojanisches Pferd« in die wissenschaftlich geprägte westliche Kultur einzuschleusen. Denn die existenzielle Wucht der Meditation lässt sich auch in der MBSR erfahren. Das hoch anerkannte Training wird heute als Methode zu unterschiedlichsten Zwecken genutzt, doch der Kern bleibt immer die Absicht, unser Bewusstsein von Grund auf zu verwandeln – ganz im Sinne einer poetischen Achtsamkeit.

Diese Sprengkraft lässt sich an einer der MBSR-Grundübungen nachvollziehen: Du nimmst eine Olive (oder Rosine) so in die Hand, als ob du gar nicht wüsstest, was es ist. Als ob du noch nie so etwas gesehen, geschweige denn gekostet hättest. Nachdem du die Olive genauer betrachtet, Form und Struktur auf dich wirken lassen hast, nimmst du sie in den Mund, um sie zu schmecken. Du berührst sie zuerst mit der Zunge, kaust sie bedächtig und saugst ihren Saft aus und irgendwann schluckst du sie herunter. Es öffnet sich hinter dem gewöhnlichen Ding, der Olive, eine unendliche Welt, die du wahrnehmen und wertschätzen kannst.

EINE DERARTIGE EXPLOSION IN DER WAHRNEHMUNG erlebte ich vor einigen Tagen nach einer Zeit des Fastens. Ich nahm die Olive in den Mund, umkreiste sie mit der Zunge, spürte ihre weiche, glatte, zarte Haut und den langsam aufsteigenden Geschmack im Mund. Die ganze Fülle des Sommers, der Erde lag darin. Mit dem ersten Kauen entlud sich die sauer-salzige Würze in meinem Mund und mit jedem weiteren Kauen nahm sie bald den ganzen Geschmacksraum ein. Ein belebendes, frisches Gefühl der Wachheit erhellte meinen Geist. Als der würzige Saft langsam ausgeströmt war, blieb nur noch die dünne Haut und Reste von Fruchtfleisch. Vor meinem inneren Auge sah ich die dichten griechischen Olivenhaine. Meer und Wind und Sonne eingesogen in das Fleisch der Früchte. Ich fühlte Dankbarkeit.

Jede Mahlzeit bietet eine solche Gelegenheit, sich des Wunders bewusst zu werden, dass ich eine Nahrung zu mir nehme, die das Leben hervorgebracht hat. Ein Essen, das ich nicht nur riechen und schmecken, sondern auch genießen und sogar mit anderen teilen kann. Und ich kann darin auch den Puls der Verbundenheit wahrnehmen, wenn mir bewusst wird, dass daran eine lebendige Natur mit Boden, Regen, Himmel und Insekten beteiligt ist. Und viele Menschen, die die Früchte geerntet und zu mir gebracht haben.

In einer berührungsfähigen, liebevollen Achtsamkeit kann ich mich der Welt so zuwenden, dass sie mir immer wieder neu ihre Tiefe eröffnet. Ein Weg, mit dem ich gewöhnlichen Dingen ein *geheimnisvolles Ansehen* geben kann, sind Rituale. Sie können dem Tag eine Struktur geben und Momente aus dem Lauf der Zeit herauslösen, in denen ich mich bewusst auf das Mysterium des gegenwärtigen Seins beziehe. Das kann so einfach sein, wie mit dem Morgenkaffee auf den Balkon zu treten und die Atmosphäre des anbrechenden Tages einzusaugen. Mit einem Dank für diesen Tag. Oder am Abend eine stille Minute zu suchen, um die Erfahrungen des Tages nachhallen zu lassen. Vielleicht in einem Gedicht. Mit einer Übung wie der Meditation, mit dem Entzünden einer Kerze und einer Hinwendung zum Geheimnis des eigenen Seins, wie immer du es auch nennst oder nicht nennst.

RITUALE HABEN AUCH ETWAS VERBINDENDES, sie stiften Gemeinschaft. Bei einem Abendessen mit Freunden, das ich feierlich gestalte, kann sich das Geheimnis der Begegnung zeigen. Eine Meditation oder ein Gebet mit anderen kann uns zusammen in den Lichtkreis des Mysteriums führen. Auch ein Gespräch kann sich als Sakrament der Beziehung ereignen, wenn wir wach sind für das kostbare Verstehen, in dem wir uns selbst und einander näherkommen.

Bei der Begleitung von Sterbenden habe ich Abschiedsrituale für die Verstorbenen als sehr wichtig erlebt, damit das ganze Umfeld von Familie, Freunden und Hospizmitarbeitern den unfassbaren Übergang bewusst begehen kann. Dazu gehörte zunächst eine Atmosphäre der Stille, in der eine Kerze entzündet wurde – auch vor der Tür des Zimmers. Der Körper eines Verstorbenen wurde achtsam gewaschen und angekleidet und dem Raum eine feierliche Stimmung gegeben, indem Fotos oder persönliche Gegenstände auf einem Tisch aufgestellt wurden, der zu einer Art Gedenkaltar wurde. Oft verbrachte ich dann einige Zeit in Stille mit dem Verstorbenen, sprach gemeinsam mit den Angehörigen ein Gebet oder wir würdigten zusammen diesen Moment des Übergangs und die gemeinsame Lebenszeit, die wir hier miteinander verbracht hatten auf dem letzten Wegstück dieses Menschen. Im Kreis der Mitarbeitenden und ehrenamtlichen Helfer trafen wir uns regelmäßig, um gemeinsam der Menschen zu gedenken, die in einem bestimmten Zeitraum gegangen waren. Dabei lasen wir Gedichte oder geistliche Texte und tauschten unsere Erfahrungen mit diesen Menschen aus, vergegenwärtigten sie noch einmal. Oft saßen wir einfach schweigend zusammen. Gerade in existenziellen Übergängen – Initiationen in ein neues Geheimnis von Leben und Sterben – können solche Würdigungen helfen, den Wandel bewusst zu verinnerlichen.

IN ZEITEN DER WANDLUNG KÖNNEN GEDICHTE zu einer verbindenden Kraft werden, weil sie Empfindungen ausdrücken, für die wir selbst noch keine Worte haben, die sprachlich schwer zu fassen sind. Die nur in der Poesie angesprochen werden können. Vielleicht könnte man in gewissem Sinne Gedichte als die Rituale der Sprache bezeichnen. Denn Poesie lebt auch daraus, dass ich mit Worten an ein Geheimnis heranreichen möchte, um es im Sprechen sichtbar werden zu lassen. In Gedichten dienen die Worte nicht dazu, einen rationalen Inhalt zu vermitteln, sondern sie wollen im Ansprechen einer Stimmung und Gestimmtheit die

Welt in Rührung versetzen. Der Dichter, die Dichterin ruft eigentlich immer das Geheimnisvolle unserer Existenz an, ruft es hervor. Und in der Sprache selbst und besonders auch an den Grenzen der Sprache, wo die Größe des Gefühls nicht mehr in Worte fassbar zu sein scheint, dort leuchtet es auf: Das Leben, das wir doch zuinnerst sind, verstehen wir nicht. Aber wir werden angesprochen, können in Resonanz gehen. Wie durch ein Tor zum Geheimen, das nicht gebunden ist an Zeit und Raum, hören wir vom Erleben eines anderen Menschen. Und wir können mitschwingen, es öffnen sich *unendliche Welten*.

Jedes künstlerische Schaffen ist im Grunde ein Dialog mit dem Mysterium. Wenn du ein Gedicht oder einen anderen Text schreibst, ein Bild malst, eine Skulptur gestaltest, dann lauschst du offen ins Geheimnis der nächsten Bewegung. Mir geht es so beim Schreiben von Gedichten. Ich setze mich vor das leere Blatt und höre ganz tief in mich und zugleich ganz weit in die Welt hinein. Und dann kommt ein Wort. Von wo? Ich weiß es nicht. Innen, außen oder dazwischen? Es kommt. Und wenn sich ein Wort setzt, dann ruft es nach dem nächsten, das dazu in Resonanz geht, es aufnimmt und weiterträgt. Und so Wort um Wort, bis ein Sinn entsteht, der sich aus dem behutsamen Tasten bildet. Irgendwann verebbt das suchende Gleiten im Strom der Sprache. Es ist etwas gesagt, das so stehen bleiben will. Es ist gesagt. Woher? Natürlich auch aus allem, was in mir ist, und aus allem, was aus der Welt jetzt in mich hineinreicht. Aber all das, was ich in diesem Moment bin, findet Ausdruck durch das staunende Hineinhören in das große Geheimnis. Deshalb ist Poesie ein fortwährender Dialog mit dem Mysterium.

DIE HEKTIK DES ALLTAGS, gepaart mit der ständigen Ablenkung durch eine schier endlose Flut an Informationen – dies verbaut uns den Blick auf uns selbst und unser Leben. Macht man es sich tatsächlich einmal alleine in einem Raum gemütlich, geht die Hand fast schon von selbst zur Fernbedienung, im Auto läuft das Radio, ein Hörbuch oder ein Podcast, zu Hause bei vielen über Stunden hinweg der Fernseher. Überall Geräusche und Stimmen, Dialoge und Szenen aus der Konserve, die uns ablenken und verhindern, dass wir uns der eigenen Gedankenwelt aussetzen. So, als müsste man sich andernfalls zu Tode langweilen oder sich ohne Berieselung irgendwie unvollständig fühlen. Passenderweise werden allerorten Stimulation, Ablenkung und Unterhaltung hochgehalten. Doch eine häufige Überlastung der Wahrnehmungsorgane tut niemandem gut, sondern führt zur ungezügelten Reizüberflutung, zu einem Zustand, bei dem neu ankommende Reize im Gehirn nicht mehr weiter verarbeitet werden können. Konzentrationsprobleme, Leistungsabfall und auch Phasen andauernder Schlaflosigkeit können die Folge sein. Eine herausragende Rolle nimmt dabei das Smartphone ein. Ständig läuft eine Nachricht ein, eine E-Mail, SMS oder WhatsApp-Nachricht, dazu auch Hinweise aus den installierten Apps. Die Versuchung ist groß, sich jetzt dem Gerät zu widmen, statt einer anstehenden Aufgabe oder einem anderen Vorhaben. Je öfter wir uns auf diese Weise ablenken lassen, desto schwieriger wird es, uns wieder auf das zu konzentrieren, was eigentlich in der Situation wichtig zu tun wäre.

Seit einiger Zeit ist nun ein gegenläufiger Trend zu beobachten: Das Zuviel führt zum Überdruss. Die permanente Reizüberflutung ruft ein Bedürfnis nach Ausblenden, Rückzug und Stille hervor. Alleinsein erscheint in diesem Licht wie ein Anker im Strudel der vielfältigen Anforderungen, der chronischen Zeitknappheit und des Übermaßes an Reizen um uns herum. »Digital Detox« ist hier das Stichwort und meint, eigenständig eine Auszeit von digitalen Medien zu nehmen – vor allem aber vom Computer und vom Smartphone – und sie einfach ausgeschaltet zu lassen und damit sowohl die ständigen Ablenkungen als auch die ständige Erreichbarkeit zu unterbinden. Und sei es auch nur für ein oder zwei Stunden, in denen wir einfach mal nicht erreichbar sind und keine Impulse und Nachrichten wahrnehmen müssen, die uns zum Handeln aufrufen wollen. War doch früher auch möglich, oder?

»Digital Detox«, bewusst gepflegt, hilft dabei, den gedankenflüchtigen Geist zu befrieden. Wenn wir allein sind und bewusst auf Ablenkendes verzichten, nehmen wir unsere Umwelt wieder viel schärfer und nuancenreicher wahr. Unsere Sinne profitieren sehr davon. Wir hören, sehen und fühlen mehr und auch Gerüche und Geschmackserlebnisse werden wieder viel deutlicher erlebbar. Doch intensiviert sich dadurch nicht nur die Wahrnehmung der Umgebung mit ihren unterschiedlichen sinnlichen Facetten, sondern auch die Selbstwahrnehmung – man spürt sich selbst als einen lebendigen Organismus wieder viel deutlicher, nimmt Bedürfnisse schneller wahr und genießt auch deren Erfüllung viel bewusster.

Worin wir immer schon sind
Im öffnenden Blick

Komm ins Geheimnis
Sei dort frei und empfunden
Und wache herüber zu mir

Wenn wir uns wissen
Kennen wir uns nicht

Wenn wir uns verlernen
Hebt die Welt an
Zu singen

KAPITEL 2

Vor lauter Lauschen – Staunen

Im Angesicht des Mysteriums ist Staunen die natürliche Haltung. Mit Staunen beginnt unser Leben, beginnen Wissenschaft, Philosophie, Kunst und Poesie. Wir öffnen unsere Augen für das, was uns als Welt gegeben ist, und wollen es erforschen. Wir wissen, was wir nicht wissen, und sind neugierig. Eine der intensivsten Erfahrungen des Staunens ist die Begegnung mit dem Schönen, dessen Wesen ich in diesem Kapitel nachgehe. Denn das Schöne ist der Quellort der Poesie.

ES WAR EINE GLANZKLARE NACHT und wir lagen zu zweit auf dem Steg. Über uns spannte sich weit der sternbeseelte Himmel, unter uns plätscherten die Wellen des Sees und die Rufe der Enten und Wildgänse durchklangen das erleuchtete Dunkel. Die Kette der Milchstraße lag am Hals der Himmelsschönheit und funkelte uns zu. Und wir hier unten lagen einander in den Armen und tranken von der atmenden Wärme unserer Körper. Dann blitzte am Himmel ein schweifendes Licht auf. Und noch eins, und noch eins. Ein Sternschnuppenschwarm. Wir schauten und staunten. Staunten gemeinsam. Es war, als zuckten die fallenden Lichtschweife durch unser Inneres, und mit Rufen und Fingerzeigen deuteten wir, wenn sie in unserem Schauen aufleuchteten und verloschen. Wir sprachen darüber, wie dieses Leuchten eigentlich entsteht und aus welchen kosmischen Weiten uns diese fallenden Sterne erreichen. Nur um gleich wieder erregt aufzumerken, wenn über uns ein erlöschendes Licht aufschien.

Der Blick in den Sternenhimmel kann wohl jeden Menschen in Staunen versetzen. Ein Aufhorchen im Angesicht des Geheimnisvollen ruft in uns diese rätselhafte Empfindung hervor. Sie lebt aus der Spannung zwischen der Erkenntnis, wie wenig wir wissen können, und dem verstehenden Hinwenden zur Welt. Staunen entsteht immer dann, wenn der Horizont meines Wissens dem unendlich größeren und weiteren Horizont der Wirklichkeit begegnet. Ich spüre, dass mein Erkennen zwar kleine Lichter in diesen Horizont wirft, weiß aber auch, dass dort so viel mehr verborgen ist. Wenn ich mir meine Begrenztheit eingestehe, dann öffnet sich die Wirklichkeit und sagt: »Ich bin so viel mehr, als du verstehen kannst.« In einem solchen Eingeständnis liegt ein paradoxes Erkennen, denn ich erlebe die schöpferische Fülle des Kosmos, indem ich einsehe, dass ich ihn nie vollends begreifen kann.

Staunen erfasst mich oft, wenn ich das ganz Große oder das ganz Kleine zu verstehen versuche. Ich kann die Dimensionen des Raums und der Zeit im subatomaren und galaktischen Bereich des Kosmos nicht erfassen, obwohl wir alle darin leben. Sie sprengen meine Vorstellungen. Dazu gehört auch, dass dieses unendliche, sich entfaltende Universum in jedem Wesen lebt – ja, jedes einzelne hervorgebracht hat, in seiner je eigenen Weise. Der Kosmos besteht auf der subatomaren Ebene aus Strukturen, die sich in Schwingungsmustern verlieren. Auf der Suche nach der festen Materie stießen Wissenschaftler auf geheimnisvolle Felder von Wechselwirkung zwischen den winzigsten Partikeln, die zugleich Welle und Teilchen sind. Alles, was wir in der Welt als festen Gegenstand erfahren, sei es ein Stein, Stuhl oder Stier, ist in dieser innersten Dimension flirrende Energie. Die noch junge Quantenphysik erforscht diesen Bereich der Welt, in dem nichts so ist, wie es zu sein scheint. Was uns als feste Materie vorkommt, entsteht aus der Quelle schwingender Informationsfelder. Und das, was wir Leben nennen, emergiert auf wundersame Weise aus dem Samen der Materie. Wie genau sich dieser Übergang ereignete, haben wir bis heute nicht vollständig erklären können. Die Wissenschaft nennt dieses Phänomen der Emergenz. Es besagt, dass aus den Bestandteilen eines Systems eine Eigenschaft entsteht, die nicht auf die Elemente des vorherigen Zustands zurückzuführen ist. Das Leben, das aus der Materie hervorging, ist solch ein emergentes Ereignis.

Durch die wissenschaftliche Forschung haben wir viel über die Welten des Kosmos, der subatomaren Materie und der Entstehung des Lebens herausgefunden. Aber unser Wissen hat das Staunen nicht verringert, ganz im Gegenteil. Mit dem Wissen wächst auch das Staunen, wenn wir verbunden bleiben mit dem, was wir erforschen. Deshalb steht es am Beginn jeder Wissenschaft und treibt ihre Entfaltung weiter, wie es der Physikpoet Albert Einstein formulierte: »Der Fortgang der wissenschaftlichen Entwicklung ist im Endeffekt eine ständige Flucht vor dem Staunen.«[1] Jede neue Erkenntnis, wenn ich sie nicht nur als Fakt abspeichere, sondern danach frage, was sie bedeutet, was sie über das Leben aussagt, kann mich in Erstaunen versetzen. Deshalb entspringt auch die Philosophie – die Liebe zur Weisheit – aus dem Staunen. Platon, der am Beginn der westlichen Weisheitsliebe steht, schrieb: »Das Staunen ist die Einstellung eines Mannes, der die Weisheit wahrhaft liebt, ja es gibt keinen anderen Anfang der Philosophie als diesen.«[2]

DENKENDES FORSCHEN BEGINNT DAMIT, dass wir dem, was in unserer Welt existiert, oder unserem eigenen Sein auf den Grund gehen wollen. Wir fragen nach dem Wesen der Welt und dieses Fragen ist liebend lebendig, wenn ich offen wahrnehme und nicht sofort zu wissen glaube, was mir als Welt und Wesen begegnet. Deshalb waren sowohl Platon als auch Aristoteles der Ansicht, »dass das Ende und Ziel alles Philosophierens wiederum in einem Zustand der Sprachlosigkeit, einer Anschauung, die sich in Worten nicht mitteilen lässt, bestehen soll«, wie es die politische Theoretikerin Hannah Arendt in ihren Gedanken zu einer *Vita contemplativa* nachzeichnet.[3] Auch die Kunst schöpft aus einer Erfahrung der Welt, in der das Gegebene und Vordergründige durchdrungen wird, um kreativ darauf zu antworten und etwas Neues hervorzubringen.

Wissenschaft, Philosophie, Kunst werden ohne Staunen leblos, verkümmern zu bloßer Anhäufung von Wissen bzw. enden in Gefälligkeit und Mode. Johann Wolfgang Goethe war Dichter, Denker und Wissenschaftler in einem – und darin ein Meister des Staunens. Kein Phänomen war vor seinem forschenden Blick sicher, in dem eine poetische Einfühlung mitschwang, die er selbst als »zarte Empirie« bezeichnete.[4] Er vertiefte sich unter anderem in die Natur der Pflanzen oder des Lichtes, immer bewegt von einer Urkraft des verwunderten Aufmerkens, die er so bejubelte: »Das Höchste, wozu der Mensch gelangen kann, ist das Erstaunen; und wenn ihn das Urphänomen in Erstaunen setzt, so sei er zufrieden; ein Höheres kann es ihm nicht gewähren, und ein Weiteres soll er nicht dahinter suchen; hier ist die Grenze.«[5] Man könnte sagen, solch ein verwunderter Blick ist selbst ein Ursprungsphänomen, das schon ganz am Beginn unseres Menschseins steht. In den frühmenschlichen Höhlenmalereien – Tiere oder Mischwesen huschen fast lebendig über die Felswände – zeigt sich das offene, schutzlose, fragende Schauen in eine Welt, die unser Verstehen schier übersteigt.

Du mein tieftiefes Leben

DAS STAUNEN STEHT AUCH AM ANFANG der Poesie, oder man könnte sagen, die Poesie ist sprachlicher Ausdruck und Lebensraum des Staunens. Die Dichtung bewohnt es, lebt darin, ist darin zu Hause. Verwandelt es in tastende Sprache, die sich gewiss ist, dass sie sich dem Ganzen der Wirklichkeit immer nur annähern kann. Aber eben doch annähern: ansprechen, aussprechen, hineinsprechen.

Poesie bedeutet, das Staunen lernen zu können. Denn bei allem, was wir zu verstehen glauben und mit dem wir so umgehen, als würden wir es kennen, reicht ein bewusster Moment, um zu erfassen, dass wir uns täuschen. Egal, was es ist – ein Glas, ein Baum, ein Hund oder ein Mensch, den du schon viele Jahre kennst – beim Innehalten, beim unbelasteten Schauen und wahrhaften Hinspüren wirst du eingestehen, dass jedes Wissen nur eine Art Provisorium ist. Es hilft dir, dich in der Welt zu orientieren, aber du bleibst darin dem Grund der Dinge fern. Denn dieser Grund entfaltet sich nur im lebendigen, schwingenden Feld der Beziehung. Staunen ist ein Gewahrsein, das jeder Begegnung die Neuheit und Frische gibt, die ihr zusteht. In Wirklichkeit siehst du alles zum ersten Mal.

Wir haben sicher unsere Begriffe, Erinnerungen, unser Wissen, und das ist auch gut so. Wenn wir jedoch den Raum des Gewussten weit offen lassen, bleibt die Sicht frei auf das vor uns immer wieder neu erscheinende Wunder, das alles ist. Im Blick der Poesie erscheint uns alles als neu. »Die Poesie lüftet den Schleier vor der verborgenen Schönheit der Welt«, schreibt der Dichter Percy Bysshe Shelley, »und lässt vertraute Dinge so sein, als wären sie nicht vertraut. (…) Sie erschafft das Universum neu, nachdem es in unserem Geist durch die Wiederkehr von Eindrücken, die durch Wiederholung abgestumpft sind, ausgelöscht wurde.«[6] Die Poesie sucht also nicht nach etwas Neuem, sondern lässt uns das, was uns vertraut schien, neu sehen. Jedes Mal.

IM STAUNEN VERZAUBERN WIR DIE WELT. Immer, wenn ich etwas tiefer befrage, das ich zu kennen glaube, spüre ich, wie sich plötzlich im Gewohnten ein Raum öffnet, in dem ein frischer Wind des Ahnens spürbar wird. Diese Brise der Ahnung kommt daher, dass sich mein innerer Horizont aufdehnt. Ich betrachte den Wald vor meinem Fenster. Ja, es ist der Wald, an dessen Rand ich schon viele Male entlanggelaufen bin, ich sehe ihn jeden Tag.

Er wird mir gewohnt und deshalb glaube ich, ihn zu kennen. Im Staunen trete ich aus der Welt des Gewussten und gehe ins brodelnd-lebendige Quellland der achtsamen Gegenwärtigkeit. Mein Gewahrsein verschließt nicht, macht den Wald nicht zum Bestand des Erklärten, sondern hält ihn als bereits erfahrenes und doch immer wieder neu zu erfahrendes Wesen offen. Sein Sosein, jetzt im zarten Licht des Morgens, kann sich frisch und überraschend zeigen.

STAUNEN IST SINNLICH. Wenn ich den Wald rieche, einen Baum berühre, seine Aura spüre, wenn die Äste im Wind rauschen, ich die Vögel in ihm singen höre und Licht durch das Grün strömen sehe, dann kann ich nicht anders – als staunen. Und wenn ich mehr über die untergründige Verbundenheit der Bäume, ihre unsichtbare Kommunikation miteinander, die Wirkung des Waldes auf die Seele des Menschen lerne, dann steigert es mein Erstaunen nur noch mehr. Vielleicht ist Staunen eine Art sinnliches Denken: Mein Erkennen ist begleitet vom Spüren dessen, was sich in oder hinter dem Erkannten zeigt. Das Wunder des Lebens ist dann das Urphänomen, von dem Goethe sprach.

STAUNEN MACHT MICH STILL. Ich will der Welt dann nichts anhaben, will nichts besitzen, sondern einfach nur sein, mit dem, was ist. Für mich öffnet sich dieses Empfinden in besonderer Weise, wenn ich mich für längere Zeiten in Meditation versenke. Schon oft habe ich erlebt, wie durch das Stillwerden, in dem sich der Fluss der Gedanken und Gefühle klären kann, etwas, was vordem unbedeutend erschien, einen besonderen Glanz ausstrahlte. Ich erinnere mich an ein Retreat in Griechenland, das an einem Ort mit einem wunderschönen Garten stattfand. Ich ging durch die blühende Pracht des Südens und sah eine Seerose, wie sie auf dem Teich schwebte und ihr Weiß sich im Wasser spiegelte. Die Schönheit des puren Seins ergriff mich. Mir fehlten die Worte. Es lag ein Glanz in der Luft, der mich mit in sich hineinnahm und mir mein Leben neu offenbarte. Was zeigt sich in solchen Momenten? Das Leben, wie ich es zu kennen glaube, wird »tieftiefer«, wie es Rilke ausdrückt.

> **Vor lauter Lauschen und Staunen sei still,**
> **du mein tieftiefes Leben;**
> **dass du weißt, was der Wind dir will,**
> **eh noch die Birken beben.**[7]

STAUNEN MACHT UNS STILL, weil wir der Welt erlauben, zu uns zu sprechen. Nur wenn wir lauschen, können wir erfahren, können wir den Atem der Gegenwärtigkeit wahrnehmen. Dann kann das Schweigen sprechen und jeder Hauch, der uns erreicht, liebt und wiegt uns, weil er uns ins Leben hineinbirgt. Die Seele kann weit werden und das Ganze des Seins in sich aufnehmen. Eine solche Weite der Seele, in der wir die Welt wie zum ersten Mal entdecken, erinnert mich an das kindliche Staunen. Warum berührt uns gerade das häufig so sehr? Wenn du einem Kind zuschaust, wie es eine Blume, einen Wald, ein neues Spielzeug, einen fremden Menschen entdeckt, scheint es, als würde das Leben sich selbst gerade wieder ganz neu entdecken.

Der offen-entdeckende Zustand des Kindes ist auch eine Inspiration für die Poesie. Denn »Lyrik gibt nur die Essenz dessen, was dem Menschen widerfährt«, so die Dichterin Hilde Domin. »Sie verbindet uns wieder mit dem Teil unseres Seins, der nicht angetastet ist von den Kompromissen, mit unserer Kindheit, mit der Frische unserer Reaktionen.«[8] Immer wieder zeigt sich in der Dichtung das Bild des Kindes für ein noch unverbrauchtes, nicht auf Nutzen und getrennter Identität beharrendes Sein. Hier wird die Möglichkeit angesprochen, in unserem Erleben die Seinsform des Kindes erinnern und wachhalten zu können, um eine unverbrauchte Aufmerksamkeit zu erhalten oder wiederzufinden. Für den spanischen Dichter Federico García Lorca war der Nachhall von Kindheitserfahrungen die wichtigste Quelle dichterischer Inspiration. Er hielt es für seltsam, »sich dem Leben mit solch einfacher und nur sehr wenig geübter Haltung, nur hörend, nur sehend, zu nähern.«[9] Als sich der junge Dichter Franz Xaver Kappus an Rilke wandte, weil er sich der Qualität seiner Verse nicht sicher war, riet ihm der Dichter, sich auf seine Kindheit, »diesen köstlichen, königlichen Reichtum, dieses Schatzhaus der Erinnerungen« zu besinnen.[10]

Kinder kennen die Welt noch nicht, sie haben noch kein Lebenstraining absolviert und keine Gewohnheiten entwickelt im Umgang mit allem. Deshalb lebt in ihnen die Neugierde, sie wollen entdecken, was, wie und warum die Dinge und die Wesen sind. »Warum?«, fragen Kinder immer wieder und lassen nicht locker. Ihre unzähligen Warums erschöpfen sich nicht, man sieht es in ihren Augen. Sie glühen mit jedem Fragezeichen und künden von einem neuen Aufbruch zum Erkennen der Welt. Im *Gesang der Kindheit*, einem Gedicht, das Peter Handke für den Film *Der Himmel über Berlin* schrieb, wird dieser unverbrauchte Blick deutlich.

Als das Kind Kind war,
war es die Zeit der folgenden Fragen:
Warum bin ich ich und warum nicht du?
Warum bin ich hier und warum nicht dort?
Wann begann die Zeit und wo endet der Raum?
Ist das Leben unter der Sonne nicht bloß ein Traum?
Ist was ich sehe und höre und rieche
nicht bloß der Schein einer Welt vor der Welt?
Gibt es tatsächlich das Böse und Leute,
die wirklich die Bösen sind?

Wie kann es sein, daß ich, der ich bin,
bevor ich wurde, nicht war,
und daß einmal ich, der ich bin,
nicht mehr der ich bin, sein werde?[11]

IN DIESEM KULTFILM VON WIM WENDERS, der für mich eine Art cineastisches Manifest der Poesie ist, können nur die Kinder die Engel sehen, die dort auch die Staunenden sind. Ich liebe die Szene, in der die beiden Engel Cassiel und Damiel im Autohaus in einem Luxusschlitten sitzen und sich erzählen, was sie tagsüber gesehen haben. Es sind ganz normale Dinge, die aber doch so unerhört sind: An der U-Bahnstation Zoo rief plötzlich der Beamte statt des Stationsnamens das Feuerland aus. – In den Rehbergen las ein alter Mann einem Kind aus der Odyssee vor, und der kleine Zuhörer hörte dabei ganz auf zu blinzeln. – Eine Passantin klappte mitten im Regen den Schirm zusammen und ließ sich nass werden. – Ein Schüler beschrieb, wie ein Farn aus der Erde wächst, und der Lehrer staunte.[12] Und als Damiel aus Liebe Mensch wird, entdeckt er, wie die Kinder, die Welt ganz neu. Köstlich der Moment, wo er zum ersten Mal sein eigenes Blut sieht, weil ihm seine Engelsrüstung auf den Kopf fällt. »Das freut mich, dass es heute so gut geht«, sagt er zu einem verunsichert schauenden Passanten.

EIN TAG MIT STAUNEN IST EIN GUTER TAG. Mit *Anfängergeist*, wie man im Zen sagt. Ein Tag mit lauter neugeborenen Wahrnehmungen. So entsteht offener Bewusstseinsraum, allein dadurch, dass ich loslasse, was ich weiß, was ich zu sein scheine und was ich gewohnt bin. In der Meditation können Gedanken, Gefühle, Erinnerungen wie schwebende Wolkenformationen weiterziehen. Mein Geist leert sich. Der weite Himmel wird spürbar. Versunken in der Gegenwärtigkeit des Augenblicks und mit offenem Gewahrsein bin ich wieder etwas mehr in der Lage, ganz neu und frisch – eben wie ein Anfänger – mein Leben und das Leben allgemein zu betrachten. Im Anfangen erwacht eine Neugier, die verschwistert ist mit dem Staunen. Denn hinter dem Impuls, mehr wissen zu wollen, liegt eigentlich die Sehnsucht, mehr staunen zu können.

Überraschende Verständnistore

STAUNEN HAT ABER AUCH EINE INNIGE VERBINDUNG mit dem Zweifel. Ich nehme die Dinge nicht einfach so hin, wie sie sind, sondern hinterfrage, dass etwas ist und so ist, wie es ist. Das Nachfragen steht am Beginn des wissenschaftlichen Forschens. Ich stelle mir das Staunen wagemutiger Forscher vor, die zum ersten Mal den Körper eines verstorbenen Menschen öffneten, die erstmals durch ein Fernrohr oder Mikroskop schauten oder die Erde vom Weltall aus sahen. Oder das Staunen derer, die heute am CERN die Tiefen der Materie zu enthüllen suchen. Jedes Mal eröffnet sich eine neue Welt, ein neues Erkennen, das oft dem, was kulturell als Wahrheit gilt, widerspricht. Staunen hat sogar Revolutionen in Gang gesetzt. Im Grunde befinden wir uns gerade wieder in einer solchen transformatorischen Zeit. Die Welt, die uns zum einen der kosmische Blick auf unseren fragilen blauen Planeten als Teil eines unendlichen Kosmos und zum anderen der subatomare Blick in die Tiefen der Quantenwelt erschließt, offenbart eine grundlegende Verbundenheit allen Seins, die wir als Kultur noch nicht einlösen.

Vor einiger Zeit traf ich den Biologen Merlin Sheldrake zum Interview, er ist für mich ein beeindruckendes Beispiel für eine Poetisierung der Wissenschaft aus dem Staunen. Als ich mit dem jungen Forscher über sein Buch *Verwobenes Leben* sprach, sah ich den lebendigen Entdeckergeist in seinen leuchtenden Augen. Sheldrakes Forschungsgebiet sind Pilze und ihre vielfältigen symbiotischen Beziehungen, die sie mit Pflanzen, Tieren und Menschen eingehen. Weit ausgebreitete Pilzgeflechte bilden beispielsweise das sogenannte *Wood Wide Web* im Waldboden, welches Bäume und andere Pflanzen miteinander verbindet und Kommunikation zwischen ihnen ermöglicht. Der begeisterte Autor öffnet überraschende Verständnistore in jene noch unbekannte Welt der wechselseitigen Durchdringung des Lebendigen. Dabei sieht er sich selbst und sein Forschen als einen Teil dieser Wechselwirkung. »Wissenschaft«, so erklärt er, »ist keine Übung in leidenschaftsloser Rationalität. Wissenschaftler sind – und waren immer – emotionale, kreative, intuitive Menschen, und sie stellen Fragen nach einer Welt, die nie nur dazu da war, katalogisiert und systematisiert zu werden.«[13]

HÄUFIG BEGINNT DAS WISSENSCHAFTLICHE STAUNEN mit einem Zweifel an bisherigen Erkenntnissen, Modellen und Theorien. Solch ein zweifelndes Fragen ist auch ein Impuls zur Veränderung unseres Verhaltens und in gewissem Sinne der Anfang politischen Handelns. Vielleicht verändern sich grundlegende Verhaltensweisen unserer Kultur deshalb nicht, weil wir das Staunen verlernt haben? Das ungläubige Staunen darüber, dass wir nicht wirksam auf die Klimakatastrophe reagieren, obwohl wir wissen, was zu tun wäre. Oder darüber, dass weltweit Menschen an Hunger sterben, obwohl wir genug Ressourcen haben, um alle zu ernähren. Dass Tiere in Massenhaltungen gequält werden, obwohl wir wissen, dass es fühlende Wesen sind. Dass jeden Tag Arten sterben, unwiederbringlich, obwohl wir wissen, dass dadurch das ganze Ökosystem der Erde sein Gleichgewicht verliert und letztlich auch wir aussterben könnten. Wir erstaunen nicht mehr, wir nehmen es hin, es ist uns gewohnt, bekannt, ausweglos bekannt geworden. Das Staunen kann nicht nur den Blick für das Wunder öffnen, es kann ihn vor allem auch auf die Wunden der Welt richten. Wenn wir staunen, dann nehmen wir die Welt nicht so hin, wie sie ist, dann wollen wir tiefer schauen, weiter sehen, klarer erkennen, weiser handeln und schöner leben. Dann wird das poetische Staunen *politisch.*

Von einem besonders eindrücklichen Augenblick politischen Staunens erzählt der Blogger und Menschenrechtsaktivist Amir Nasr in seinem Buch *Mein ISL@M*. Ich übersetzte seinen Erfahrungsbericht ins Deutsche und wir unternahmen zusammen mehrere Lesereisen. Amir wuchs im Sudan und in Katar auf und kam als Kind mit islamistischen Ideen in Kontakt, die ihn tief beeinflussten. Als Jugendlicher begann er, vermittelt durch Entdeckungsreisen im Internet, diese religiös-politische Propaganda zu hinterfragen. Sehr eingeprägt hat sich mir die Geschichte, als er zum ersten Mal die UN-Charta der Menschenrechte las. Er empfand ein ungläubiges Staunen darüber, dass es überhaupt so etwas wie universelle Menschenrechte gibt, die für jeden Menschen gelten sollen. Für ihn eröffnete sich dadurch eine neue Vision von den Möglichkeiten unseres Zusammenlebens, die ihn dazu antrieb, sich im Zuge des Arabischen Frühlings für eine Demokratisierung der Länder im Mittleren Osten zu engagieren.[14]

EIN ZWEIFELNDES STAUNEN GIBT ES nicht nur mit Blick auf gesellschaftliche Verhältnisse, sondern auch bei der Reflexion unseres eigenen Verhaltens. Es ist der innehaltende Moment, in dem ich mich plötzlich frage, warum ich wieder in einer bestimmten Weise gehandelt habe, obwohl ich es besser weiß. Deshalb ist das Staunen über mich selbst auch ein Quellpunkt von Veränderung. Ich unterbreche für einen Augenblick den Gang des Gewohnten, ich sehe mich mit etwas Abstand und eröffne so die Möglichkeit, künftig die Lücke zwischen dem, was ich weiß, und dem, was ich tue, ein kleines Stück mehr zu schließen. Das psychologische Staunen lässt mich meine Gewohnheiten, Muster, Abwehrmechanismen, die sich so anfühlen, als gehörten sie zu mir, wie neu entdecken. Dann bemerke ich auch, dass ich mich immer wieder entscheide, der zu sein, der ich bin. Wenn ich das erkenne, eröffnet sich Freiheit – denn ich kann mich auch anders entscheiden, muss nicht der bleiben, der ich bisher bin.

Ein derartig transformatives Staunen über mich selbst kann von der einfachen Einsicht reichen, dass ich wieder gegen meinen Entschluss zu viel Zeit auf Facebook verbracht habe, bis hin zu einem ganz neuen Blick auf mein Leben, der Wesentliches infrage stellt: meine Beziehung, meine Arbeit, meinen Wohnort oder gar mich selbst. Ein existenzielles Staunen kann dann zu dem führen, was Mystiker als *Metanoia* oder Umkehr bezeichnen, eine bewusste, radikale Neuwerdung und Neuverortung im Leben. Im Zen gibt es den »Großen Zweifel«, mit dem man die Frage nach dem Mysterium von Leben und Tod so dringlich wachhält, dass es einen nicht mehr loslässt. Er gibt der eigenen Bewusstwerdung eine Intensität, die dazu führen kann, dass sich der Himmel des Daseins öffnet und einen Blick freigibt in das unnennbare Geheimnis. An den radikalen Wendepunkten meines Lebens ging ich durch Phasen solch existenziellen Staunens, in denen ich spürte, dass mein bisher gewordenes Sein nicht ausreichte, um die Ahnung eines neuen Wesenspotenzials zu umfassen.

So reifte zum Beispiel mein Entschluss, einige Zeit in einem Zen-buddhistischen Kloster zu verbringen. Die Meditation, die ich dort kennenlernte und seither oft lange Zeiten praktiziere, führt mich in einen eigenen Tiefenbereich des Staunens. In der stillen Anwesenheit staune ich, dass ich mehr bin als Gedanken, Gefühle, Erinnerungen. Es bleibt ein offenes Gewahrsein. In der Stille, wenn die gewohnten Gedanken kommen und gehen dürfen, zeigt sich die innere Lichtung, in der eine Gegenwärtigkeit aufscheint, die nichts und alles mit mir zu tun hat. Das Leben als solches, als es selbst, schlägt neu die Augen in mir auf und sieht sich und mich. Beide, das Leben und ich, werden eins. Es bleibt nur *ein* Sehen, *ein* Wissen, *ein* Lieben, welches sich auf nichts Bestimmtes richtet, aber alles ins Herz nimmt und den Blick weitet und vertieft, um in allem das Leuchten zu sehen, dass innerlich aufdämmert. Meditation ist eine poetische Vergegenwärtigung des Geheimnisleuchtens, das jedes Ding, jedes Wesen, jeden Menschen, jedes Ereignis, jede Situation umgibt. Im Staunen reichen wir herein in das unaussprechliche Mysterium des Daseins.

Im Geheimnisleuchten

IM GEHEIMNISLEUCHTEN IST DIE WELT SCHÖN. Schönheit ist die Schwester des Staunens. Wenn ich staune, werde ich wach für das Schöne. Wenn mich etwas Schönes berührt, erstaune ich. Wenn ich einen Herbstbaum mit seinem strahlenden Gold in der Sonne glänzen sehe, einen jungen Farn, wie er sich unbeirrbar entrollt, eine Bergkette, die im Dunst wie durchsichtig wird, die Mohnblumen im sommerlichen leuchtenden Rot. Oder wenn ich ein Kunstwerk betrachte, das mich berührt. Wie es mir vor einiger Zeit bei einer Ausstellung mit Werken des afrikanischen Künstlers El Anatsui geschah. Er schafft aus Abfällen, vor allem Kronkorken von Schnapsflaschen, riesige Installationen, indem er diese Materialien aneinanderknüpft und zu Wandbehängen oder raumfüllenden begehbaren Objekten gestaltet. So nutzt er den Abfall, den der Westen auf seinem Kontinent hinterlässt, um skulpturale Gebilde zu schaffen, die wie Teppiche, Farblandschaften oder transparent schimmernde Räume wirken. Er *poetisiert*, so könnte man sagen, den Zivilisationsmüll in eine Gestalt, in der das Schöne aufscheint, und gleichzeitig sensibilisiert er uns für die koloniale Geschichte und die globale Ungerechtigkeit der Gegenwart.

NICHT NUR NATUR UND KUNST sind Ausdrucksformen des Schönen. Der Anblick eines Menschen kann uns verzaubern und zu sich rufen. Das muss nicht zwingend bedeuten, dass er oder sie einem sogenannten Schönheitsideal entspricht. Ich habe Sterbende gesehen mit zerfurchtem Gesicht, die strahlten, weil aus ihnen eine Güte und Freude schien, die nichts mit dem Äußeren zu tun hat. Sie waren schön, weil in ihnen das ganze gelebte Leben spürbar war, das sie zum Leuchten gebracht hatten. Ob ich etwas als schön wahrnehme, hängt also auch von meinem Blick ab. Der griechische Philosoph Plotin beschreibt diesen Blick so: »Verwunderung, liebliches Staunen, Sehnsucht, liebende Hingabe – das muss die Empfindung sein bei allem, was schön ist.«[15] Ein liebliches, ein liebevolles Staunen. Denn was ich liebe, ist schön. Wie schön mir die Welt ist, zeigt, wie sehr ich sie liebe. Der liebevolle Blick ist poetisch.

Durch das Einüben einer tieferen Anschauung können wir einen poetischen Blick ausbilden. Darin kann ich einen Menschen, ein Tier, eine Blume, eine Landschaft, ein Gebäude, ein Kunstwerk so betrachten, dass ich darin das je besondere Strahlen wahrnehme. Denn, so schreibt der irische Dichter und Philosoph John O'Donohue, »wenn unsere Art des Sehens schön wird, dann wird die Schönheit für uns sichtbar und leuchtet auf. Wir werden überrascht sein, Schönheit an unerwarteten Orten zu entdecken, an denen das unbegnadete Auge niemals verweilen würde. Das begnadete Auge kann die Schönheit überall erblicken, denn die Schönheit ist nicht für besondere herausgehobene Momente oder Ereignisse reserviert; sie wartet nicht auf Vollkommenheit, sondern ist bereits heimlich in allem vorhanden. Wenn wir unseren Blick schönheitsvoller werden lassen, wird die Anmut der verborgenen Schönheit zu unserer Freude und zu unserem Heiligtum.«[16]

EINE PRAXIS FÜR DEN BEGNADETEN BLICK ist für mich seit vielen Jahren das Fotografieren. Mit offenem Gewahrsein gehe ich durch eine Landschaft oder eine Stadt, betrachte einen Menschen oder ein Tier, einen Baum oder eine Blume, eine Mauer oder ein Hochhaus, eine Stimmung oder Atmosphäre. Im aufmerksamen Gehen spricht mich plötzlich etwas an, vielleicht eine besondere Harmonie zwischen den Zweigen, eine Spiegelung auf dem Wasser, die Spuren eines abgerissenen Plakats an der Häuserwand, ein in sein Spiel versunkener Straßenmusiker. Was es auch ist, in meinem Wahrnehmen liegt ein sanftes Erstaunen vor dem schönen Glanz, den ich dort sehe. Wenn ich dann meine Kamera nehme und fokussiere, wähle ich einen Ausschnitt, der dem Wunder dieses Anblicks gerecht wird. Im Idealfall gibt es dann keinen Fotografen mehr und kein Motiv. Der eine gegenwärtige Weltort, und sei er noch so klein und unscheinbar, wie etwa ein verwelktes Herbstblatt, sieht sich selbst – durch mich und das Bild, das daraus entsteht. Wenn ein Foto aus der Nichtgetrenntheit erscheint, dann ist das auch für den, der es betrachtet, spürbar.

Wenn ich so fotografiere, wird das Sehen zu einem Liebesakt mit der leuchtenden Welt. Ein Hinwenden zu den Dingen, in dem sich eine existenzielle Tiefe eröffnet. Ich komme dem, was ich betrachte, immer näher, trete damit in eine lebendige Wechselbeziehung. Der Raum zwischen mir und dem Anderen, die gewohnte gegenständliche Trennung zwischen Subjekt und Objekt wird durchlässig. Die Erfahrung des Schönen ist also immer ein Akt des Verbundenseins – ob wir es bemerken oder nicht. Wenn ich sage: »Das ist schön«, trete ich aus meinem gewohnten getrennten Ich-Sein heraus, öffne es für das Hineindämmern des

Aufleuchtens der Welt. Hier rührt das Schöne an den Kern unseres Hierseins: Was sagt es über unseren Kosmos aus, dass er so atemberaubende, so überwältigend vielfältige Schönheit hervorbringt?

Allein, dass das Schöne ist, ist das Wunder. Die Poesie wendet sich diesem Wunder zu. Poesie ist die schöne Sprache, die den Glanz des Schönen in sich bergen und offenbaren will. »Die Poesie verwandelt alle Dinge in Schönheit«, erklärt Percy Bysshe Shelley, »sie erhebt die Schönheit des Schönsten und fügt dem Missgestalteten Schönheit hinzu; sie vermählt Jubel und Schrecken, Trauer und Vergnügen, Ewigkeit und Wandel; sie vereint unter ihrem leichten Joch alle unversöhnlichen Dinge. Sie verwandelt alles, was sie berührt, und jede Form, die sich im Glanz ihrer Gegenwart bewegt, wird durch wundersame Sympathie zu einer Verkörperung des Geistes, den sie atmet: Ihre geheime Alchemie verwandelt die giftigen Wasser, die vom Tod durch das Leben fließen, in trinkbares Gold; sie zieht den Schleier der Vertrautheit von der Welt und legt die nackte und schlafende Schönheit frei, die der Geist ihrer Formen ist.«[17]

Der dichterische Name des Seins

IN EINEM KURZEN TEXT MIT DEM TITEL *Systemprogramm des deutschen Idealismus*, der abwechselnd den Philosophen Hegel und Schelling oder dem Dichter Hölderlin zugeschrieben wird, kommt die versöhnende Kraft der poetischen Schönheit zum Ausdruck. Darin äußert sich die Überzeugung, »daß der höchste Akt der Vernunft, der, indem sie alle Ideen umfaßt, ein ästhetischer Akt ist und daß Wahrheit und Güte nur in der Schönheit verschwistert sind. … Die Poesie bekommt dadurch eine höhere

Würde, sie wird am Ende wieder, was sie am Anfang war – Lehrerin der Menschheit; denn es gibt keine Philosophie, keine Geschichte mehr, die Dichtkunst allein wird alle übrigen Wissenschaften und Künste überleben.«[18]

IN DIESEN WORTEN WIRD DIE VEREINIGUNGSKRAFT der Schönheit und der Dichtung als ihr sprachlicher Ausdruck gefeiert. Und tatsächlich ist es doch so, dass sich in dem, was wir als schön erfahren, eine innere Harmonie der Gegensätze zeigt. In einem Kunstwerk werden verschiedene Formen, Strukturen und Farben oder Klänge, Rhythmen und Dissonanzen in eine Ganzheit gebracht. Je mehr die Verbindung der Verschiedenheit gelingt und je widersprüchlicher die Elemente zu sein scheinen, desto tiefschöner wird das Werk.

Eine solche integrierende Kraft meinten die Verfasser des idealistischen Systemprogramms hier wohl, wenn sie davon sprachen, dass die Poesie alle Wissenschaften und Künste überleben wird. Damit ist eine Poetisierung, eine dichterische Durchdringung aller Erkenntnisbereiche angesprochen – bis hin zum rechten Handeln. Denn auch in einer Gesellschaft zeigt sich das Schöne dann, wenn unterschiedliche Bedürfnisse, Sichtweisen und kreative Impulse in eine dynamische Harmonie gebracht werden. Das aber ist das Wesen von Gerechtigkeit.

AUS DER EINSICHT, DASS EIN ÄSTHETISCHES EMPFINDEN des Schönen die Harmonie auch im Charakter des Menschen zu entwickeln vermag, formulierte Friedrich Schiller die Grundsätze einer »ästhetischen Erziehung«. Er sah die freie Entfaltung des Einzelnen in Selbstbestimmung als einen Ausdruck des Schönen im Menschlichen. Grundlegend für die charakterliche Bildung war für ihn ein freier »ästhetischer Zustand« als ein

Bewusstseinsraum, in dem Denken und Empfinden, Vernunft und Sinnlichkeit, Geist und Natur zu einer Harmonie kommen können. In diesem Zustand, so schreibt er, »fühlen wir uns wie aus der Zeit gerissen, und unsere Menschheit äußert sich mit einer Reinheit und Integrität, als hätte sie von der Einwirkung äußerer Kräfte noch keinen Abbruch erfahren. Es ist also nicht bloß poetisch erlaubt, sondern auch philosophisch richtig, wenn man die Schönheit unsre zweite Schöpferin nennt.«[19] In einer solchen lebendigen Harmonie gewinnen wir die Freiheit, angemessen und stimmig auf das zu antworten, was uns begegnet, mit Ernst oder Spiel, Ruhe oder Bewegung, Nachgiebigkeit oder Widerstand, denkendem Verstand oder unmittelbarer Wahrnehmung.

EIN WICHTIGER ASPEKT IST DABEI, dass diese Harmonie dynamisch ist und kein lauwarmer Schein. Denn es ist doch ein weiteres Merkmal des Schönen, dass es lebendig ist. Das, worin ich Lebendigkeit spüre, erlebe ich als schön. Es kann das fruchtbare Wirken der Natur sein, die Inspiration einer Künstlerin, die Gestaltungskraft eines Designers, der gütige Ausdruck in einem Gesicht. Wenn mich etwas als schön berührt, dann begegnet mir darin das Leben. Wenn man etwas als hässlich bezeichnen kann, so ist es das Tote, worin Lebendigkeit fehlt. Eine Betonwüste ist plattgemachte Erde, auch wenn sich darin schöne Blicke ergeben mögen. Ein Plastikbecher ist tot, auch wenn er eine angenehme Form hat. Eine gewaltsame Beziehung oder Gesellschaft ist hässlich, weil sie sich gegen anderes Leben wendet.

Somit sind diejenigen Ideen, Handlungen und Gesellschaftsformen ästhetisch, in denen sich möglichst viel Lebendigkeit entfalten kann.[20] Deshalb ist die Demokratie eine ästhetische Gesellschaftsform in dem Sinne, dass sie als offene Gesellschaft möglichst vielen Menschen eine freie Entfaltung ihrer je eigenen

Lebensimpulse ermöglicht und sie in ein dynamisches Miteinander bringt. Ein ökonomischer Ansatz, der das Schöne im gesellschaftlichen Zusammenhang aufgreift, ist das *Gemeinwohl*: Wie orientiere ich mein Handeln an den umfassenden Lebensbezügen, in die ich eingebettet bin, sodass wir uns *alle* entfalten können. Diese Ausrichtung ist schön, weil sie aus dem Respekt vor dem Leben kommt, sie ist gut, weil sie allen und dem Ganzen dient. Und sie ist wahr, weil sie der Wirklichkeit unserer wechselseitig verbundenen Existenz gerecht wird. Hier verbinden sich das Schöne, Wahre und Gute zu einem handelnden Erwachen zum Wesen unseres Daseins.

JA, DAS SEIN IST SCHÖN, scheint der Philosoph Martin Heidegger zu sagen, wenn er das Schöne als »dichterischen Namen des Seyns« bezeichnet.[21] Das Sein, das wir sind, unsere Quelle und unser Urgrund in jedem Moment unseres Daseins erklingt durch die Stimme der Dichtung als schön. Das Sein der Welt, wie sie sich uns in jedem Augenblick zeigt und offenbart, sieht der poetische Blick als schön. Und damit ist nicht nur das Angenehme gemeint, sondern das ganze Leben – mit allem, was auch gebrochen, unvollkommen, vergänglich ist. Weil wir dem Schönen aber weitgehend die Tiefe genommen haben, wird sie heute mit Beliebigkeit und Behaglichkeit, mit der glatten Oberfläche oder dem makellosen Körper verwechselt. So verflacht wird das Schöne handhabbar, manipulierbar, wird zur Mode und zur geschmacklichen Wertung. Der poetische Blick hat hier die Kraft, immer wieder den Wahrheitsgehalt des Schönen freizulegen.

Im andächtigen Staunen ist das ganze Leben schön, und wir können es als unsere Aufgabe verstehen, es durch uns schöner – und damit auch gütiger und gerechter – werden zu lassen. Der Philosoph Byung-Chul Han schreibt in seinem Buch *Die Erret-*

tung des Schönen: »Das Schöne als Ereignis der Wahrheit ist generativ, hervorbringend, ja dichtend. … Das Zeugen im Schönen weicht dem Schönen als Erzeugnis, als Gegenstand des Konsums und des ästhetischen Gefallens.«[22] Dann ist Schönheit nicht nur etwas, das wir wahrnehmen, sondern etwas, das wir mitschöpferisch hervorbringen. In der indigenen Kultur der Navajo im Südwesten der USA spricht man davon, »in Schönheit zu gehen«. Im Zentrum dieser Tradition des »Beauty Way« steht ein mehrtägiges Heilungsritual, bei dem ein zeremonielles Gedicht gesungen wird. Wobei das Wort, das mit Schönheit übersetzt wird, einen Bedeutungsraum von Harmonie, im Sinne der Einbindung des Menschen in die Zyklen der Natur, in das Wachstum und die Bewegung umfasst. »In Schönheit gehen« könnte man also auch verstehen als Leben in Harmonie mit dem Kosmos.

Die schwarze feministische Autorin Minna Salami spricht davon, dass wir Schönheit *praktizieren* können. »Lasst uns Schönheit tun«, so ruft sie uns auf, »als hinge unser Leben davon ab … Praktizierte Schönheit ist Kunst, und je mehr wir danach streben, aus dem Leben eine Kunst zu machen, desto schöner werden unsere Welt und wir selbst am Ende sein. Ich habe noch nie eine Person gesehen, unabhängig von ihrem Alter, ihrem Aussehen, ihrer Begabung, ihrer Größe, oder was auch immer, die leidenschaftlich lebte und dabei nicht schön war.«[23]

WIR WERDEN ZU ZEUGEN DES SCHÖNEN, wir gehen in Schönheit, wir praktizieren Schönheit, wenn wir für das Schöne in der Welt anwesend sind, auch in aller Gebrochenheit, Unvollkommenheit, Unsicherheit oder manchmal auch Hilflosigkeit. Und wenn wir unser Leben als einen schöpferischen Ausdruck eines lebendigen Kosmos erfahren und in dynamischer Harmonie mit dem

Ganzen unsere Stimme finden, dann werden wir zu Ko-Poeten des Staunens, auf der unmöglich möglichen Mission, die Welt mit einem liebevoll poetischen Blick neu zu verzaubern.

Was du siehst
Überkommt dich

Es ist der Wald und die Wiese
Das Blut und die Brache
Der gehende Wind
Und die kommende Nacht

Alles will wissen

Wie wach
Du bist

KAPITEL 3

Was uns schließlich birgt – Ehrfurcht

Die Erfahrung des Schönen kann in uns ein Empfinden der Ehrfurcht erwecken – die existenzielle Stimmung, dass es mehr gibt in dieser Welt als das, was wir begreifen können. Verbunden damit sind Erfahrungen wie Erhabenheit, Respekt, Demut, das Unverfügbare oder gar Heilige. Diese Worte zeigen schon, dass wir uns hier auf herausforderndes Terrain begeben, da sie allesamt mehr oder weniger belastet sind. Wir werden in diesem Kapitel vertiefen, wie uns die Poesie ein neues, freieres Verhältnis zur Ehrfurcht eröffnet. Und damit auch zu dem Seinsraum, der mit Religion verbunden wird.

VOR EINIGER ZEIT LAS ICH EINEN SATZ des Dichters John O'Donohue, der mich nicht mehr losließ: »When we walk on the earth with reverence, beauty will decide to trust us.«[1] Etwa: Wenn wir mit Ehrfurcht auf der Erde gehen, entscheidet sich die Schönheit, uns zu vertrauen. Mich erstaunte zunächst, wie in dieser Aussage eine Haltung der Ehrfurcht, des Respekts, der Andacht und Ehrerbietung – so man *reverence* ins Deutsche übertragen kann – mit dem Wahrnehmen, dem Vertrautwerden mit dem Schönen verbunden wird. Der Satz wirkt seither für mich wie ein Koan, eine Frage, die sich der rationalen Erklärung immer wieder entzieht. Wenn ich mir diese Worte ins Bewusstsein rufe, zum Beispiel beim Gang durch die Natur, spüre ich, wie sich in meinem Blick, wenn Ehrfurcht darin liegt, die Schönheit einer Landschaft, eines Blattes, eines Baumes, eines Hauses, eines Tieres, eines Menschen zeigt und sich entschließt, sich mir anzuvertrauen. Und mir wird dabei auch klar, wie fremd mir die Worte Ehrfurcht, Respekt, Andacht oder auch Ehrerbietung sind. Sie erklingen wie aus einer geistigen Ferne, einer Vergangenheit, in der noch etwas in unserer Wahrnehmung lag, vor dem wir uns verneigen wollten. Eine spürbare Größe des Ganzen, ein Geheimnis, das uns noch immer durchweht und unser gesamtes Sein umfasst, ja uns atmen lässt. Der Ursprung und Grund unserer Existenz, namenlos, unbeschreibbar. In der Nähe der Berührung durch das Mysterium werden wir still und staunen: Alles Sein zeigt sich uns als ein Geschenk, durchwoben von einer unergründlichen Schönheit.

EHRFURCHT IST, ZUGEGEBEN, EIN SCHWIERIGES und belastetes Wort. Man kann damit auch das ängstliche Gefühl meinen, dass wir gegenüber Menschen und Institutionen empfinden, die Macht über uns haben. Ich erlebte ein Zerrbild der Ehrfurcht in meiner ideologischen Bildung in der DDR, wo uns ein solches Verhältnis gegenüber dem Staat und seinen Repräsentanten eingeimpft wurde. Ein Gefühl der Ehrfurcht, in dem die Angst überwiegt, kann uns auch folgsam und gefügig machen. Aus dem Kontext menschlicher Autorität, den es immer auch zu beachten gilt, möchte ich die Empfindung der Ehrfurcht hier lösen, vielleicht sogar erlösen. Für Rudolf Steiner, den Begründer der Anthroposophie, ist die Verehrung (Devotion) die notwendige »Grundstimmung der Seele«, um einen Weg der Bewusstwerdung zu gehen. Er meint damit aber eine Haltung, die unsere Freiheit nicht beschneidet, sondern intensiviert: »Die Erfahrung lehrt, dass diejenigen Menschen auch am besten verstehen, das Haupt frei zu tragen, die verehren gelernt haben da, wo Verehrung am Platze ist. Und am Platze ist sie überall da, wo sie aus den Tiefen des Herzens entspringt.«[2]

In diesem Sinne möchte ich Verehrung hier auf Erfahrungen konzentrieren, die aus den Tiefen des Herzens entspringen oder diese Tiefe anrühren. In denen sich dieses ehrfurchtsvolle Empfinden auf etwas richtet, das unser Verstehen übersteigt und uns dennoch innerlich zugänglich ist. Ich spüre Ehrfurcht vor den schicksalhaften Kräften der Liebe, der Geburt, des Sterbens, in der Trauer des Verlusts oder der Gnade eines Glücks. Sie erwacht auch gegenüber Menschen, die in ihrem Sein, Handeln und Schaffen die Güte und Schönheit des Lebens zum Ausdruck bringen und mir damit von unserer menschlichen Möglichkeit künden. Oder auch in der Gegenwart überwältigender Kunst und erst recht in der wilden Natur. Und dann gibt es die ewigen Augenblicke, die sich unverhofft einstellen, in denen ein Hauch des Unerklärlichen den Urgrund des Seins lichtet. Dann spüre ich bis in die Zellen meines Körpers, dass ich eingebettet bin in ein mich weit übersteigendes Ganzes, das mich dennoch zutiefst meint und liebt. Das mir antwortet und mich fragt nach meinem Möglichsein. Worin ich manchmal auch an die Grenzen meines Verstehens und Werdens stoße und Lauschender bin, demütig, dankbar.

Solche Öffnungen brechen häufig während längerer Meditationsphasen auf, beispielsweise in Retreats, wo im Schweigen das Versenken in den Grund unserer Existenz einfacher wird. Ich erinnere mich vor allem auch an meine Zeit im Zen-Zentrum Eisenbuch in Niederbayern, wo ich ein Jahr lang gelebt habe. Die Tage begannen in aller Frühe mit zwei Stunden stiller Meditation. Wenn ich für den Weg zum Meditationsraum ins Freie trat, blickte ich oft in den noch leuchtenden Sternenhimmel. Darin wurde mir unvermittelt die Unermesslichkeit des Kosmos bewusst. Und mein Eingebettetsein in dieses Größere, das mein Erfassen so unendlich weit übersteigt. Beim gemeinsamen Sitzen in der Stille spannte sich eine innerliche Unendlichkeit auf. Ein Ozean, in dem die Weite des Gewahrseins erwacht: Woher mein Dasein kommt, weiß ich nicht.

Es ist.
Ich bin.
Alles ist.

ES LIEGT EINE ANRÜHRENDE UNSCHULD im Versinken in die Stille. Besonders wenn ich sie im Retreat mit anderen teile, wenn wir uns zusammen ihrem Klang hingeben. Auch dann, wenn die Müdigkeit des ungewohnt frühen Aufstehens und die Schmerzen beim langen unbeweglichen Sitzen es erschweren. In alldem ist doch die Anwesenheit eines wachen Seins spürbar, in dem eine Freude lebt, die wie nicht von dieser Welt zu sein scheint. In Eisenbuch kamen wir nach den Morgen-Meditationen zusammen, um im Stil japanischer Zen-Klöster den Tag rituell zu beginnen. Dazu gehören auch Niederwerfungen und Rezitationen von *Sutren*, den grundlegenden buddhistischen Texten. Für mich, der ich ohne religiöse Bildung aufgewachsen bin, war dies eine erste tiefere Berührung mit einer Praxis der Ehrfurcht, des Sich-Verneigens vor etwas, das mich übersteigt. Im Buddhismus ist das kein Gott, sondern eher das Wesen unserer Existenz als Menschen in einem grenzenlosen Kosmos. Ein Gefühl der Andacht, in dem auch die Kostbarkeit und Flüchtigkeit des eigenen Hierseins aufscheint und das jeden Augenblick vertiefen kann. Oft spürte ich in den Niederwerfungen, dass sich in mir etwas löste oder gar befreite, wenn ich mich so vor dem Mysterium verneigen konnte. Etwas, das eine besondere Intimität mit dem Dasein fördert. Das Leben erhält einen eigenen Glanz und tiefe Bedeutsamkeit, wenn ich es im Angesicht eines Erhabenen erfahre, das mich übersteigt und umarmt. Wir ahnen in uns den Atem eines namenlosen Geistes, wie ihn der spanische Dichter Gustavo Adolfo Bécquer besingt.

Ich folge in schwindelndem Taumel
den Welten, die kreisen und kreisen,
und meine Augen umfassen
die Schöpfung in ihrer Ganzheit.

Ich weiß von jenen Zonen,
wohin kein Laut je dringt,
und wo formlose Gestirne
auf den Hauch des Lebens warten.

Ich bin die Brücke, die
den Abgrund überspannt,
bin die unerkannte Leiter,
die Erde und Himmel verbindet.

Ich bin der unsichtbare
Ring, der das Reich der Form
mit dem Reich der Idee
fest zusammenfügt.

Ich bin, kurzum jener Geist,
jenes unbekannte Wesen,
jener geheimnisvolle Duft,
für den der Dichter Gefäß ist.[3]

Höre, mein Herz

EINES TAGES TRIEB DER ARZT, MUSIKER und Theologe Albert Schweitzer mit seinem Boot auf einem Fluss in Afrika dahin, als im fließenden Strom Nilpferde zu sehen waren, die das Boot begleiteten. In einem blitzartigen Moment des Staunens erfuhr Schweitzer ihren Lebenswillen als wesensverwandt mit dem Willen des Lebens in ihm selbst. In seinem Gewahrsein gab es hier nur *ein* Leben, *ein* Ganzes, an dem alle Mitwesen teilzuhaben schienen. Er erlebte eine tiefe Wertschätzung für das ganz andere

Leben, das eben doch nur Ausdruck des *einen* Lebens für ihn war. Dieses Erlebnis fasst Albert Schweitzer in einen Satz, der für ihn die Grundlage seiner Ethik der *Ehrfurcht vor dem Leben* bildet: »Ich bin Leben, das Leben will, inmitten von Leben, das leben will.«[4]

EHRFURCHT LEGT EINE DISTANZ zwischen mir und die Welt, die zugleich innigste Nähe ist. Aber nicht die Nähe des Besitzenwollens und der Verfügbarkeit, sondern die Nähe der atmenden Begegnung. Im Respekt vor dem Anderen achte ich dieses Anderssein als einen eigenständigen, würdevollen Ausdruck des Lebens. Ich nähere mich dem Anderen behutsam, ich lasse mich von dem, was der, die, das Andere ist, berühren. Hierin klingt auch eine Haltung der Demut an, ein weiteres belastetes Wort. Ich meine damit hier aber das Empfinden, ein untrennbarer Teil eines lebendigen Ganzen zu sein.

Es gibt Orte, wo mir eine ehrfurchtsvolle Stimmung besonders zugänglich wird, etwa wilde Landschaften, die etwas von der Größe und Erhabenheit des Lebendigen in sich tragen. Wenn ich einige Stunden, oder mehr noch, wenn ich einige Tage in den Bergen unterwegs bin, sinke ich ein in diese besondere Atmosphäre. Dort oben lebt ein Gefühl von Zeit und Raum, das im Unendlichen schwingt. Der Raum ist horizontweit ausgespannt und lässt auch mich innerlich weit werden. Und die Berge leben selbst in einer anderen Zeitdimension, die sich nicht nach Tagen oder Stunden misst, sondern nach Tausenden oder Millionen Jahren. In ihnen hallt der steingewordene Klang der Ewigkeit. Beim Gehen darin wird mein Körper durchlässig in der Achtsamkeit, den nächsten Halt zu finden. Diese erhöhte Aufmerksamkeit macht wach und lebendig und erinnert gleichzeitig an die Kostbarkeit jedes Schrittes, jedes Atemzuges. Das Herz wird so offen wie der Horizont, weil die einengenden Gefühle, Ängste und Sorgen an

Kraft verlieren im Durchdrungensein vom blauen Glanz der Unendlichkeit. Der Geist kommt zu einer inneren Klarheit, weil Ablenkungen versiegen und ein inneres Licht aufscheinen kann. Das gehende Sein wird zu einem Gespräch mit der Landschaft – der Hoheit, Erhabenheit und Schönheit der Bergwelt. Wird zu einem Gebet, an das Namenlose gerichtet. Darin wird jeder Schritt ein Wunder. Jeder Atem ein Geschenk. Jeder Blick ein Segen.

SOLCHE EINFACHEN UND DOCH UNERGRÜNDLICHEN Momente können sich immer dann einstellen, wenn wir unserer Erfahrung auf den Grund gehen und ahnend dem Sein nahekommen. Die Natur und ganz besonders die Wildnis kann uns auf diesen Urgrund führen, aber auch das Geheimnis einer liebenden Begegnung, der scheue und verwandte Blick eines Tieres. Oder ein Schmerz, ein Verlust, der den Lebensboden unter uns und in uns erschüttert.

Seit Anbeginn des Menschseins haben wir Praktiken, Rituale und Gesänge geschaffen, um den unnennbaren Urgrund unserer Existenz anzurufen, zu besingen, »ihn« zu feiern und mit »ihm« zu ringen. Diese Erfahrungsräume des Namenlosen nennt der Religionswissenschaftler Rudolf Otto das Numinose.[5] Er meint damit eine Sphäre des Erlebens, in der die Präsenz eines Wunders des Seins oder gestaltlos Göttlichen spürbar wird. Das Wort stammt vom lateinischen *Numen*, was Licht oder leuchtend bedeutet. Das Numinose ist eine Art Leuchten im Inneren der Existenz. Wenn ich der Herkunft, dem Sinn und der Zukunft des Lebens auf den Grund gehe, schmerzlich-beglückend nahekomme, dann empfinde ich: Das Leben ist kein leerer Abgrund, etwas kommt mir entgegen, leuchtet auf mich zu, fragt mich an, liebt mich zu sich und atmet mich hinaus ins Dasein.

Für Otto kann sich das Numinose in unserem Erleben beglückend zeigen als »Mysterium fascinans«. Wenn du in einem ewigen Augenblick plötzlich in den Sog des Geheimnisses gerätst und von der erhabenen Schönheit der Natur, eines Menschen, eines Kunstwerks gebannt bist. Oder wenn in einer meditativen Übung plötzlich in dir ein Tor aufgeht und eine Flut leuchtender Liebe dein Gewahrsein durchfließt. Das Numinose kann aber auch schrecklich sein in der Kraft, einen Abgrund aufzureißen, in dem alles, was du bisher wusstest und warst, zunichtewird. Als »Mysterium tremendum« zeigt es sich an den Grenzen deines bisherigen Seins, wenn ein Schicksalsschlag, ein Verlust, eine Krankheit oder eine scheinbar grundlose Schwermut dich überwältigt.

Dort, in den Bereichen, wo uns die Kontrolle entgleitet, wo wir dem ausgeliefert sind, das über uns hinausgeht, wird unsere gesicherte Identität brüchig. Sie wird durchlässig. Doch in die Zwischenräume des Ungewissen, wenn wir es aushalten können, strömt ein Empfinden: Ich bin getragen in aller Ungewissheit, Verlassenheit und Vernichtung, doch sicher geborgen in etwas, das ich nicht weiß und nicht wissen kann. Aber ich kann es hören, kann mich ahnend hineingeben in den namenlosen Urgrund.

Stimmen. Stimmen. Höre, mein Herz, wie sonst nur
Heilige hörten: daß sie der riesige Ruf
aufhob vom Boden; sie aber knieten,
Unmögliche, weiter und achtetens nicht:
So waren sie hörend. Nicht, daß du Gottes ertrügest
die Stimme, bei weitem. Aber das Wehende höre,
die ununterbrochene Nachricht, die aus Stille sich bildet.[6]

RAINER MARIA RILKE BITTET IN DIESEN VERSEN sein Herz, so zu hören, wie es sonst nur Heilige tun. So offen, so tief zu hören, dass die Stimme, die in der Stille klingt, vernehmbar wird. Der Dichter lädt uns hier ein in den existenziellen Raum des Heiligen. Wieder so ein belastetes Wort. Rudolf Otto verstand das Numinose als die emotionale Gestimmtheit im Leuchtkreis des Heiligen. Er sah im Heiligen die Grundlage *aller* Religionen, ungeachtet dessen, in welche Formen und Begriffe sie die Präsenz einer sinngebenden, uns übersteigenden, aber gleichzeitig zutiefst ansprechenden Wirklichkeit auch fassen.

Für uns ist ein Begriff wie das Heilige durch den ideologischen Gebrauch religiöser Institutionen verdächtig geworden.[7] Aber doch können sich viele Menschen darauf beziehen, dass es in ihrem Leben etwas gibt, das für sie eine grundlegende Bedeutung, eine letztendliche Relevanz und eine unverletzbare Gültigkeit hat. Ein Empfinden von »Das ist mir heilig« kann sich auf lebensprägende Beziehungen richten, auf zutiefst gültige Werte, auf kreative, künstlerische, weltgestaltende Aktivitäten oder aber auch auf eben die Öffnung numinoser Erfahrungsräume in spirituellen Praktiken oder transformativem Geschehen. Das Wort heilig hat eine innere Verbindung zum Wort Heil im Sinne von Heilwerden, Ganzwerden. Erfahrungen, die wir als heilig bezeichnen, tragen in sich oft den Bezug zum Geheimnis des Ganzen, das in unser individuelles Dasein hineinspricht als »die ununterbrochene Nachricht, die aus Stille sich bildet«.

In meinen Gesprächen mit Wissenschaftlern, Künstlerinnen, Aktivisten oder Unternehmerinnen in der journalistischen Arbeit erlebe ich es oft, dass wir an einen Punkt kommen, wo der grundlegende Sinn im Dasein meiner Gesprächspartnerin ans Licht kommt. Dann bildet sich im Gespräch eine Aura des Wesentlichen, als würden wir jetzt den heiligen Bereich dieses Menschen betreten. Was dort für diejenige so zutiefst bedeutungsvoll ist, kann sehr verschieden sein. Ich habe dann den Eindruck, einen Blick in das Heiligtum im Wesenskern des Daseins eines Menschen zu werfen. Und ein Gespräch, in dem das Kostbarste mitsprechen kann, wird in sich bedeutungsvoll.

Vor Kurzem sprach ich mit einer Unternehmerin, die ihre Firma durch einen Transformationsprozess geführt hat, der von ihr eine grundlegende Neuorientierung erforderte, die für sie auch schmerzhaft war. Sie musste dabei ihr Bedürfnis nach Kontrolle erkennen und loslassen, um zu lernen, ihren Mitarbeitenden zu vertrauen. Als ich sie dann fragte, was sich dadurch für sie verändert habe, sagte sie mit Tränen in den Augen, dass es nun mehr Menschlichkeit im Unternehmen gebe. In diesem Moment lag ein Leuchten im virtuellen Raum unseres Zoom-Gesprächs, weil sich das Wesentliche ihrer Arbeit als Geschäftsführerin zeigen konnte: im Unternehmen einen Raum zu schaffen, in dem Menschen in Vertrauen und Wertschätzung zusammenarbeiten, sich entfalten und dem, was ihnen wichtig und wesentlich ist, Ausdruck geben. Jeder von uns hat wohl schon erlebt, was sich in einer Beziehung, vor allem auch einer Arbeitsbeziehung, verändert, wenn darin Wertschätzung lebendig ist.

AUCH DIESE WERTSCHÄTZUNG der innewohnenden Würde jedes Menschen kann die Qualität des Unverfügbaren haben. Ein Satz wie »Die Würde des Menschen ist unantastbar« gibt sogar der deutschen Verfassung eine Art heiliges Fundament. Das Unverfügbare, die innewohnende Würde jedes Menschen bezeichnet der Philosoph Hans Joas als »Sakralität der Person«.[8] Jeder Mensch, als der, der er ist, jenseits von Ethnie oder Geschlecht hat eine unverfügbare, eine unantastbare Würde. Der menschlichen Person wird ein sakraler Wert zugemessen. Diese ethische Grundhaltung weitertragend können wir verstehen, dass auch andere Wesen, auch Pflanzen und Tiere, Landschaften und Ökosysteme einen Wert haben, der ihre Nutzbarkeit für uns übersteigt. Sie haben, allein dadurch, dass sie Leben sind, eine innewohnende Würde, die es zu beachten gilt. Wie anders wäre dann unser Umgang mit *allem* Lebendigen?

Eigentlich immer, wenn wir so an die Wurzel unseres eigenen Seins und der Welt heranreichen, betreten wir den Raum des Wesentlichen, des Heiligen. Wir berühren diesen Urgrund, wenn wir die großen, die ersten und letzten Fragen stellen: Was bedeutet meine Vergänglichkeit? Woher komme ich? Wohin gehe ich? Gibt es einen tragenden Sinn? Im fragenden Hinaushorchen, das gleichzeitig ein Hineinlauschen ist, können wir ihn hören, den riesigen Ruf, der uns vom Boden aufhebt. Wenn wir kniend als die Unmöglichen das uns Mögliche tun: auf das Wehende hören.

AUF DAS WEHENDE HÖRT AUCH DIE POESIE. Denn in ihr findet das Lauschen ins Wort. Die Dichtung ist die Sprache, die es vermag, dem Heiligen gerecht zu werden – das Heilige so zu sagen, dass das Geheimnis darin geborgen bleibt. Es ist ein Sprechen, das schweigt, das sich aus der Stille bildet und diese immer in sich trägt. Die Poesie lässt mich gleichzeitig immer wieder erfahren, wie begrenzt mein Sprechen ist, wenn es darum geht, die Fülle des Erlebten zum Ausdruck zu bringen. Dass auch manchmal die Ferne zu groß wird, um das Mysterium des Ganzen noch zu erreichen. Wenn Dichterinnen und Dichter in Psalmen oder Elegien sprechen, dann versuchen sie, die Ferne in Nähe zu wandeln. Deshalb sind auch die heiligen Schriften der Menschheit zuforderst auch poetische Texte, wie es der Philosoph Peter Sloterdijk treffend in den Begriff der »Theopoesie« bringt.[9] Eigentlich kann nur die Poesie vom Göttlichen und Heiligen sprechen, weil sie genug Raum gibt für das, was nicht gesagt werden kann – aber erlebt wird in der Anwesenheit des Numinosen.

Die Spur der entflohenen Götter

EIN DENKER, DER SICH SEHR TIEF MIT DER VERBINDUNG zwischen dem Göttlichen und dem Dichtenden befasst hat, ist Martin Heidegger. Ein schwer zu lesender Autor, weil er die Sprache immer wieder an ihre Grenzen führt und darüber hinaus. Darin ist sein Denken innerlich mit dem Dichten verwandt. Tatsächlich sah er sein Philosophieren als den Versuch, etwas denken zu können, was Dichter wie der von ihm verehrte Friedrich Hölderlin schon ausgesprochen haben. Mein Freund und Mentor Thomas Steininger ist ein Kenner Heideggers, und er vermag es, dessen philosophische Gedanken verständlich zu machen. Von ihm habe ich Wesentliches im Denken Heideggers und in dessen Wertschätzung des Dichtens erfahren.

Heideggers Philosophie beruht, sehr vereinfachend gesagt, auf einer Unterscheidung zwischen dem *Sein* und dem *Seienden*. Mit dem Seienden bezeichnet er die Phänomene der Welt – alles, was ist. Er wollte seinerzeit die gesamte westliche Philosophie damit herausfordern, eine grundlegende Frage unbeantwortet zu lassen: »Warum ist überhaupt etwas und nicht vielmehr nichts?«[10] Übrigens ein wunderbares Beispiel für ein radikales philosophisches Staunen! Damit fragte er nach dem Sein, der Wirklichkeit, die wir schon als Urgrund oder Quellgrund des Lebens angesprochen haben. Heidegger kritisiert die »Seinsvergessenheit« des westlichen Denkens und Handels, die eben damit zusammenhängt, dass der Mensch den lebendigen Bezug zu einem Urgrund verloren hat, in dem sich unser Leben als ein Ausdruck eines Seins vor allem Seienden findet. Wir leben, so der Philosoph, in einer Kultur, in der das Sein verborgen wird und in der »wir die Zeit nur aus dem Seienden errechnen, indem wir dieses zergliedern«.[11] Wir verlieren demnach das Ganze, das Heile, das Heilige aus dem existenziellen Blick. Vor allem die Dichtung war für den Denker der Sprachraum, in dem sich der Blick in den urgründigen, unergründlichen Horizont hinein immer wieder ereignen kann. Für ihn ist Dichtung »worthafte Stiftung des Seins«.[12] Denn in der Dichtung »wird der Mensch gesammelt auf den Grund seines Daseins«.[13]

Für Heidegger befindet sich die westliche Kultur in einer »dürftigen Zeit«, womit er einen Ausdruck Hölderlins zitiert: »Das ist dürftige Zeit, weil sie in einem gedoppelten Mangel und Nicht steht: im Nichtmehr der entflohenen Götter und im Nochnicht des Kommenden.«[14] Die Dichtenden und die dichtende Sprache sei die noch verbliebene Spur zu einer Gegenwärtigkeit des Heiligen, die er, ebenfalls in Anknüpfung an Hölderlin, als die »Sphäre der Götter« bezeichnet. Dichten bedeutet für ihn »singend auf die Spur der entflohenen Götter achten«.[15] Um anzusprechen, wie wir mit dem Dichtenden diese Spur finden können, wendet sich Heidegger einem späten Gedicht von Rilke zu.

Wie die Natur die Wesen überläßt
dem Wagnis ihrer dumpfen Lust und keins
besonders schützt in Scholle und Geäst,
so sind auch wir dem Urgrund unsres Seins
nicht weiter lieb; es wagt uns. Nur daß wir,
mehr noch als Pflanze oder Tier
mit diesem Wagnis gehn, es wollen, manchmal auch
wagender sind (und nicht aus Eigennutz),
als selbst das Leben ist, um einen Hauch
wagender ... Dies schafft uns, außerhalb von Schutz,
ein Sichersein, dort, wo die Schwerkraft wirkt
der reinen Kräfte; was uns schließlich birgt,
ist unser Schutzlossein und daß wirs so
ins Offne wandten, da wirs drohen sahen,
um es, im weitsten Umkreis irgendwo,
wo das Gesetz uns anrührt, zu bejahen.[16]

DAS LEBEN IST EIN WAGNIS IN EINER WELT, die uns oft auch ungerecht, sinnverlassen, »dürftig« vorkommen kann. Aber als Mensch ist es unsere Würde wie Bürde, dieses Wagnis zu wollen, um einen Hauch wagender zu sein als das Leben selbst. Im Resonanzraum dieses Gedichts sind für Heidegger die Dichtenden die »Wagenderen«, »deren Gesang unser Schutzlossein ins Offene wendet«. Damit »erinnern« sie ein »Heilloses ins heile Ganze«. Im Offenen sind sie »unterwegs auf der Spur des Heiligen«.[16] Wir wagen unsere Verletzlichkeit; verstecken, überspielen und unterdrücken sie nicht. Wir halten uns nackt in die Winde des Lebens, wie es uns anruft. Wir antworten – und berühren darin den Urgrund des Ganzen. Durch dieses Lauschen und Sprechen geben wir uns dem Leben anheim. Im Überschreiten der Trennung heilen wir. Im Einswerden folgen wir der Spur des Heiligen.

Poetisches Sprechen ist ein durchscheinendes Sprechen, das so viel Atemraum lässt, dass etwas Unsagbares aus dem Leuchten des anwesenden Seins aufgehen kann. Wenn mich ein Gedicht so berührt, dann scheint durch die Worte etwas zu sprechen, das vor allen Worten anwesend ist. Gleiches gilt für ein Musikstück, ein Gemälde, aber ebenso für den einfachen Akt, ein Essen zuzubereiten und zu sich zu nehmen. Dieses Wesentliche kann sich in den offenen Zwischenräumen zeigen, in denen sich die Tiefe der Existenz offenbart. Ein Beispiel für diese radikale, die Wurzel sichtbar machende Wirkung ist für mich die Musik Arvo Pärts. Der estnische Komponist hat eine Klangsprache gefunden, in deren Einfachheit die Stille Raum hat. Und wie durch die Struktur der Töne scheint etwas zu schimmern, das dem Herzen des Lebens zu entspringen scheint. Es gab eine Zeit, in der ich immer wieder sein *Te deum* hörte, weil ich darin die Stimme des Heiligen auf eine Weise hörte, die mich erschütterte und zu sich rief.

Im Grunde und in der Essenz ist dieser Einbruch eines unerklärlichen, aber wahrnehmbaren Leuchtens in unser begrenztes Leben keine Ausnahme, sondern das eigentliche Sosein der Welt.

Mit allem Schutzlosen, aus dem, wenn wir uns ihm nicht verschließen, das Heile aufscheinen kann. In jedem Augenblick kann ich innehalten und mich dem Urgrund dieser Gegenwart öffnen – ja, mich von diesem Mysterium öffnen lassen.

Für dieses Leuchten im Herzen der Existenz fand Hölderlin hymnische Worte: »Mein ganzes Wesen verstummt und lauscht, wenn die zarte Welle der Luft mir um die Brust spielt. Verloren ins weite Blau, blick ich oft hinauf an den Aether und hinein ins heilige Meer, und mir ist, als öffnet' ein verwandter Geist mir die Arme, als löste der Schmerz der Einsamkeit sich auf ins Leben der Gottheit. Eines zu sein mit Allem, das ist Leben der Gottheit, das ist der Himmel des Menschen. Eines zu sein mit Allem, was lebt, in seliger Selbstvergessenheit wiederzukehren ins All der Natur, das ist der Gipfel der Gedanken und Freuden, das ist die heilige Bergeshöhe, der Ort der ewigen Ruhe …«[18]

Das Leben als solches ist heilig

ICH HOFFE, ES IST SPÜRBAR GEWORDEN, dass für mich die Erfahrungsräume der Geheimnisoffenheit, des Staunens und der Ehrfurcht keine theoretischen Reflexionen sind, sondern dass ich darin den eigentlichen *Quellgrund* des Lebens sehe. Für mich ist es ein Seinsraum – ein existenzieller Humus, der eigentlich allem, was ich bin und tue, zugrunde liegt. Jeder Augenblick wurzelt, atmet und nährt sich in dieser Sphäre. Jedes Tun, jede Beziehung, jedes Wesen lebt eigentlich aus dieser Tiefe. Das Sein durchklingt alles, was ist. Und ich kann mich selbst, meine Anwesenheit und Wahrnehmung so stimmen, dass ich den Klang höre und in meiner einzigartigen Form mitklinge. Dieses Sein ist kein Getrenntes, es ist Eines.

Das hat nicht nur eine Bedeutung für mein eigenes Sein, sondern auch dafür, wie wir uns als Menschen und als Gesellschaft in der Welt verhalten. Wenn das Lebendige, die anderen Wesen, meine Mitmenschen, die Dinge, mit denen ich umgehe, ihre Geheimnispräsenz verlieren, wenn ich sie entzaubere, wenn ich die Ehrfurcht vor ihnen verliere, dann werden sie mir handhabbar. Werden zum Objekt, das ich nutzen und benutzen, gebrauchen und verbrauchen kann. Deshalb sehe ich mit Albert Schweitzer in einer Haltung der Ehrfurcht den Impuls zu einer universellen Ethik: »Ethisch ist der Mensch nur, wenn ihm das Leben als solches, das der Pflanze und des Tieres wie das des Menschen, heilig ist und er sich dem Leben, das in Not ist, helfend hingibt.«[19]

Dieser ethische Imperativ zeigt sich heute auch in Bewegungen des *Sacred Activism* oder dem Ruf indigener Aktivisten: »Defend the Sacred«. Als heilige Handlung, als *sacred act*, wird hier der Einsatz für die Würde des Lebendigen gesehen. In der helfenden Hingabe an und für das Leben selbst, in seinen vielen wertvollen Formen, berühren wir auch den heiligen Urgrund, aus dem es hervorquellt, und werden darin umarmt. Die Poesie hat die Kraft, uns für das gefühlte Mitsein mit der Schöpfung empfänglich zu machen. Deshalb kann sie uns auch dazu veranlassen, unser Handeln zu verändern.

Nach dem Schreiben dieser Zeilen ging ich in den nahe gelegenen Wald, abseits der breiten Forstwege ins Dickicht. Ein dichtgrüner Moosteppich bedeckte den Boden und ein leichter Novembernebel durchzog die Luft zwischen den Stämmen. Es roch erdig nach Pilzen. Die letzten trockenen Blätter zitterten im leichten Wind. Eine anwesende Stille. Ich spürte: Der gegenwärtige Moment, der einfache atmende Augenblick ist bis zum Überfließen erfüllt mit dem stillen Klang, der klingenden Stille des Mysteriums. Spürte, dass ich bin, du bist und wir sind, dass der Wald und die Welt ist – sich ein offener Horizont in uns aufspannt, uns erhält und erhellt.

Im Großen
Still sein
Und der Wunde vertrauen

Sie wird uns

Sie zeigt mir den vergessenen Ort
Siehst du ihn
Auch?

Wir gehen den verborgenen Weg
Zur Kapelle
Des Lichts

Sonnenaufgang

Klingt es in meinen
Sich verneigenden
Augen

TEIL II

DEIN OHR WAR HINAUSGERICHTET –
DAS LEBEN SPÜREN

IN DIESEM ZWEITEN TEIL MÖCHTE ICH VERTIEFEN, wie wir das Leben inniger wahrnehmen können. Wir werden empfänglich für die Atmosphären der Welt. Werden durchströmt von den Resonanzen dessen, was uns begegnet. Wir werden berührt, fühlen uns verletzlich, öffnen uns im Sehnen. Die Poesie als eine Lebenskunst des Spürens macht uns durchlässig, empfindsam, fühlbar. Sie erweckt unsere Sinne und weitet unseren visionären Blick.

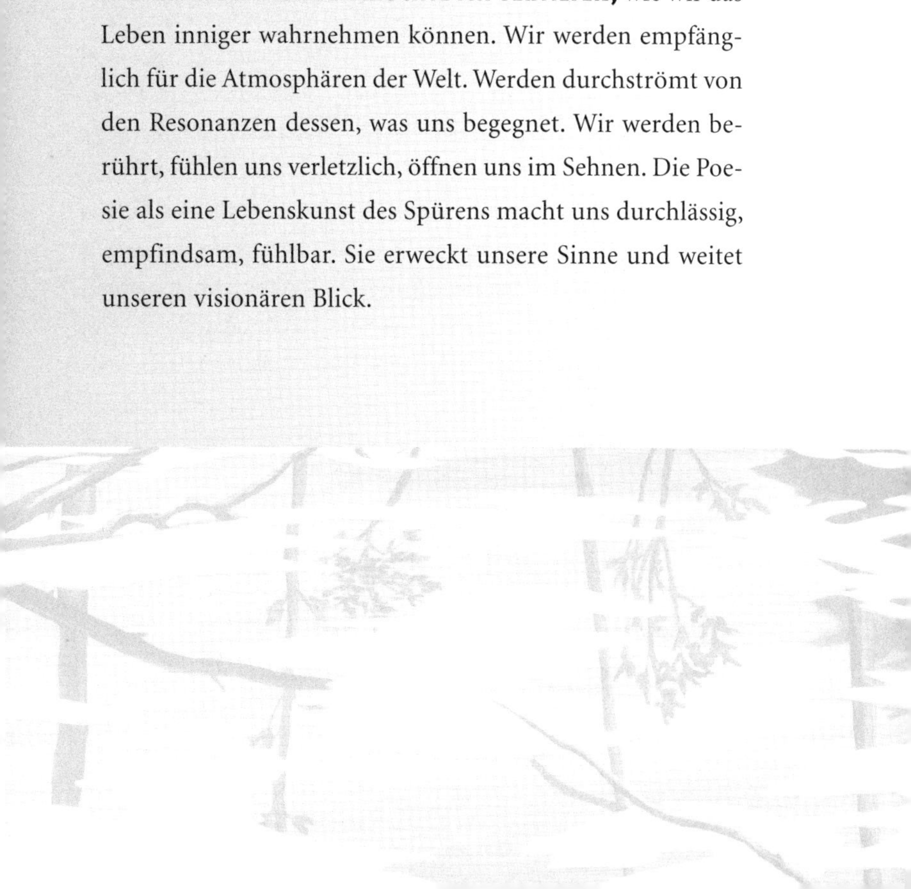

KAPITEL 4

Ein feines Wehen – Berührung

Berührung. Sie erfüllt unser ganzes Leben. Sie macht uns erst ansprechbar für die Begegnungen der Existenz. In diesem Kapitel zeige ich, in welchem Ausmaß wir Berührungswesen sind und wie wir unsere Berührungsfähigkeit vertiefen und erweitern können.

ES HAT GESCHNEIT ÜBER NACHT. Die Welt ist wie verwandelt. Sie ist zu einem Geheimnis geworden. Ein bergendes Weiß liegt auf der Landschaft. Und ich gehe darin. Meine Füße berühren die Erde, suchen nach dem sicheren Halt. Finden ihn. Ein nächster Schritt. Der Schnee knirscht unter den Sohlen. Zwischen den Schritten gibt es einen kurzen Moment in der Schwebe, bevor der vordere Fuß den Boden findet. Ein kurzer Moment zwischen Loslassen und Zutrauen. Ich spüre die Festigkeit, das Getragenwerden. Vor mir und um mich breitet sich der Wald aus, die Felder und Häuser. In der Ferne die Berge. Über mir weitet sich der Himmel.

Mit jedem Schritt fühle ich den festen Grund. Das Gehen wird zart, als würde ich ein geliebtes Wesen berühren. Im Gehen kann auch die Erde zart sein. Ihre Anwesenheit, die mich hält, gibt mir Vertrauen. Verwurzelt mich und weitet den Geist – so, dass Gedanken kommen und gehen können. Jeder neue Schritt ein Geschenk.

Im Gehen atme ich, nehme die kalte, frische Luft ganz tief in mich auf, lasse mich davon erneuern. Mit jedem Atemzug. Atmen ist intimste Durchdringung: Die Luft strömt in mich ein, belebt mich, ich stoße sie wieder aus und gebe der Luft etwas von meinem Körper mit. In der Luft lebt auch der Atem der Bäume – er nährt mein Leben und meine Atemluft gibt ihnen Leben zurück. Wir sind zuinnerst in wechselseitigem Austausch.

Der Schnee dämpft die Schritte, das Gehen wird stiller. Ein Innehalten in einer schweigenden Welt. Zartes Schimmern, wenn von den Bäumen Schneestaub fällt. Wenn die Sonne aus den Wolken hervorscheint, taucht sie alles in Licht. Die Schneekristalle glitzern.

Ich gehe neben meiner Partnerin, wir halten einander die Hände in der Wärme der Haut. Wir gehen zusammen. Monika spricht von ihrer Not, wegen der Corona-Pandemie nicht als Sängerin auftreten zu können. Sie vermisst den Kontakt zum Publikum. Das Gefühl, wenn der Gesang als Herzensstimme Widerhall und Resonanzraum findet in den Hörenden. Die innige Begegnung im Klang. Ich spreche davon, wie sehr ich es vermisse, gute Freunde und meine Familie ohne Bedenken treffen zu können, sie zu umarmen. Unser Fühlen schwingt sich ein miteinander, wir hören ineinander die Sehnsucht nach Nähe. Und erleben sie doch gerade so innig. Unser gemeinsamer Gang durch den Schnee ist ein Kosmos von wechselseitig durchdrungener Anwesenheit.

BERÜHRUNG UMFASST UNSER GANZES SEIN. Im Körper, in Gefühlen, Gedanken können wir angerührt werden, aber es erfasst immer doch unser ganzes Wesen und lässt uns spüren, dass wir in die Welt hineinreichen und sie in uns. Wir, du und ich, sind Berührungswesen. Am Beginn unseres Lebens werden wir Mensch in Berührung, nur durch die Nähe der Mutter und das Ertasten der Wesen und Dinge finden wir unsere Gestalt im Leben. Unser größtes Organ ist die Haut. Mit ihr sind wir ständig auf Spürung mit allem, was uns umgibt. Wir sind so ganz körperlich verwoben in ein Geflecht von Verbindungen. In jedem Augenblick sind wir mit unseren Sinnen ausgespannt in ein Netz von Beziehungen, die sich uns durch Berührung vermitteln.

Wenn du deine Hand auf etwas legst, dann geht es in dich über. Die Grenzen verschwimmen. Du atmest in dem, was du betastest, und es in dir. Du fragst dasjenige, mit dem du auf Fühlung gehst: Wer bist du? Achte einmal darauf, wenn du eine Hand tastest, die Haut eines geliebten Menschen, oder auch ein Ding, einen Baum oder ein Tier. Du entgrenzt dich und möchtest das, was jetzt für dich anwesend ist, kennenlernen, es vom Fremden, vom Anderen in etwas verwandeln, das in den Umkreis deines empfundenen Kosmos aufgenommen wird. Vielleicht erinnerst du dich an einen Moment, wo du einen Menschen, mit dem dich ein tiefes Gefühl der Zuneigung oder gar Liebe verband, zum ersten Mal berührtest. Wenn aus der Erwartung der Sehnsucht deine Hand auf der Haut des anderen ruhte. Ruhte und einfach da war und fragte: Wer bist du? Und weiter fragte: Vielleicht öffnet sich dein Horizont für mich? Wachen wir in einem Gemeinsamen auf? Darin liegt ein großes Staunen. Du weißt etwas vom Leben, das über Begriffe hinausgeht.

Wenn der Leib von innen erwacht

DER KÖRPER IST DAS INSTRUMENT der sinnlichen Berührbarkeit. Durch ihn ertaste ich die Welt. Als Körper bin ich Teil des Lebendigen – aber mir dessen oft nicht bewusst. Ich kann ihn auch als etwas mir Äußeres betrachten, das ich nutzen, trainieren, optimieren, verschönern kann, das irgendwann nicht mehr so reibungslos funktioniert, krank oder alt wird. Durch das Spüren finde ich einen intimeren Bezug zu meiner Verkörperung. Den von innen gespürten Körper erfahre ich als Leib.[1] Dieses altmodisch klingende Wort weist darauf hin, dass mein Körper lebendige Natur ist, mit seinen Organen und Prozessen geworden in Milliarden Jahren biologischer Evolution. Meine Fähigkeit zur körperlichen

Wahrnehmung der Welt wurzelt in der evolutionären Geschichte, in der ich mit allen fühlenden Wesen stehe. Deshalb wirkt im leiblichen Spüren eine innere Sympathie mit allem Lebendigen. Wenn ich mich aber vom Wahrnehmungsorgan meines eigenen Leibes abgeschnitten habe und vor allem in Gedanken und Konzepten die Welt einordne, dann spüre ich nichts. Oder wenig.

EIN SCHLÜSSELERLEBNIS, um meinen eigenen Leib als ein hochsensibles Spürorgan zu erschließen, war die Initiatische Leibarbeit. Karlfried Graf Dürckheim hatte, inspiriert durch seine Erfahrung im Zen, erkannt, dass gerade für die Menschen im Westen das innerliche Erwachen des Leibes entscheidend war, um in eine gefühlte Verbundenheit mit dem Sein zu kommen. Um dem Fokus auf Verstand und Ratio ein in der physischen Lebendigkeit verwurzeltes Empfinden beiseitezustellen. In der Zen-Praxis wird der Leib als ein Ort der Übung von Achtsamkeit und Gegenwärtigkeit ernst genommen. Das zeigt sich in der Zen-Meditation, die ein starkes Augenmerk auf die Sitzhaltung legt. Oder in den Kampfkünsten wie Aikido, hier werden bestimmte Bewegungsabläufe immer wieder geübt, bis sie wie von selbst ausgeführt werden. Tatsächlich ist es das Ziel, das nicht ich mich bewege, sondern »es« sich durch mich bewegt. Was ist mit »es« gemeint? Das Leben, so wie es sich im gegenwärtigen Moment ganz natürlich in der geschickten, kraftvollen, eleganten Bewegung entfaltet, ohne dass mein Verstand dazwischenfunkt. Nach meiner Zeit in Rütte habe ich viele Jahre die Schwertkunst Iaido geübt. Dabei praktiziert man Bewegungsformen mit dem Schwert und arbeitet daran, sie so natürlich und mühelos wie möglich und gleichzeitig präzise und entschlossen auszuführen. Weil man dafür den Leib von innen ganz neu sensibilisieren muss, wird er mit einer pulsierenden Lebendigkeit erfüllt. Ich habe alte Schwertmeister gesehen, die komplizierte Formen so leichtfüßig ausführen konnten, dass es an ein Kind erinnerte – gleichzeitig aber mit solch einer geistigen Klarheit, dass man diesen alten Herren nicht als Gegner begegnen wollte.

Meine Sitzungen in der Leibarbeit waren wie eine Initiation in die vibrierende Lebenskraft, die mich körperlich durchwirkt. Der Therapeut berührt dabei Füße, Beine, Rumpf, Hände, Kopf zunächst sehr sanft, im Verlauf der Sitzungen etwas stärker. Bei mir war es so, dass durch die zarte Berührung die verkörperte Lebensenergie wachgerufen wurde. Zunächst als ein leichtes Pulsieren, dann immer intensiver, so, als würde ich von einer in mir wirkenden Welle durchzogen. Es war, als würde ich einen Kontinent entdecken, auf dem ich zwar immer gelebt hatte, den ich aber nie von innen wahrgenommen hatte. Das Vertrautwerden mit der sensiblen und kraftvollen *Leibenergie* gab auch meinem Geist eine Klarheit und Glückseligkeit. Ich fühlte mich eingebunden in ein energetisches Beziehungsnetz. Und ich mitten darin – wach, offen und verbunden. Die Trennung zwischen Geist und Körper war nicht mehr fühlbar. Ich war die wache gegenwärtige Anwesenheit, die zugleich leiblich und geistig ist.

Das ist auch die Erfahrung der Meditation, in der Geist und Körper nicht mehr als getrennte »Orte« der Wahrnehmung erfahrbar sind. In der spürenden Präsenz verschmelzen die entspannte Offenheit des Leibes und die wache Konzentration des Geistes zu einer weiten Bewusstheit. Dabei geht das Spüren weit über die Körpergrenzen hinaus. Wenn du deine Augen schließt und von innen in deinen Körper hineinfühlst, wirst du bemerken, dass du die Grenzen nicht spüren kannst. Der ganze Leib kann zu einem Wahrnehmungsorgan des Geistes werden, in dem es kein Gefühl der Grenze gibt. Das ist die Erfahrung eines grenzenlosen Bewusstseins, das in tiefer Meditation möglich ist.

Die Neusensiblisierung des Körpers von innen ist ein unerschöpfliches Übungsfeld, um bewusst in den Strom des leiblichen Lebens einzutreten. Denn der Leib und das Mich-selbst-Spüren darin ist mir immer schon gegeben. Vor allen Vorstellungen, Gedanken, Annahmen, die ich über die Welt und ihre Wesen habe, spüre ich meine leibliche Anwesenheit, die sich der Sinne bedient. Darin wird mir auch die Welt unmittelbar zugänglich. Ich kann den Schnee betrachten, kann sehr viel über ihn lernen und wissen, kann seine chemische Zusammensetzung kennen und das, was Menschen auch seelisch mit Schnee in Verbindung bringen. Und dann kann ich hinausgehen und den Schnee berühren. In die Hand nehmen, fühlen, wie die Weichheit formbar wird, wie die Kälte meine Haut durchdringt. Erst jetzt, so könnte man sagen, kann ich den Schnee »verstehen«, gleichermaßen von innen. Zuvor hatte ich nur Ideen davon. So ist es mit allem: Erst das, was ich berühren kann, wird mir von innen her zugänglich.

ALLES, WAS WIR IN DER WELT ERLEBEN, erfahren wir auch durch unseren Leib. Aber wir sind uns dessen oft nicht bewusst. In Bewegungsübungen wie Yoga, Qigong, Tanz oder anderen freien Formen kann das, was mir häufig nicht bewusst ist, wach wahrnehmbar werden. In jedem Moment bin ich ausgestreckt zwischen Himmel und Erde. Wenn ich gehe oder stehe, sind die Füße getragen von der Erde und der Körper aufgerichtet zum Himmel hin. Wenn ich liege, berühre ich den Boden, seine tragende Kraft, und über mir ist eine weite Offenheit. Vor einiger Zeit erlebte ich in einem Seminar mit der Bewegungslehrerin Melaine Mac Donald, wie diese ganz einfachen Dimensionen des leiblichen Daseins sich auffächern und wachwerden können. Eine besonders intensive Erfahrung war es, mit dem Bauch auf der Erde zu liegen, sie gleichsam Haut an Haut zu spüren, wie in einem tragenden Sicheinlassen, ganz aufgehoben und nah. Oder auch, mich im Wechselspiel von oben und unten zu erleben, wenn ich mich in der vertikalen Körperachse aufrichtete oder zum Boden herunterneigte.

Diese Bewegungen erhielten eine zusätzliche Dimension, weil ich sie zusammen mit anderen ausführte, weil ich in Resonanz ging mit den Bewegungen der anderen. Melaine wies uns auch darauf hin, wie vieles in der Welt die Dimensionen, in die unser Körper ausgespannt ist, mit uns teilt: Die Bäume sind wie wir zwischen Himmel und Erde ausgerichtet, der Horizont dehnt sich in die Weite aus wie unsere seitlich ausgestreckten Arme. In diesem Wiedererkennen kann ich – leiblich empfunden – meine Verwandtschaft mit den Wesen, Dingen und Stimmungen der Welt erfahren. Von dieser leiblichen Verwandtschaft zeugt auch, dass die Asanas, die Stellungen im Yoga, nach Tieren oder Naturwesen benannt sind. Aus solch einer Sensibilisierung für die eigenen Bewegungen und ihre Resonanz mit der lebendigen Welt birgt der ganze Alltag mit den vielen physischen Handlungen und Begegnungen ständige neue Gelegenheiten, den Körper wacher wahrzunehmen und damit auch die Berührung mit der Welt.

WAS BEWUSSTE BERÜHRUNG VERMAG, erlebte ich oft während meiner Arbeit als Krankenpfleger im Hospiz. Die Krankenpflege ist eben auch ein »Berührungsberuf«, wie es einmal eine Kollegin eher scherzhaft bemerkte. Aber wenn die Worte nicht mehr ausreichen, sich die angemessenen Worte nicht einstellen oder gar nicht mehr gehört werden, kann die Hand den anderen immer erreichen. Bis zuletzt. Jeder von uns kennt den Trost, den wir empfinden, wenn uns jemand in einer schweren Zeit die Hand auf den Arm oder die Schulter legt. Solch eine Geste ist wie ein Zutrauen, das in der gemeinsamen Gegenwärtigkeit liegt. So die Hand aufzulegen zeigt, dass ich den Anderen in den Raum meines fühlenden Seins einlasse. Und wenn ich eine Hand auf mir spüre, empfinde ich das Vertrauen, dass es eine empfindende Präsenz gibt, die mir Gehör, die mir Gespür gibt.

So, wie die Hand, ist der Blick ein intensives Berührungsorgan. Es ist eine besondere Erfahrung, einem Menschen längere Zeit in die Augen zu schauen. Wir sind still und ich schaue in die Augen des Anderen. Ich spüre, wie der andere Mensch von einem Gegenstand, den ich über eine Distanz wahrnehme, zu einem Sein in meinem Herzen wird. Der Austausch der Blicke hat etwas Ursprüngliches, weil er sich auf ein Erkennen bezieht, noch weit vor allem Wissen, wer der Andere ist. Und doch weiß ich schon im *Erkennen* zutiefst, wer der Andere ist – als einfache, leuchtende Anwesenheit im Sein und nicht als jemand, den ich »kenne«. Es entsteht eine intensive Nähe. Ganz langsam wird das Wesen des Anderen zum Tor, durch das ich das Leben schaue. Auch wenn ich nichts von ihm oder ihr weiß, ist es ein spürendes Erkennen.

Die heilsame Wirkung der Berührung, hat vielleicht auch mit einem Phänomen zu tun, das der Philosoph Hermann Schmitz als »Einleibung« bezeichnet.[2] Auf den Begriff stieß ich während meiner Recherche zu diesem Buch, und er eröffnete mir ein neues Verstehen unserer Berührungswirklichkeit. Wenn ich etwas leiblich wahrnehme, sei es ein Mensch, ein Lebewesen, ein Ding, eine Atmosphäre, dann entsteht im Spüren eine Art Berührungsleib, der uns in einer gegenwärtigen Einheitswirklichkeit umfasst. Die Trennung zwischen Subjekt und Objekt finde ich nicht mehr.

Wenn du einen Baum betrachtest, ihn in deinen Blick aufnimmst, vielleicht auch mit den Händen den Stamm berührst, dann kannst du vielleicht nach einer Zeit den gemeinsamen Leib der Berührung wahrnehmen. Er umgibt euch, dich und den Baum. Ihr seid beide da, zusammen da. Du spürst den Baum und entdeckst so jenseits der Worte, die du über ihn haben magst, sein Dasein. Und er – vielleicht spürt er auch dich?

Wie pochendes Erblühen

DIE ERFAHRUNG DER EINLEIBUNG zeigt sich auch im vielleicht intensivsten Vollzug leiblicher Berührung, in der *sexuellen Intimität.* Wenn wir unsere Hand auf die Haut eines geliebten Menschen legen, erfüllt sich das Wunder, dass wir ihn berühren können. Ferne wird zu Nähe, Fremdheit zu einem Erkennen. Aber ein Erkennen, das den Anderen nicht zum Objekt macht, sondern ihn immer als das Wunder offenhält, das er, das sie ist. Die Wärme der eigenen Haut geht in die Wärme des Anderen über – seine, ihre Wärme strömt in uns ein. Für mich ist dies besonders spürbar in den ganz zarten Berührungen, in denen eine Ehrfurcht lebendig ist, eine gewisse Scheu, meinem Gegenüber so unmittelbar begegnen zu dürfen.

Berührung ist ein Geschenk, das wir uns geben. Wenn ich die Haut eines Menschen berühre, werde ich im gleichen Akt von dessen Haut berührt. Es ist ein Austausch, ein ständiges Vibrieren an den Grenzen meines Seins. Wenn die Grenzen durchlässig werden, dann strömt das Universum in mich ein. Unsäglich nah. Unsäglich lebendig. Es ist wie ein Vibrieren an den sich öffnenden Grenzen meines Seins, ein »feines Wehen«, ein»pochendes Erblühen«, wie es die Dichterin Else Lasker-Schüler in ihrem Gedicht *Liebe* besingt:

Es rauscht durch unseren Schlaf
Ein feines Wehen, Seide,
Wie pochendes Erblühen
Über uns beide.[3]

IN DER LIEBENDEN NÄHE SPÜRE ICH, wie die Berührung zwischen uns Liebenden in mir Lebendigkeit, Lust, Begehren, ein »pochendes Erblühen« wachruft. Wie mein Ertasten der Haut der Geliebten sie verlebendigt. Im Wechselspiel, im Tanz der Berührungen intensivieren wir gemeinsam liebevoll unsere Lebendigkeit. Und der Rhythmus, die Steigerungen und Ruhephasen dieser Melodie schwingen in unserem leiblichen Spüren. Das gegenseitige Erfühlen macht uns wach und stark. Es erwacht das Gefühl, so wie ich bin, in der Welt zu Hause zu sein, geliebt zu sein. In einer Verbundenheit mit allem. Im Schenken und Empfangen spüren wir im Körper letztlich ein Vertrauen. Unser Leib – wie er ist – ist Ausdruck und Spürraum des Lebens. In ihm wirkt eine unendliche Kraft, eine Wildheit auch, unsere animalische Herkunft, in ganz offener Verletzlichkeit. Angenommen und aufgehoben in unserem Fühlen. Wir erkennen einander als eingebettet, eingeströmt in den großen Fluss des Lebens – der Liebe ist.

Solch eine leiblich-liebende Berührung ist uns ursprünglich gegeben, sie kann aber auch leicht verstellt werden. Dann erlebe ich eine intime Begegnung, in der ich den Anderen anfasse, aber nicht wirklich berühre. Das Anfassen meint nicht wirklich den Anderen, er oder sie wird zu einem Objekt, einem Mittel zum Zweck. Ein inniges Berühren braucht Zeit und Vertrauen, sodass die leibliche Nähe auch Ausdruck einer gewachsenen inneren Nähe ist. Tiefe Erotik ist ein Zusammenkommen, in dem wir uns unendlich nah sind, aber doch das Anderssein des Anderen nicht vereinnahmen wollen, sondern offenlassen. Die erotische Spannung lebt im Hinsehnen auf den Anderen, das sich *nie ganz* erfüllen wird und darf. Eine Fremdheit, ein Geheimnis bleibt. Die erotische Energie gibt einer intimen Beziehung die innere Intensität, in der eine tiefe Verbundenheit erfahrbar wird, die den Anderen nicht besitzen oder zum Objekt machen möchte.

Bei dem Philosophen Gernot Böhme, der sich intensiv mit einer neuen Wertschätzung des Leibes beschäftigt hat, fand ich eine Unterscheidung im Bezug zur Sexualität, die mich nachhaltig beschäftigt hat. Er spricht von der Sexualität der »Annäherung« und der leiblichen Liebe der »Nähe«.[4] Die erotische Annährung lebt daraus, dass uns der Andere fremd ist und wir ihn oder sie »haben« möchten, ihm oder ihr nahekommen, ihn oder sie berühren wollen. Hier entsteht ein erregendes Begehren, das im Orgasmus zu einer Verschmelzung führen kann. Darin wird für einige Augenblicke die getrennte Existenz ausgelöscht, hinweggetragen vom ekstatischen Pulsieren der ausbrechenden Lebensenergie. Hier findet die Sexualität der Annäherung ihren Höhepunkt, auf den alles hinausläuft. Der andere Mensch tritt im Moment der Ekstase, wo wir glückselig aus unserem Getrenntsein herausgeschleudert werden, in den Hintergrund. In der leiblichen Liebe hingegen bleiben wir verbunden »im leiblichen Spüren«, wie es Böhme nennt. Und er ergänzt: »Und so ist im Vollzug der Zärtlichkeit das Sich-Spüren von dem den-Anderen- oder die-Andere-Spüren gar nicht mehr zu unterscheiden.«[5] Hier ereignet sich also nicht nur eine augenblickliche ekstatische Verschmelzung, sondern eine andauernde leibliche Vereinigung, die den geliebten Menschen wirklich meint.

In einer intimen Beziehung wird es wohl immer ein Wechselspiel zwischen Annäherung und Nähe geben. Eine einfache Erfahrung davon mache ich, wenn ich meine Partnerin nach langer Zeit wiedersehe und die so Vertraute doch auch wieder etwas zur Fremden geworden ist. Und auch eine Sexualität der erotischen Annäherung kann so beseelt werden, dass sie den Anderen nicht nur zum Objekt des Begehrens macht. Obwohl ich also dieser Gegensatzbildung, die Böhme hier aufspannt, nicht ganz zustimme, deutet er auf ein Leiden unserer Kultur hin. Man könnte es als Leibvergessenheit bezeichnen, das sich in unserem Umgang mit der leiblichen Liebe besonders deutlich zeigt. Die Sexualität ist eben auch zum Schauplatz eines Leistungsdenkens geworden, in dem man einander *körperliche Oberflächen* präsentiert, die Begehren erzeugen sollen. Zudem ist unser Selbstwert häufig dann davon abhängig, wie sehr wir unseren eigenen »Schönheits«-Idealen oder denen anderer entsprechen.

Ein objektives, gegenständliches Bewusstsein lässt uns die Verheißung einer grenzüberschreitenden Verschmelzung, die in der leiblichen Liebe liegt, in der Logik der Steigerung suchen: Ständig neue Partner oder Partnerinnen, neue Methoden oder Hilfsmittel wie Potenz-steigernde Medikamente, die uns die Lust und den Rausch der Annäherung bringen sollen. Ausdruck dieser Logik sind Portale wie *Tinder*, die einen endlosen Strom an Annäherungsmöglichkeiten versprechen. Aber für viele erfüllt sich darin nicht die Sehnsucht nach einer Nähe, deren Ausdruck und Element die Zärtlichkeit ist und, so Böhme, die »Freude an der geteilten leiblichen Existenz«.[6]

Ein volleres Leben schauen

»EROTIK IST DIE POESIE DES KÖRPERS«, schrieb der Dichter Octavio Paz, für den Dichtung selbst ein erotischer Akt war: »So wie wir durch einen geliebten Körper ein volleres Leben schauen, das mehr Leben ist als das Leben, schauen wir durch das Gedicht das stille Licht der Dichtung. Dieser Augenblick enthält alle Augenblicke. Ohne aufzuhören zu fließen, steht die Zeit, von sich selbst erfüllt, still. Dank dem Gedicht als einem magnetischen Gegenstand, als dem geheimen Ort der Begegnung entgegengesetzter Kräfte, können wir zur dichterischen Erfahrung gelangen.«[7]

Eine solche poetisierte Leiblichkeit und berührungsoffene Poesie kann uns empfindsam machen für die Erfahrung einer *zärtlichen Beziehung* mit der Welt.[8] Poesie ist Sprache, die daraus entsteht, dass etwas uns anrührt und in uns hineinwirkt. Wenn wir unsere Aufmerksamkeit darauf richten, sind wir ganz leiblich immer in intensiven Wechselbeziehungen mit dem

Lebendigen. Unser ganzes Leben ist in diesem Sinne erotisch. Wir finden uns selbst immer in Berührung mit anderen Wesen, im Spüren und Erkennen des Anderen bilden wir unser Selbstsein aus. Unser Weltbezug ist erotisch, da wir nicht anders können, als einander zu berühren. Die Poesie spricht aus solchen Erfahrungen der Durchdringung – bewahrt sie und ruft sie wach. Deshalb ist Dichtung eine erotische Sprache. Sie spricht in und aus einer Hinwendung zur Welt, die im Begegnen das Angesprochene so sein lässt, wie es ist. Poesie ist nie übergriffig. Mehr noch, sie greift gar nicht. Will da sein und sprechen vom Wunder dieses Moments.

POESIE IST SPRACHE DER ANNÄHERUNG und Sprache der Nähe. Sie findet den Weg zum anderen Wesen, nicht um es zu fixieren, zu haben oder zu benutzen, sondern um mit ihm zu sein, es zu umkreisen, es wie von innen zu verstehen, mit ihm zärtlich zu sein. Deshalb ist eine liebende Nähe die Haltung, in der Poesie entsteht und sich erfüllt. Eine Nähe, die dem, was ist, den Raum lässt, zu atmen und sich zu zeigen. Poesie ist eine liebende Haltung zur Welt, ist leibliche Liebe mit der Schöpfung. Darin verfeinert sich unsere Berührungsfläche – sie wird sensibler und einfühlender.

Das ist in unserer Zeit besonders wichtig, da sich eine Krise der Berührbarkeit abzeichnet. Das hängt auch damit zusammen, dass uns die Industrialisierung und Digitalisierung ganz neue Berührungserfahrungen eröffnen und auch auferlegen. Wir berühren nicht mehr nur Dinge und Wesen, sondern vor allem auch Maschinen. Inbegriff dieser Form des Anfassens ist der Touchscreen. Eine glatte Oberfläche, über die ich die Maschine steuern kann. Die Berührung wird instrumentell, kalt, zweckmäßig. Auch das Internet, die Fülle von Informationen, oder auch die sozialen Medien sind eine Herausforderung der

Berührbarkeit. In der Flut der Meldungen ist es uns häufig gar nicht möglich, uns einzufühlen. Besonders in den sozialen Medien wird unsere Sensibilität auch manipulativ genutzt, wenn uns Algorithmen die Schlagzeilen präsentieren, die uns besonders erregen und damit fesseln. Dabei geschieht auch in der Interaktion mit Maschinen ein Prozess der Einleibung: Die Logik der Technik kann uns vereinnahmen und unser Denken und Fühlen »technifizieren«. Zum Beispiel so, wie Datingportale den Umgang mit Beziehung und Liebe verändert haben.

NÖTIG IST ALSO EIN SELBSTBESTIMMTER, aufmerksamer Umgang mit unserer Berührungsfähigkeit. Damit meine ich aber keinen Rückzug aus der modernen Welt oder ein pauschale Technikfeindlichkeit. Es gibt auch die Möglichkeit, die Technik zu nutzen, um Begegnung zu ermöglichen. Eine der intensivsten Erfahrungen sind für mich Videokonferenzen. In solchen virtuellen Räumen ist letztlich auch eine gemeinsame Anwesenheit erfahrbar – wir alle sind jetzt gegenwärtig, sehen einander. Und ich kann durch die Bildschirme *hindurch* wahrnehmen, dass wir uns hier in unserer menschlichen Gegenwärtigkeit begegnen. Wir sehen einander an. Im wachen Wahrnehmen kann sich so auch in einem global geöffneten Raum manchmal eine innigste Nähe und Lebendigkeit zeigen.

Ich habe erlebt, wie sich aus einem Facebook-Kontakt eine echte Freundschaft entwickelt hat. Ich kenne Menschen, die über Datingportale tief erfüllende Beziehungen gefunden haben. Es gab Momente, in denen ich über die sozialen Medien eine globale Verbundenheit und Berührtheit erfuhr. Wie zuletzt bei der Vereidigung Joe Bidens zum US-amerikanischen Präsidenten. Man konnte bei sehr vielen Menschen die Erleichterung spüren und das Aufkeimen einer Hoffnung, die sich vor allem auch in Zeilen aus einem Gedicht der jungen Poetin Amanda

Gorman aussprach, das millionenfach geteilt wurde und auch eine Ermunterung war, sich über die Gräben der Unterschiede hinweg zu berühren.

> **Wir legen unsere Waffen nieder,**
> **damit wir unsere Arme nacheinander ausstrecken können.**[9]

WIR KÖNNEN AUCH DEN UMGANG mit Informationen und Nachrichten, den Austausch in den sozialen Medien oder das Schreiben und Lesen einer E-Mail zu einer Berührungsübung werden lassen. Eine Botschaft nicht nur kognitiv aufnehmen, sondern innehalten, um zu spüren. Erst einmal nur damit sein und mich einfühlen. Das ist ebenso möglich, wenn ich die Nachrichten über Geschehnisse in der Welt lese, höre oder schaue. Ich kann das Ereignis zunächst einmal an mich heranlassen. Einen Moment achtsam damit verweilen, ohne gleich in gedankliche Reaktionen zu gehen, in Abwehr, Angst oder Erregung. Ich kann spüren, was mich berührt. In einem offenen Gewahrsein bezeugen, was geschehen ist – was immer es sei – wo immer es sei. Dann kann ich im offenen Gewahrsein Gedanken und Gefühle aufsteigen lassen, ohne in ihnen eng zu werden. Ich kehre immer wieder zum Atem und zur Gegenwärtigkeit zurück. Vielleicht spreche ich dann ein Gebet, sende den Menschen, die Leid erfahren, liebende Güte, umfasse sie mit meinem Herzen. Oder ich drücke mein Mitgefühl in einer Spende aus. Ich kann mich fragen, was dieses Ereignis – so weit weg von mir – für mein Leben hier und jetzt bedeutet. Möglicherweise wird mir bewusst, wie gesegnet ich bin, in Sicherheit und ohne Hunger zu leben. Mir wird mein Leben kostbarer. Ich sage öfter, dass ich jemanden liebe, nutze meine privilegierte Position, um anderen zu helfen.

Im pulsierenden Zwischen-Raum

VOR JAHREN SAH ICH in einer Ausstellung das Werk *Die Straßenbahnhaltestelle* von Joseph Beuys. Eine sperrige Installation, bei der eine alte Straßenbahnschiene auf dem Boden platziert war, daneben das Rohr einer alten Kanone, auf dem ein Eisenkopf angebracht war. Als ich diese Installation betrachtete, war mir das, was ich da sah, zunächst sehr fremd. Aber ich spürte eine *Atmosphäre*, und in den folgenden Minuten hatte ich das Gefühl, in den lebendigen Hauch dieses Kunstwerkes einzutauchen. In mir stieg ein Strom von Assoziationen auf, die mit Weichenstellungen im Leben, dem Treffen von Entscheidungen, mit Ankunft und Abschied, mit Auf-dem-Weg-Sein zu tun hatten. Fragen, die für mich eine Bedeutung hatten. Das Kunstwerk antwortete mir. Aber was in mir angeregt wurde, war nicht nur in mir, es war auch nicht objektiv im Kunstwerk. Es zeigte sich im Dazwischen, breitete sich aus als atmosphärische Stimmung.

Jeder und jede kennt sicher die Erfahrung von heiteren, traurigen, aufgeladenen, angespannten oder entspannten Atmosphären in Räumen, in Landschaften, einem dichten Wald, am Meer, im Gebirge oder im Zusammensein mit anderen Menschen, in sozialen Feldern. Auch Beziehungen sind erfüllt von einer bestimmten Atmosphäre, soziale Systeme und Kommunikationsfelder sind davon durchdrungen, sie können Angst oder Vertrauen vermitteln. Auch der Zeitgeist spricht von einer bestimmten gesellschaftlichen und politischen Gestimmtheit, die sich in Pessimismus oder Zuversicht zeigen kann. Die Kunst arbeitet insbesondere ganz bewusst mit dem atmosphärischen Ausströmen, in das wir überall eintauchen können.

Wenn man diese Erfahrungen von Atmosphäre genauer betrachtet, sind sie ein Geheimnis, weil sie weder ganz in einem selbst zu leben scheinen noch in den Gegenständen, Landschaften oder Räumen. Sie entstehen zwischen den Objekten oder Umgebungen, bei denen wir eine atmosphärische Qualität spüren und uns als Wahrnehmende. Ihr Ort bleibt nicht punktuell festlegbar, sondern ist ein pulsierender Zwischen-Raum der Bezogenheit. Und doch weist ein atmosphärisches Wahrnehmen darauf hin, dass die Welt nicht stumm ist. Die Dinge sind nicht einfach nur da, sie verströmen sich. Alles, was in der Welt ist, reicht über sich heraus, in die Atmosphäre, die es umgibt und die es bildet. Die ganze Welt ist also ein vielschichtiges Feld von atmosphärischen Durchdringungen, in das wir eingebunden sind.

Der Philosoph Reinhard Klodt bezeichnet die Atmosphären als den »Atemkreis der Dinge«.[15] Mit diesem Ausdruck deutet er daraufhin, dass alle Dinge nicht nur Objekte sind, sondern atmende Gegenstände, die einen Kreis um sich ziehen, in den wir eintreten können. Wir können mitatmen und uns eingebunden fühlen in das Atmen der Welt. Das Mitschwingen im Weltatem, der jedes Ding, jede Situation, jeden Ort, jede Landschaft, jede Beziehung, auch jedes soziale Feld durchzieht und umkreist, eröffnet uns eine poetische Hinwendung zum Leben in all seinen Formen.

Die Atmosphären atmen in einem pulsierenden Zwischenraum. Wenn wir sie wahrnehmen, begeben wir uns in einen Zustand der »sensiblen Schwebe« oder der »unbestimmten, resonanzfähigen Schwebe«, wie ihn Eckhard Weymann für die Musikimprovisation beschrieben hat.[16] Dieser Zustand des Schwebens der Aufmerksamkeit zeichnet viele kreative Prozesse aus. Unser Bewusstsein ist darin nicht festgelegt, sondern offen für verschiedene Möglichkeiten, auch widersprüchliche Impulse kommen ins Spiel. In der Schwebe lauschen wir, noch nicht festgelegt und positioniert. Wir spüren weit über uns hinaus und tief in uns hinein. In diesem Schweben ereignet sich das Geschehen, sei es ein Tanz, eine Musikimprovisation, das Malen oder auch Betrachten eines Bildes, das Schreiben eines Gedichts.

DIE ATMOSPHÄRISCHE VERWOBENHEIT mit der Welt können wir auch als Schwingungsgeschehen verstehen. In der Musik gibt es das Phänomen der *Resonanz*, wenn ein Instrument in Schwingung versetzt wird, beispielsweise beim Anschlagen einer Gitarrensaite, und diese Schwingung durch den Raum gehen lässt und wir sie aufnehmen und hören können. Das Wesen der Schwingung kann uns verändern, wenn wir in Resonanz gehen. Vor vielen Jahren hatte ich ein prägendes Resonanzerlebnis. Aus Neugier ging ich in ein Konzert in einer der Berliner Kirchen, bei dem Chorgesänge der gotischen Polyphonie gesungen wurden. Ich wusste nicht so recht, was ich mir darunter vorstellen sollte, aber ich hatte damals ein gewisses Faible für das Mittelalter. Was ich dann hörte, sprengte alle Hörerfahrungen, die ich bis dahin gekannt hatte. Die feinen hellen Stimmen der Sängerinnen und Sänger zogen sich in verwobenen Bögen durch den Raum, durchdrangen einander, erzeugten Obertöne. Mit geschlossenen Augen saß ich auf der harten Kirchenbank, aber innerlich öffnete sich ein Himmel. Es war, als würden Engel singen, als könnte ich mich abgrundtief in den Klang hinein entspannen, ganz darin aufgehen. Mich quälten damals viele Fragen über meinen weiteren Lebensweg, aber hier waren sie wie aufgelöst in einer Harmonie, in der ich wusste: Das Leben ist gut. Du bist nicht allein. Du findest deinen Weg.

MUSIK UND POESIE STEHEN in einer engen Resonanzbeziehung. Dichter waren ursprünglich oftmals auch Sänger, und Gedichte kann man auch verstehen als Gesänge, die im Klang der Sprache musikalische Rhythmen und Bewegungen aufgreifen, um eine Schwingung zu erzeugen, die im Hörenden eine Resonanz findet. Die menschliche Stimme ist ein sensibles Resonanzorgan, das so viel über uns aussagt. Wenn ich die Gedichte eines Lyrikers in seiner eigenen Stimme vorgetragen höre, dann spricht darin immer noch so viel mehr mit als die Worte selbst. Im Hauch des Sprechenden scheint das Innere des Menschen und die Erfahrung, aus der diese Zeilen entstanden sind, mitzuschwingen. Mir geht es besonders so, wenn ich Paul Celan seine eigenen Gedichte sprechen höre. Oder wenn Sprecher wie Will Quadflieg oder Bruno Ganz einem Dichter ihre Stimme geben.

Eine persönlich berührende Erfahrung davon, wie lyrische Worte durch Klang verwandelt werden, machte ich, als Monika, die eine begnadete Sängerin und Songwriterin ist, einige meiner Gedichte vertonte und in Klanglandschaften neu aufleben ließ. Ich hatte die Zeilen für sie geschrieben, wenn ich auf Reisen war. Durch die einfühlsame Kraft ihrer Stimme werden die Worte wie von innen zum Leuchten gebracht und schwingen in einem neuen Glanz. Die CD, die daraus entstanden ist, nannten wir *Der Stern in uns.*[17]

Über das Sprechen hinaus geht die singende Stimme noch weiter in den Resonanzraum der musikalischen Harmonie. Sprache wird zu melodischen Bögen, die wir im Hören fühlen können. Es gab eine Zeit, da faszinierte mich dieser stimmliche Ausdruck so sehr, dass ich Gesangunterricht nahm. Dabei schien mir, dass sich im Singen mein Körper ganz neu entdeckte – als Resonanzorgan –, wenn die Töne ihn in Schwingung versetzten. Mein Geist fühlte sich nach den Gesangstunden immer so lebendig offen an, vielleicht weil das Denken zur Ruhe kam im Fließen des Singens. Meine Gesanglehrerin damals war Monika und ich erinnere mich an ein Erlebnis, in dem die Resonanzkraft der Stimme für mich aufbrach. Es war in einer unserer Stunden in einem kleinen Kellerraum in München, der Monika als Studio diente. Ich versuchte, einige Vokale nachzusingen, als sie mir sagte: »So nicht, aber so …« – und dann gab sie dem A ihre Stimme. Da war mir, als würde sich mein Geist in eine offene Weite ausdehnen. Es lag eine Kraft und Reinheit in diesem Klang, die mich zusammenzucken ließen. In der Stimme schwang etwas mit von der Schönheit des Lebens und der Harmonie der Seele. Da dachte ich: Das ist Gesang! Wenn der Ton getroffen wird, der Sänger, die Sängerin mit Hingabe in den Klang sinkt und sich im Singen mit einem seelischen Raum verbindet, dann schwingt etwas mit in der Stimme, das uns verzaubert. Vielleicht hören wir eine Art Urharmonie der Schöpfung.

KLANG, GESANG, GEDICHT – sie alle kommen darin zu sich, dass sie gehört werden, dass sie Resonanz finden. Monika erzählt, dass sie Melodien innerlich hört, die sie dann in einen Klang bringt. In der Jazz-Improvisation ist das Hören aufeinander die Form der Aufmerksamkeit, die ein kreatives Zusammenspiel und das Entstehen des nächsten neuen Tons ermöglicht. Das Hören will gelernt sein. Wie kann ich so hören, dass sich ein Klang, ein Wort, eine Musik in meinem Hören finden kann – und Neues offenbart?

Die Musik
die du hörtest
war eine fremde Musik
Dein Ohr war hinausgerichtet –
Ein Zeichen nahm dich in Anspruch
aß deine Sehweite
kältete dein Blut
stellte Verborgenheit her
zog den Blitz vom Schulterblatt
Du hörtest
Neues[18]

WIE UNS DIE DICHTERIN NELLY SACHS hier vermittelt, ist ein »hinausgerichtetes« Ohr die existenzielle Voraussetzung, um vom Tönen der Welt »in Anspruch« genommen zu werden, und damit auch angesprochen und berührt. Solch ein Hinaushören stellt im Geheimnis Verborgenheit her, durch die wir blitzartig Neues wahrnehmen können. Dadurch, dass wir in Resonanz gehen, mitschwingen.

Der Soziologe Hartmut Rosa erforscht die Resonanz als den Kern einer gelingenden »Weltbeziehung«.[19] Für ihn zeichnet sich die Resonanzerfahrung mit der Natur, mit einem Kunstwerk, mit einer Idee, mit einem anderen Menschen und in einem sozialen Bezug durch vier Merkmale aus: Etwas erregt in uns Resonanz, wenn es uns zutiefst berührt, uns innerlich anrührt, wenn wir es spürend für uns eröffnen. Gleichzeitig erfahren wir uns als wirkfähig, wir können das Resonanzwesen erreichen, etwas bewirken, eine Antwort geben, die vernommen wird. Im mitfühlenden Äußern entsteht ein Resonanzstrom zwischen mir und dem Resonanz-Du. Darin werde ich mich verwandeln – ich bin nicht mehr derselbe Mensch, der ich zuvor war.

RESONANZERFAHRUNGEN KÖNNEN WIR NICHT herstellen oder machen, sie entziehen sich der Logik des Besitzens und Verfügens, ja sie sind grundsätzlich *unverfügbar.* Wir können aber Resonanz-bereit werden, können Öffnungen für solche Momente sehnsuchtsvoll suchen, aber sie entziehen sich unserer Kontrolle. Darin liegt das Glück der Resonanz: Wir treten darin in eine unvorhersehbare und überraschende Beziehung. Das Unbekannte und noch Mögliche wird sichtbar und berührbar. Damit spurt die Resonanzerfahrung auch einen Weg ins Herz des Poetischen, in dem wir die Welt als ansprechbar erleben. Wir sind keine Fremdlinge in einer sinnlosen Welt, keine getrennten Atome in einem riesigen Chaos, keine Gegenstände inmitten anderer Dinge. Das ist die Verheißung, vielleicht gar Erlösung der poetischen Resonanz: Du kannst die Welt erreichen, denn du kannst sie erlauschen, du kannst mitspüren und mitschwingen. Vor allem: Du wirst gehört, dir wird geantwortet. Du fühlst dich gemeint. Durch die leiblichen Sinne, die eigentlich Resonanzorgane sind, kannst du den Leib der Welt erfahren. Im Mitfühlen schwingen deine Stimmungen in und mit der Welt. Im Resonanzraum des Geistes kannst du die Welt verstehen und neu entwerfen.

Finde dich frei
Und eröffnet

Sei wie der Bogen in der Hand
Des Spielenden
Den kein Zweck engt

Werde Musik

Und höre

KAPITEL 5

Bläue über dem verhauenen Wald – Verletzlichkeit

Wenn wir berührbar sind, werden wir verletzlich. Aber das ist keine Schwäche, sondern eine heilsame Kraftquelle. Denn die Verletzlichkeit macht uns offen für die Ansprache, die Anfragen in allem, was mit uns ist. In der Poesie werden auch schwere Gefühle wie Trauer, Verlust und Schmerz einbezogen in den Kosmos einer Lebensberührung, die uns letzten Endes doch mit Glück erfüllt.

IM GIEBEL UNSERES HAUSES NISTEN GERN VÖGEL. Hoch oben bereiten sie ihr Nest und beleben mit ihren Stimmen und ihrem Flug die Frühsommertage. Eines Morgens sah ich, wie eine Vogelmutter mit lautem aufgeregten Gepiepse vor unserem Balkon hin und her flog. Ich ging hinaus und fand auf dem Boden eines ihrer Küken. Ein kleines Wesen. Ich nahm es in die Hand und fühlte unter den flaumigen Federn die warme, zarte Haut. Darunter das schnell pochende Herz. Sah Angst und Schutzlosigkeit in den kleinen dunklen Augen. Nicht weit von mir saß die Mutter auf dem Balken und rief. Rief mich an. Es schien wie eine Mischung aus Vorwurf und Hilfeschrei. Aber im Innersten, im zeitlosen Moment, als ich dort stand mit dem schutzlosen neuen Leben in meiner Hand und in meinem Blick mit der Vogelmutter verbunden, spürte ich die Verletzlichkeit des Lebens. Im Pochen des kleinen Vogelherzens pulste das Herz der Existenz. Unser Leben ist immer auch bedroht, endlich und verwundbar. Und deshalb so unendlich kostbar.

Ich empfand auch meine eigene Hilflosigkeit. Was könnte ich tun? Das Küken wieder ins Nest legen? Es war zumindest einen Versuch wert. Aber am nächsten Tag hörte ich erneut das Klagen der Mutter. Das Küken war wieder aus dem Nest gefallen und lag tot auf dem Boden. Ich nahm es in die Hand und suchte einen Ort, um diesem ausgehauchten Leben eine letzte Ruhe zu geben. In der Liebe der Vogelmutter – ja, ich konnte es nicht anders fühlen als eine ganz ursprüngliche Liebe der Mutter für ihr neugeborenes Leben – empfand ich das Zarte und Wunde. Ich dachte daran, dass sich in jedem Moment vieltausendfach solche Dramen ereignen. Leben wird verletzt, wird ausgehaucht. Im selben Augenblick wird aber auch Leben unendlich oft neu ins Sein entlassen. Das Leben entsteht, wird gezeugt, in der schutzlosen Umarmung leiblicher Liebe. Die Geburt selbst ist ein Moment äußerster Verletzlichkeit, aus dem heraus das Kostbarste in die Welt kommt: ein neues Wesen, ein überwältigendes Wunder.

DAS LEBEN KOMMT AUS DER VERLETZLICHKEIT. Wir spüren es bei kleinen Kindern, wenn sie ihren Weg in die Welt finden und fragen, stolpern und immer wieder aufstehen. Wir spüren es, wenn die erste Liebe unseren Lauf der Dinge durcheinanderbringt, wir schutzlos ins Sehnen gegeben werden, daran leiden und gleichzeitig zutiefst beglückt sind. Als Erwachsene dann finden wir zu unserer Form, gehen unseren Weg, richten uns ein in der Welt. Aber Verletzlichkeit bleibt unser treuer Begleiter, vor allem immer dann, wenn etwas in unser Leben einbricht, das wir nicht kontrollieren können: der Verlust eines geliebten Menschen, einer Arbeit, einer Hoffnung, Krisen und Krankheit. Und mit dem Tod verebbt die Welle unseres irdischen Lebens in der äußersten Verletzlichkeit – nichts, das zu vermeiden wäre, sondern etwas, das wir durchdringen und durchgehen können. »Verletzlichkeit ist«, so schreibt der Dichter David Whyte, »keine Schwäche, keine vorübergehende Unfähigkeit, oder etwas, auf das wir genauso gut verzichten könnten. Verletzlichkeit ist nicht etwas, das wir wählen, Verletzlichkeit ist die grundlegende, allgegenwärtige und beständige Unterströmung unseres natürlichen Zustands.«[1]

Wie wahr das ist, erlebte ich vor einiger Zeit beim Besuch des Bildhauers Andreas Kuhnlein [2] in einem kleinen Dorf im Chiemgau. Er gestaltet mit der Motorsäge zerklüftete Holzskulpturen menschlicher Körper. Die Konturen schroff und offen ausgesetzt, aber gleichzeitig merkwürdig zart. Oft ist der Körper der Skulpturen von Löchern und Lücken durchdrungen, was sie durchlässig erscheinen lässt, aber auch gebrochen. Im Gespräch erzählte mir der Künstler, wie er darin auch seine eigene Verletzlichkeit, die er in seinem Leben erfahren hat, verarbeitet. Auch mich als Betrachter ließen diese zerfurchten Menschengestalten meine eigene Verwundbarkeit spüren, meine eigenen Lücken und Wunden. Aber auch die lichtvolle Würde, die darin liegt, sich dem Leben zu geben – auch dem Schmerz. Eine Lebensfülle, wie in den Furchen im Gesicht eines alten Menschen, in denen die Schönheit eines gelebten Lebens atmet.

Eine von Kuhnleins Skulpturen steht an einem Fahrradweg am Chiemsee, ganz in der Nähe. Gestern ging ich mit einer Freundin dorthin, deren Ex-Mann, mit dem sie viele Jahre zusammen war, vor einigen Monaten ganz plötzlich verstorben ist. Die Skulptur steht auf einem Sockel einige Meter in den Himmel erhoben – eine Gestalt, deren Körper an einen Pfahl gebunden in sich zusammensinkt, sich aber gleichzeitig merkwürdig aufrichtet. Durch die Lücken im Körper leuchtete der Himmel hindurch. Um sie herum wehte das frische Grün der Birken. Sie heißt *Wehrlos*. Meine Freundin sah mich mit Tränen in den Augen an: »Ja, wehrlos, genauso fühle ich mich.« Die Verletzlichkeit des Lebens kann uns so wehrlos machen, aber dadurch auch so offen. Auch das hörte ich von ihr, als sie mir erzählte, wie sich durch diesen Verlust ihr Blick auf ihr eigenes Leben und das Strahlen der liebenden Verbindung mit ihrem ehemaligen Partner vertieft habe.

Mit seinen Skulpturen will Andreas Kuhnlein das Wesen des Menschen erforschen, zu dem für ihn auch Brutalität, Vergänglichkeit und Verletzlichkeit gehören. Sowohl im ganz Persönlichen als auch darin, wie wir in und als Gesellschaften zusammenleben. Unser Leben als Menschheit begann in dem bedrohten Ausgesetzt-sein inmitten von unberechenbaren natürlichen Kräften. Zivilisation – und ganz besonders das Projekt der Moderne mit einer wissenschaftlichen Erklärbarkeit und Handhabbarkeit der Welt – ist auch der Versuch, uns vor Unsicherheit zu schützen. Ihr etwas entgegenzusetzen und die Welt kontrollierbar und berechenbar zu machen. Im Extremfall den Menschen unverletzbar und technisch unsterblich zu machen, wie es manchen Transhumanisten vorschwebt. Einige von ihnen wollen den Geist des Menschen aus dem Körper extrahieren und auf eine Festplatte »hochladen«. Dann wäre der Mensch endlich vom Leiden des verletzlichen Leibes befreit – er hätte aber auch das Leben verloren.

SO VIEL UNS DIE ZIVILISATORISCHE ENTWICKLUNG ermöglicht hat, ob ein längeres Leben, bessere Gesundheit, Schutz vor den Kräften der Natur oder Wohlstand, die Verletzlichkeit ist uns eine treue Begleiterin geblieben. Gerade heute in der Corona-Pandemie und der ökologischen Krise wird uns unser Bedrohtsein als Menschheit bewusst. Eine Verwundbarkeit, der wir auch durch Visionen der Kontrolle oder das Verdrängen unserer Sterblichkeit nicht entkommen. Statt vor ihr wegzulaufen, könnten wir der Verletzlichkeit entgegengehen, sie umarmen. Denn nur in ihr sehen wir bis auf den Herzgrund des Seins.

Wenn je sich ein Leuchten an ihnen verfing

DIE POESIE HÄLT DIESEN BLICK OFFEN, denn sie ist schutzlose Sprache. »Kein Gedicht, das sich nicht wie eine Wunde öffnet, aber das nicht auch selbst verwundet«, schreibt der Philosoph Jacques Derrida.[3] In Momenten tiefster Verlassenheit finden Dichterinnen und Dichter wunde Worte. Es sind Anrufungen, Gebete, Litaneien, Bittgedichte, Psalmen, Elegien, Klagelieder. Sie rufen das Leben an oder etwas, das dieses Leben schenkt und trägt. Sie rufen aus sich heraus ins Leben, gleichzeitig ganz tief hinein in den innersten Grund. Wenn das Herz bricht, öffnet es sich für die ganze Fülle des Lebens. Das Heraus- und Hineinrufen spendet *Trost*, nicht weil dadurch der Schmerz weggeht, sondern weil wir ihn tragen können.

Es gibt Lyriker, die in ihren Anrufungen besonders eindringlich unsere menschliche Verwundbarkeit aufgenommen und ausgesagt haben. Eine von ihnen ist Christine Lavant. Die Poetin musste aufgrund einer Krankheit zeitlebens mit Schmerzen leben und war, so schrieb sie, nur im Dichten glücklich. Aus dem sprechenden Ertragen ihres Schicksals hat sie leuchtende Worte gefunden für die menschliche Kraft, aus Wunden ein Licht zu gebären.

Und manche sind da, sich nur preiszugeben
sich zu verschwenden und arm zu sein.
Sie stehen wie Bettler im eigenen Leben
und lieben die Blumen, die Winde, den Stein
und das Leid und die Armut, die Schmerzen.

Sie verschenken ihr Beten, ihr Weinen und Lachen,
vertuen ihr Herz wie ein leblos Ding;
wenn je sich ein Leuchten an ihnen verfing,
verteilen sie es wie gewöhnliche Sachen,
verbrennen in Kürze – wie Kerzen.[4]

VIELE DICHTERINNEN UND DICHTER sind in ihrem eigenen Leben solche strahlenden Kerzen gewesen, die im Leiden an der Welt verbrannten. An ihren eigenen Wunden und denen ihrer Zeit. Friedrich Hölderlin war zeitlebens unglücklich verliebt und litt auch unter der zunehmenden Rationalität seiner Zeit, die den Sinn für die Gegenwart des Göttlichen verlor. Viele Jahre lebte er als ein Geisteskranker bezeichnet in seinem Tübinger Turm. Georg Trakl rang mit seiner inneren Schwermut, seiner Schuld, weil er sich erotisch zu seiner Schwester hingezogen fühlte. Er zerbrach schließlich durch seine Zeit als Sanitäter an der Front des Ersten Weltkriegs und nahm sich das Leben. Auch Paul Celan wusste keinen anderen Ausweg, als er in Paris in die Seine stieg. Neben seiner Depression war es auch die Qual des Verlusts seiner Familie und so vieler Menschen seines Volkes im Holocaust – noch dadurch intensiviert, dass er die Sprache der Mörder so innig liebte und sie im Dichten durchdrang.

POETINNEN UND POETEN SIND AUCH Seismographen des Schmerzes. Indem sie die Wunden durchlitten in Sprache bringen, spenden sie Trost. Wir alle wissen, dieses Weh gehört zum Herzpuls des Daseins. Trost kommt auch aus dem Wissen, dass wir mit dem Schmerz nicht allein sind, dass alle Wesen ihn innerlich kennen. Und dass wir deshalb einander berühren und heilen können. Vielleicht hast du Poesie selbst schon in dunklen, schmerzhaften Momenten als solch eine Trostkraft erlebt. Sie wirkt in der Dichtung auch deshalb, weil im spürenden Aussprechen des Schmerzes etwas mitklingen kann, das das Leid in sich trägt und birgt. Heilt. Das Mysterium, auch im Schmerz sprechen zu können, einander hören zu können. Und auch etwas ganz anderes hört uns und nimmt uns liebend zu sich. Georg Trakl vermochte es, den bergenden Horizont in und jenseits von allem Schmerz in seiner Lyrik immer wieder zu öffnen.

Dunkler umfließen die Wasser die schönen Spiele der Fische.
Stunde der Trauer, schweigender Anblick der Sonne;
Es ist die Seele ein Fremdes auf Erden. Geistlich dämmert
Bläue über dem verhauenen Wald und es läutet
Lange eine dunkle Glocke im Dorf; friedlich Geleit.
Stille blüht die Myrthe über den weißen Lidern des Toten.
Leise tönen die Wasser im sinkenden Nachmittag
Und es grünet dunkler die Wildnis am Ufer, Freude im rosigen Wind;
Der sanfte Gesang des Bruders am Abendhügel.[5]

IN MEINER ARBEIT IM HOSPIZ erlebte ich immer wieder die Gegenwart des Poetischen gerade dann, wenn Trauer, Abschied, Angst vor dem Ungewissen einen Menschen an die Grenze seiner Existenz führten. Oft saß ich am Sterbebett. Im Angesicht des Todes stellen sich die meisten von uns die letzten großen Fragen: Habe ich gut gelebt? Bedeutet der Tod mein endgültiges Ende? Im Licht des Sterbens zeigt sich, was wirklich wichtig war und ist, welche Werte tragen. Oft ist da auch der Schmerz über Nichtgelebtes und Versäumtes. Mit einem Menschen mit diesen Fragen zu sein öffnet einen existenziellen Raum, in dem eine besondere Zärtlichkeit und Kostbarkeit liegt. Es scheint, als würde der Mensch in seinem Sein in den Kosmos hinauslauschen und ganz tief in sich hineinhorchen, ob etwas auf seine Fragen antwortet. Wenn ein anderer da ist, der das schutzlose Horchen aushält und mitträgt, ohne Antworten zu geben, kann es manchmal aufleuchten, das wortlose Geheimnis seines Hierseins. Dann fühlt sich der Mensch geborgen, selbst wenn er bald nicht mehr in dieser Form sein wird. Und wenn der Moment kommt, wo sich im letzten Atemzug das Leben aushaucht, spüren wir, dass dem Gehenden etwas entgegenkommt oder dass er in etwas hineingenommen wird. Oft liegt ein Leuchten im Raum.

Dann würde sie nicht leben wollen

WEIL DICHTUNG AUCH WUNDE SPRACHE IST, kann das Wunde darin wohnen. Poesie »ist eine Sprache, gegen die wir uns nicht verteidigen können«, sagte mir David Whyte bei einem Interview.[6] Auch gegen das Leben können wir uns nicht verteidigen. Aber wir können mit ihm sprechen und in dieses Gespräch auch das Schmerzvolle und Schwierige einbeziehen. Dann verwandeln wir das Leidvolle in eine geläuterte und läuternde Kraft.

Denn wir machen, gestalten, planen und optimieren unser Leben nicht nur, das Leben *widerfährt* uns auch. In einer Gesellschaft, in der Leistung, Konsum und Technik zu bestimmenden Kräften geworden sind, wollen wir den Lauf der Dinge kontrollieren und absichern gegen widrige Umstände. Dabei vergessen wir aber, dass das Leben auch etwas ist, dass uns gegeben ist, uns ergreift und ereilt. Den »pathischen« Aspekt unseres Hierseins, wie es der Philosoph Gernot Böhme nennt, erfahren wir, wenn wir nicht gegen das, was uns geschieht, ankämpfen, sondern uns darauf einschwingen.[7] Das bedeutet nicht, sich in Schmerz oder Leid zu verlieren, sondern sich darin zu finden als Mensch, der eben beides ist: Wir sind nicht nur die Macher, sondern immer auch die Gemachten. Wir formen unser Leben, werden aber auch vom Leben geformt. Dieses Wechselspiel aber ist das Gespräch des Lebens, in dem wir uns und der Welt immer vertrauter werden. Denn nicht nur das Schmerzliche ereilt, ergreift und überrascht uns, sondern auch das Freudvolle: Liebe, Freundschaft, Glück geschehen uns, werden uns geschenkt.

Die Psychologin Brené Brown untersuchte in ihren Studien, was Menschen ein Leben in erfüllten Beziehungen ermöglicht.[8] Sie fand heraus, dass die Menschen ein verbundenes und erfülltes Leben führen, die aus ganzem Herzen leben und Verletzlichkeit als Kraftquelle verstehen. Sie erklärt auch, dass wir uns nicht für bestimmte, ausgewählte Gefühle abstumpfen können. Es ist nicht möglich, nur die »schönen« Gefühle wie Freude, Begeisterung intensiv zu spüren und gleichzeitig »unangenehme« Gefühle wie Verletzlichkeit, Angst oder Hilflosigkeit zu betäuben. Wenn wir uns betäuben, dann betäuben wir das gesamte Spektrum unserer Empfindungsfähigkeit. Und Brown führt aus, dass unsere westlichen Gesellschaften auch dadurch gekennzeichnet sind, dass sich Menschen durch Konsum, durch übermäßiges Essen, durch Medikamente und vieles mehr *systematisch* betäuben. Der Philosoph Byung-Chul Han spricht in diesem Zusammenhang von einer *Palliativgesellschaft*, die versucht, den Schmerz aus dem Leben zu räumen. Was dann aber bleibt, ist betäubtes, »behagliches Überleben«: »Der Schmerz ist aber eine Hebamme des Neuen, eine Geburtshelferin des ganz Anderen. Die Negativität des Schmerzes unterbricht das Gleiche. In der Palliativgesellschaft als Hölle des Gleichen ist keine Sprache des Schmerzes, keine Poetik des Schmerzes möglich.«[9]

DIE POESIE HAT AUCH EINE SPRACHE für den seelischen Schmerz gefunden, viele Gedichte beschreiben eine Gestimmtheit, die früher *Melancholie* hieß. Für solche Stimmungen hat aber die moderne Spaßgesellschaft kaum kreative Räume gelassen und sie eher als Depression pathologisiert. Ich frage mich, ob die Zunahme an Depressionen in den westlichen Gesellschaften auch damit zusammenhängt, dass solche Empfindungen der Melancholie keinen gewürdigten Schwingungsraum mehr haben. In der Dichtung war diese Gestimmtheit auch die Quelle eines tieferen Einsenkens in das eigene Sein und die Existenz. In meiner Jugend kannte ich solche Empfindungen sehr gut, und Poesie und Musik gaben diesem Gefühl einen Resonanzraum. Wenn solche Gefühle Resonanz finden, kann schon das allein eine innere Bestärkung bewirken: Ich bin nicht allein damit, es gibt andere, in denen ein verwandtes Sehnen lebt. *Weltschmerz* bedeutet eben auch, an die Grenzen des bekannten Seins zu rühren und sich in ein inneres Sehnen zu begeben, in dem das, was die eigene Kultur vorgibt, nicht alles ist, was Leben sein kann und sein will. Melancholie ist der Zug in die Tiefe der Existenz und des Empfindens. Mich hat sie dazu angeregt, danach zu fragen, was dieses Leben wirklich sinnerfüllt sein lässt, sie hat mich veranlasst, hinter die Fassaden in mir selbst und um mich herum zu schauen. Natürlich kann man in dieser Tiefe auch untergehen und wirklich krank werden, aber mir scheint, diese Gefahr nimmt sogar zu, wenn die melancholische Stimmung vermieden oder übertüncht wird.

Welche Kraft darin liegt, wenn wir seelischen Schmerz annehmen und durchgehen, erfuhr ich in der Begegnung mit Ingrid Leitner, die seit ihrem 15. Lebensjahr wegen einer Polio-Erkrankung fast völlig gelähmt war. Trotz dieser Lähmung und unsäglichen Schmerzen, einem Leben im Rollstuhl und in späteren Jahren nächtlicher Heimbeatmung ergriff sie das Leben unbedingt und rückhaltlos. Sie studierte Germanistik, war lange Jahre Redakteurin im Bayerischen Rundfunk und engagierte sich für die Inklusion behinderter Menschen, für Literatur und Kultur. Ingrid war die engste Freundin meiner Partnerin Monika, und so lernte ich sie in ihrem letzten Lebensjahr kennen. Eine Situation, kurz vor ihrer Einlieferung auf die Intensivstation und ihrem baldigen Tod, werde ich nie vergessen: Sie saß mit ihrem Beatmungsgerät im Rollstuhl, konnte wegen zunehmender Schwäche kaum noch sprechen, aber sie wollte Frühlingsblumen pflanzen. Dazu gab sie ihrer Helferin genaue Anweisungen, was zu tun sei. Der Wintergarten ihrer Schwabinger Wohnung war eine grüne Oase, sie schöpfte tiefe Kraft aus der Natur, der Lebendigkeit, die sie darin wahrnahm und liebte. Eine Kraft, der sie zutiefst vertraute, um aus einem Leben, in dem sie mit Hindernissen und Unbeweglichkeit konfrontiert war, ein Gedicht zu machen. In ihrem autobiografischen Roman, den ich zusammen mit Monika nach Ingrids Tod herausgeben konnte, schreibt sie: »Wenn sie es nicht schaffte, dass ihr Leben anders verlief, jeden Tag neu, überraschend, erfüllend, jubelnd, niederschmetternd und aufbauend, voll von sie ergreifenden Gefühlen, vernichtenden Niederlagen, blitzenden, alles durchdringenden Gedanken und Erkenntnissen, heiter oder traurig, oder verzweifelt, aber in jedem Fall, in jeder Minute bewegt, dann würde sie nicht leben wollen.«[10] Ingrid konnte der Verletzlichkeit des Lebens nicht ausweichen, sie nicht vermeiden, denn sie brach mit solcher Wucht in ihr Schicksal ein. Aber statt dies als Schwäche oder Resignation zu erleben, wagte sie den Weg durchs Feuer – mitten hindurch. Die sogenannten Hindernisse wurden ihr zum Weg.

WIR ALLE KENNEN SCHICKSALSSCHLÄGE, die wir als Krise und Hindernis erfahren. Genau sie sind aber auch die unvermeidbaren und unersetzlichen Fäden im Gewebe unseres Lebens. Ohne sie hätte dieses Gewebe nicht seine einzigartige, leuchtende Textur. Dabei wird die Gestalt unseres Lebens unvollendet bleiben. Jedes Leben ist ein Fragment, ist voller Anfänge, die nicht zu Ende geführt werden können, voller Umbrüche, die sich nicht ausformen können, auch voller Scheitern, das uns an Grenzen bringt.

In der Frühromantik war das *Fragment* eine beliebte Form, um Gedanken und Betrachtungen in Sprache zu bringen. Novalis beispielsweise hinterließ zahlreiche solcher Aphorismen und Fragmente,[11] die einen Anfang setzten, der nicht vollendet wurde. Einige nennt er »Blütenstaub«, sie sollen der fruchtbar machende Stoff sein, der die Menschen anregt, selbst Blüten zu tragen. Sie laden den Lesenden ein, das Angedachte weiterzudenken, das Angestimmte weiterzusprechen. Sie sind wie Türen, die sich in Räume öffnen, die noch nicht ausgefüllt sind. In gewissem Sinn ist jedes Gedicht ein Fragment, auch wenn es in sich eine vollendete Gestalt ist, bleibt es offen für das Weiterspüren durch die Leserinnen und Leser – will es ein Anfang sein, den andere weiterführen. Dass unser Leben also Fragment bleibt, ist keine Schwäche, sondern notwendig, damit, in welcher Form auch immer, das, was durch uns geworden ist, weitergeführt werden kann.

In der ästhetischen japanischen Tradition des *Wabi Sabi* wird unsere unvollkommene Existenz angenommen und der Blick in das Leuchten inmitten aller Gebrochenheit geöffnet. Im *Kintsugi* – der »Goldreparatur« – werden die Bruchstellen beim Zusammenfügen von zerbrochenem Porzellan und Keramik nicht unkenntlich gemacht, sondern mit einer Goldspur hervorgehoben. Die Bruchspur, die Wunde, wird zur Eigenheit, zur Einzigartigkeit des Gefäßes, das es so nicht noch einmal gibt. Damit ist solch ein zerbrochen-ganzes Einzelstück ein Gegenentwurf zum Hochglanz einer massengefertigten Konsumästhetik, in der jedes Zerbrochene weggeworfen wird.

Die Haltung des Wabi Sabi wird auch spürbar in der japanischen Poesie des Haiku. Wabi bedeutet so viel wie sich einsam und verloren zu fühlen, und Sabi ist ein Ausdruck für Reife, für die einzigartige Schönheit einer Patina, die sich auf Dinge legen kann. In dieser unübersetzbaren Wortschöpfung lebt das Gewahrsein dafür, dass nichts bleibt, wie es ist, dass nichts in sich abgeschlossen und vollkommen ist. Daraus erwächst eine Ästhetik, die das Wesentliche sucht, die innere Poesie der Dinge, sei es in der Gestaltung eines Gartens mit der Kunst des Bonsai, beim Arrangement der Blumen im Ikebana, im Klang der Shakuhachi-Flöte oder in der Dichtung des Haiku. Ein Haiku braucht nur drei Zeilen, um einen fühlenden Kosmos zu öffnen, wie hier der Großmeister und Dichter Matsuo Bashō.

So klar der Sturzbach
Und in die Wellen streut sich
Das Grün der Nadeln.[12]

Großzügige Einwohner des Verlusts

LEBEN BEDEUTET IMMER AUCH, Leben zurückzulassen. Abschied zu nehmen, *abschiedlich* zu leben. Mit allem, was wir in unser Leben einlassen und aufnehmen, wissen wir, dass wir es loslassen werden. Aber dadurch leben wir auch *ankunftlich*, denn mit jedem Abschied können wir tiefer im Leben ankommen. Verletzlichkeit birgt und gebiert Kostbarkeit. Dankbarkeit, weil wir das Leben neu empfangen.

Ich erinnere mich an eine Erfahrung dieses fluktuierenden Zwischenraums von Abschied und Ankunft, Preisgeben und Empfangen. In der Nacht, in der Ingrid starb, wurden Monika und ich vom Krankenhaus verständigt und fuhren sofort nach Schwabing. Die Nachricht war wie ein Schock, weil uns am Abend zuvor noch gesagt wurde, dass Ingrids Zustand stabil sei. Wir wussten nicht, dass der Abschied am Abend zuvor für immer gewesen war. Als wir ankamen, war Ingrid schon verstorben. Wir sahen sie regungslos liegen, das Leben ausgehaucht. Und wie nebenbei bemerkten wir den Monitor mit der Gerätebezeichnung *Evolution* über ihrem Kopf, auf der digitalen Anzeige stand »Patient entlassen«. Sie war entlassen aus diesem Leben, aber für uns, vor allem für Monika, brach der abgrundtiefe Schmerz erst auf. Sie konnte es kaum fassen, berührte immer wieder den toten Körper der Freundin. Unfähig, etwas zu sagen, griff sie nach einigen Papierhandtüchern und schrieb darauf. Es waren dichtende Worte des Abschieds, ein Liebesbrief, den sie später in ein Lied verwandelte. Nur diese poetischen Worte waren weit genug, um den Schmerz zu fassen – ihm Ausdruck zu geben.

Es war ein Märzmorgen und im Dunkel draußen begannen die Vögel zu singen. Wir nahmen uns Zeit, mit Ingrids Gehen, ihrem Gegangensein zu verweilen. In einem Abschiedsraum der Intensivstation konnten wir sie aufbahren und mit Kerzen und

Blumen einen Ort des Abschieds schaffen für uns und ihre Freunde. Als wir nach vielen Stunden das Krankenhaus verließen, war es Vormittag, die Frühlingssonne schon warm, und die Krokusse blühten. Es waren Ingrids Lieblingsblumen.

Nach diesem schmerzhaften Abschied erlebte ich die Farben und Gerüche des Frühlings intensiver. Und irgendwie war uns, als ob das Leben, dessen scheinbares Ende wir gerade betrauert hatten, uns in den Blüten und Knospen entgegenkam. Als wäre das Leben eben keine kurze Strecke zwischen Geburt und Sterben, sondern ein Strom, in dem wir mit allem fließen und werden. Auch in den nächsten Tagen trauerten wir, oder besser gesagt feierten wir die Trauer. Wir bemalten Ingrids Sarg und gestalteten eine Trauerfeier mit Musik und ihren eigenen Texten. Im würdevollen Abschied feierten wir auch das Leben. Ingrids Leben, aber auch das Geschenk des Daseins, das uns allen gegeben ist.

DIESES GESCHENK GANZ ANZUNEHMEN umfasst auch die Trauer. Einen Verlust oder die eigene Endlichkeit zu beweinen ist keine Schwäche vor der Unausweichlichkeit des Lebens, sondern eine liebende Hingabe an das Sein. Trauer schmilzt die innere Härte und macht uns ansprechbarer. Gemeinsam in Trauer zu sein, lässt uns am Herz unseres Hierseins rühren und ruhen. Es ist der Mut, auch das Unannehmbare in den Kreis der Lebensliebe einzuladen und ganz zu beheimaten, unsere »Verletzlichkeit wie großzügige Einwohner des Verlusts zu bewohnen«, wie David Whyte schreibt.[13] Wir Menschen sind alle Bewohner der Verletzlichkeit, Einwohner des Verlusts. Und darin verbunden – ja, eins. Aus dem pathischen Ertragen des Unausweichlichen wird so das empathische Mitsein. Ich fühle dich und deinen Schmerz. Und dieses empathische Mitfühlen reicht weiter. Wenn wir das Leben lieben, können wir gar nicht anders.

EIN GROSSZÜGIGER EINWOHNER DES VERLUSTES wurde für mich in letzter Zeit der Dichter und Songwriter Nick Cave. Seit vielen Jahren begleiten mich seine sehnsuchtsvolle Poesie, die sich den Abgründen des Menschlichen genauso stellt, wie sie in den glücksseligen Höhen schwelgt, die er in beseligende Balladen oder verstörend aufbrausende Rocksongs kleidet. Er begann mit dem Schreiben von Gedichten und Liedern, nachdem sein Vater starb. Nick war 19 Jahre alt war, dieser unerwartete Tod riss eine Lücke in das Leben des Sängers. Und er lernte, dieses Loch durch das Schreiben zu füllen, wozu ihn sein Vater kurz zuvor inspiriert hatte, so als wüsste er, wie sein Sohn sein Gehen nicht nur überstehen, sondern auch seine Berufung finden würde.[14] – Ein weiterer schwerer Verlust brachte den Sänger an seine Grenzen, als vor einigen Jahren einer seiner Söhne tödlich verunglückte. Nick Cave arbeitete gerade an einem neuen Album, das von einem Dokumentarfilm begleitet werden sollte. Statt Album und Film abzubrechen, arbeitete Cave weiter mit seinen Musikern, bewegt und gelähmt von Trauer und Verzweiflung. Für ihn waren die Poesie, die Musik, die Freundschaft seiner Musiker und vor allem die Liebe seiner Frau ein tragender Trost in dieser Zeit. Die Filmcrew drehte weiter und es entstand ein poetisches Manifest der Verletzlichkeit – *One More Time with Feeling*.[15]

Diese Erfahrung hat Nick Cave zutiefst verändert. Es scheint, dass ihm die Kostbarkeit des Lebens und der Verletzlichkeit zuinnerst bewusst geworden ist. Inmitten der Trauer erhielt er viele Briefe und E-Mails von Fans, die ihr Mitgefühl ausdrückten. In den folgenden Konzerten kam der Sänger seinem Publikum so nahe wie nie. Und er begann einen Blog namens *The Red Hand Files*, in dem er seine Fans einlud, ihm zu schreiben, Fragen, Gedanken, Reflexionen mit ihm zu teilen. Seitdem veröffentlicht er jede Woche eine Antwort auf einen der vielen Tausend Briefe, die er, wie er versichert, alle liest. In seinen Antworten lebt oft eine stille Poesie und er selbst fühlt sich inspiriert von der Dichtung, denn, so schreibt er in einer seiner Antworten, »in Gedichten spricht zu uns der imaginative und belebende Geist, der uns allen innewohnt«.[16] Ein Geist, der auch die Erfahrung von Verlust und Trauer in sich tragen kann. Und uns als Menschen in unserem Erleben unserer Verletzlichkeit verbindet. Einmal fragte ihn ein Fan: »Wenn du ewig leben (und körperlich und geistig gesund bleiben) könntest, würdest du es tun?« Die Antwort des Sängers war ein klares Nein, das er so begründet: »Ich glaube nicht, dass wir nur um des Lebens willen leben; vielmehr leben wir unser Leben in der Poesie unseres eigenen Verschwindens, in unserer eigenen Zeit und in unseren eigenen Grenzen, und allein aus diesem Grund leben wir sinnvoll. Wir arbeiten, wir lieben, wir sorgen füreinander, und wir leiden gemeinsam, weil wir wissen, dass wir eines Tages sterben werden.«[17]

ABER WIE LEBEN WIR MIT EINER SOLCHEN empathischen Verletzlichkeit in einer Welt, in der sich so viel Verlust ereignet? In unserem eigenen Leben und dem Leben unserer Lieben sehen wir, dass Partner und Partnerinnen, Freunde, Haustiere, Träume, Hoffnungen gehen, zurückgelassen werden. Und jeden Tag kommen in unserer Welt Menschen durch Hunger zu Tode, es ertrinken Flüchtende im Mittelmeer. Um uns herum das Artensterben, Lebewesen verschwinden durch unser Handeln von dieser Erde. Unwiederbringlich. Durch den Klimawandel verlieren jetzt schon viele Menschen ihr Zuhause. Und es werden mehr werden. Wie können wir diese Wirklichkeit an uns heranlassen, in uns hineinlassen, überhaupt spüren? Ein existenzieller »Ort« dafür kann die Trauer sein, vor allem die gemeinsame Trauer.

Die Tiefenökologin Joanna Macy spricht von einer »heiligen Trauer«, wenn wir den Verlust spüren, den unsere Erde zu beklagen hat. Wenn wir in unserer gefühlten und ausgesprochenen Trauer der Erde eine Stimme geben. Wir können uns zusammenfinden, um die Stimme der Trauer miteinander zu teilen. Um gemeinsam zu spüren, was geschieht. Und um darin verbunden zu sein. Für Joanna Macy liegt im Durchbrechen unserer Trennung *voneinander* wie auch von der lebendigen Erde schon der Samen der Heilung – für uns selbst und die Erde. Für sie ist die Lyrik Rilkes eine Quelle der Inspiration, die uns helfen kann, »unserer Welt mit vollem Gewahrsein zu begegnen, mit weit geöffnetem Herzen und weit geöffneten Augen«.[18]

TRAUER IST EIN WILDES GEFÜHL. Es findet mich nackt und berührbar. Das Leben widerfährt mir. Im Schmerz stelle ich mich offen und mutig in die Wirklichkeit, dass mir etwas genommen wird, das der Welt etwas genommen wird. Es weicht die Gleichgültigkeit, die Stumpfheit auf. Im Fühlen des Verlusts erkenne ich nicht nur die Kostbarkeit des Seins in jedem Augenblick, es erwächst mir auch eine Entschlossenheit des Handelns. Wenn ich erwachend erkenne, wie endlich mein Leben ist, dann wächst der unbeirrbare Impuls, die mir noch bleibende Lebenszeit zu nutzen. Wenn ich mich sehend dafür öffne, dass wir durch unser Handeln Lebewesen und Ökosysteme vernichten, dann will ich mich dafür einsetzen, dass wir ökologisch verantwortlicher handeln. Ein solcher Aktivismus entsteht nicht aus Hass, sondern aus Liebe. Aus der Liebe in jedem von uns, denn niemand *will* eine Welt zerstören.

Trauer, Schmerz, Verzweiflung rufen uns in unsere innere *Wildheit*. Der Schmerz ist die Unterbrechung des immer gleichen Laufs der Dinge. Er hält uns wach für das wilde Leben. Und er öffnet immer wieder die Wunde, aus der neu das Leben erblühen kann. Aus der wir neu entstehen und verstehen können. Schmerz ist Freund und Gefährtin der Wandlung.

In jedem Verlust sind wir eingeladen, uns in der urschöpferischen Wildnis des Herzens neu zu finden. Es öffnet sich der Blick und der mögliche Schritt über unsere Glaubensmuster hinweg, die uns in Gewohnheiten halten, die unserem eigentlichen Wesen nicht entsprechen, oder in einem System, das Leben vernichtet.

ALS ICH ZUVOR ÜBER DEN GESANG DER VÖGEL am Morgen nach Ingrids Tod schrieb, war es unter anderem die wilde Frühlingskraft, die so tröstend wirkte. Ich erinnere mich auch an andere Momente, wo ich in einem Gefühl von Schmerz in die Berge ging oder ans Meer. An Orte, wo die Wildheit der Natur besonders spürbar wird. Und im Eintauchen in eine Ursprünglichkeit und Größe, die mich umarmend aufnimmt, kam ich mit einer Lebenskraft in Berührung, die mich übersteigt, aber mir doch gleichzeitig auch zutiefst innewohnt. Indem mir das Leben widerfährt, zeigt sich seine Wildheit. Im Unberechenbaren und Unverfügbaren werde ich hinausgeworfen aus dem, was sicher schien. Verpanzerungen öffnen sich und ich wache mitten hinein in den wilden Strom aus Verlust, Schmerz und Trauer, aus Geschenk, Freude und Liebe. In solchen aufbrechenden Erfahrungen wirst auch du hinausgerufen in die wilden Landschaften deines Herzens, die dir noch unbekannt sind.

DIE DIGITALE WELT, in die wir uns zunehmend hineinbegeben, macht Erlebnisse des Unverfügbaren besonders kostbar. Der digitale Raum will uns eine umfassende Kontrollierbarkeit eröffnen, kann uns genau dadurch aber auch vom Leben, wie es in sich und in uns eigentlich ist, entfremden.

Byung-Chul Han spricht davon, dass wir als Gesellschaft eine terrane Ordnung, die sich an der Erde orientierte, in eine digitale Ordnung hinein verlassen, die uns verspricht, Trauer, Schmerz und Verzweiflung abzuschaffen. Sie werden als Störung empfunden, die die glatte Oberfläche trüben. Auch die Sehnsucht als »der Schmerz der Nähe der Ferne« hat hier keinen Raum, wenn Nähe durch Abstandslosigkeit und schmerzlose Transaktion ersetzt wird.[19] Im Zwang zur Verfügbarkeit verlieren wir aber nicht nur den Zugang zur Erde, so wie sie aus sich ist, sondern auch zu uns selbst, so wie wir aus uns sind. Denn so, wie in der Wildnis der Natur, kann in uns selbst etwas Ungeahntes und Neues schöpferisch wachsen, wenn wir es zulassen.

Sei geahnt

Von dem Spruch in dir
Den niemand entziffert

Auch du nicht

Übergib ihn
Dem wehenden Wind

Er wird damit machen
Was er will

KAPITEL 6

Der Raum des Kommenden – Sehnsucht

Sehnsucht ist eine Berührung von innen, die uns über das hinaustragen möchte, was wir sind, was wir wissen, was wir uns vorstellen können. In diesem Kapitel erforsche ich verschiedene Ausdrucksformen der Sehnsucht und wie wir mit dieser Kraft in uns bewusst und schöpferisch umgehen können.

WENN ICH AN MEINE JUGEND IN EINER NEUBAUSTADT ganz im Osten der damals noch existierenden DDR zurückdenke, dann erinnere ich mich vor allem an das Grau der Häuser und das Grau in den Herzen. Es war ein *Lebensgefühl*, dem man versucht hatte, die Sehnsucht auszutreiben. Es gehört jedoch zum Geheimnis der Jugend, dass sie nicht ohne Sehnsucht sein kann. In der Jugend leben wir hinein in ein Sehnen nach unserem eigenen inneren Wesen, das sich entfalten will. Nach der Berührung der Liebe und dem Erkanntwerden darin. Manchmal auch nach einer Welt, die menschlicher, abenteuerlicher, gerechter ist. Ich erinnere mich noch gut an das brennende Empfinden in meinem Herzen, das in der kühlen Zweckmäßigkeit eines Denkens, dem enge Grenzen vorgegeben wurden, zu ersticken drohte. Meine Sehnsucht suchte sich neue Horizonte in Freundschaften, in der Musik, der Poesie oder den Träumen von Freiheit.

Das innere Feuer kann nie ganz erstickt werden. Und die Wende 1989 war auch ein Aufstand der Sehnsucht nach Freiheit, nach dem Entdecken der inneren und äußeren Welt, nach einem Aufbrechen der einengenden Grenzen von Ideologie, Staatsgehorsam und Autoritätshörigkeit. Der Aufstand einer Sehnsucht nach Schönheit, nach dem Wunderbaren. Der Mauerfall war ein poetischer Moment. Etwas, das ich bis dahin nicht für möglich gehalten hatte, war plötzlich Realität und damit das ganze Leben mit einem neuen Verheißungshauch und Geheimnisglanz erfüllt.

Wie viele Menschen mit mir fühlte ich eine tiefe Zuversicht in die Wahrhaftigkeit des Träumens, dass sich Visionen in Wirklichkeit wandeln können, dass sich Undenkbares ereignet, dass Getrenntes zusammenfindet und ein Leuchten in den Augen die Menschen verbindet.

Auch wenn sich dieser Möglichkeitsraum realpolitisch bald wieder verengte, in mir und vielen anderen Menschen blieb und bleibt er als eine erinnerte Gewissheit lebendig: Die Stimme der Sehnsucht kann die Welt verwandeln, das Träumen ist sinnvoll, Visionen sind wirkkräftig. Die Poesie der Sehnsucht muss keine Schwärmerei oder Einbildung sein, sondern kann uns auf eine Welt vorbereiten, die kommen will und sich durch uns kennen will. Für mich hat das Erlebnis des Mauerfalls einen existenziellen Innenraum geöffnet, der mich noch rückhaltloser nach dem Möglichen fragen ließ: Wer sind wir? Woher kommen wir? Wer können wir werden? Wie kann eine menschlichere, verbundenere Welt entstehen? Und mit der neu gefundenen Freiheit öffnete sich auch der Horizont der Sehnsucht.

WIR ALLE KENNEN WOHL SOLCHE MOMENTE in unserer eigenen Biografie, wo uns die Sehnsucht von innen erfasst, über den gewohnten Lauf der Dinge hinauszieht, hinauswirft. Vielleicht im Aufbruch der Jugend. Oder später, wenn es uns zu eng wird in einer Beziehung, einer Arbeit, an einem Wohnort, in einer Denkweise, weil von tief innen der Funken aufblitzt und uns ins Neue und Unbekannte zieht. Die Vision, anders und neu zu sein und zu werden. Es kann erhellend sein, sich diese Sehnsuchtsmomente im eigenen Leben zu vergegenwärtigen. Mir scheint es, sie sprechen mit einer anderen Sprache zu mir. Es ist eine poetische Sprache, die mir mein Leben wie durchlässig erscheinen lässt. Unter allem Gewordenen und Gewohnten strömt der Fluss des Noch-Möglichen – der Verheißung. Daraus kommt die Lebenskraft, mich immer wieder neu zu wagen und auf den Werdezug des Lebens einzulassen. Auch dieses Buch ist für mich ein Beispiel dafür. Der Impuls, es zu schreiben, zeigte sich zuerst als stilles Sehnen, das immer spürbarer wurde. Zunächst äußerten sich in mir die Gegenstimmen, ich hätte zu wenig Zeit, die Aufgabe sei zu groß für mich. Aber das Brennen wurde stärker und unbedingter und war irgendwann nicht mehr zu überspüren.

SEHNSUCHT GEHÖRT ZUINNERST zu unserem Menschsein. Mensch zu sein bedeutet, Sehnsucht zu empfinden. Sie ist eine Berührung von innen, die uns durch das, was wir und unser Leben geworden sind, hindurchblicken lässt auf die nächste neue Möglichkeit. Sie macht uns verletzlich für das Neue, Unbekannte, das aus uns werden will. In dieser Unbedingtheit und Unverfügbarkeit liegt eine wilde Kraft, die uns befreien und überwältigen kann. Wir werden aus uns hinausgezogen in etwas, das noch nicht ist, das uns noch nicht nah ist. Das innere Brennen lässt uns lebendig sein und uns immer wieder neu wagen. Und Worte finden für das noch unbekannte, undeutliche, aber brennend spürbare Fühlen.

Es werden poetische Worte sein, denn die Poesie ist die Sprache der Sehnsucht, ist Sprache im Zustand des Sehnens, sehnende Sprache. Es ist eine Sprache, die uns ganz nah ist, aber auch in ungeahnte Ferne führt. In der Dichtung wird die herkömmliche Form der Sprache aufgebrochen, auf dass etwas hindurchscheinen kann, das immer unsagbar und ungesagt bleiben muss. Aber durch diese Lücken und Lichtungen öffnet sie Tore in Welten, die uns zurufen, die wir aber noch nicht oder vielleicht auch niemals beheimaten. Indem wir ihrem Rufen folgen, leben wir auf ein Geheimnis hin. Wir leben in einer Frage nach dem, was noch werden kann und werden will.

Dieses leicht ziehende Wollen

SEHNSUCHT VIBRIERT ZWISCHEN NÄHE UND FERNE, zwischen Intimität und Distanz. Zwischen diesen Polen entspannt sich eine Energie, die uns voranzieht und weiterträgt. Die uns mit einem Ort oder einem Menschen verbindet, der fern ist, aber ganz nah in unserem Herzen. Aber wenn wir an dem Ort oder bei dem Menschen sind, wird die Sehnsucht nicht vollends gestillt, sie wandelt sich und nimmt neue Formen an. Findet neue Formen der Ferne inmitten der Nähe. Sehnsucht lebt also daraus, dass sie sich nie erfüllt, nicht erfüllen darf, weil wir lebendige Wesen sind – im Kern der Lebendigkeit pulsiert das Sehnen. Wir sind uns selbst zuinnerst nah, aber auch zuäußerst fern. Vor uns liegt immer ein zu entdeckender Weg, ein zu gehender Schritt, der uns näher zu uns führt und gleichzeitig den Raum der Ferne in uns ausdehnt, den Horizont unseres Sehens weiter werden lässt. Was wir selbst noch werden können, vibriert im Ruf des Sehnens. Durch die Brüche, Wunden und Lichtungen unserer gewordenen Gestalt brennt sich die Sehnsucht frei als neue Möglichkeit, die noch fern sein mag, aber schon ganz nah spürbar ist.

So wie im Spannungsfeld zwischen der örtlichen Nähe und Ferne erfasst uns der Spannungsstrom zwischen Nähe und Ferne in der Zeit. In die Vergangenheit und die Zukunft dehnen wir unsere Gegenwart, wenn wir uns im Sehnen dafür öffnen, dass alles ganz anders sein könnte. Ausgangspunkt für diese Verheißung sind oft Momente intensiver *Erfülltheit*, die uns einen Geschmack davon geben, wer wir und das Leben noch sein könnten. Wenn eine scheinbar ferne Möglichkeit plötzlich in unser Dasein einbricht und uns zu sich ruft.

Im Buch *Das Leben der Sternentaucherin* beschreibt Ingrid Leitner die Verklärungskraft einer Sehnsucht, die sie sich in ihrem durch die Behinderung eingeschränkten Leben kaum zutraute. Aber es war auch die Sehnsucht, die ihr die Kraft gab, sich nicht resigniert in ihr Schicksal zu fügen, sondern dem noch Möglichen zu vertrauen. Sie wurde zum Aufwind, der sie durch den Schmerz führte und zugleich daraus enthob. Sie schreibt: »Doch im Gefolge dieses Glücks war auch die Sehnsucht da, dieses leicht ziehende Wollen, dieses fast schmerzhafte Wünschen, dieses Sehnen nach – ja, nach was, nach was eigentlich? Diese quälerisch drängende Verheißung.«[1] In der Sehnsucht finden Glück und Schmerz zueinander. Sehnsucht als die »quälerisch drängende Verheißung« ist eine menschliche Kernkraft, die uns von innen erfasst, entbrennt und aufbricht – und ein Leben von Grund auf verändert.

ICH ERLEBTE SOLCH EINEN MOMENT, als ich mit Ende zwanzig in Berlin lebte und eigentlich mein Abitur nachholen wollte. Es war alles geplant und eingerichtet. Aber plötzlich merkte ich, dass in mir eine fremde und doch ganz nahe Stimme zu sprechen begann. Sie fragte nach dem eigentlichen Sinn meines Lebens und war mit Plänen nicht zu beruhigen. Es war so, als wäre in mir ein Samen aufgebrochen, eine Pflanze, mit der ich mich erst noch bekannt machen musste, die aber doch so ganz aus mir hervorwuchs. Und die mein Leben, so wie ich es mir zu diesem Zeitpunkt vorstellte, von innen her aufbrach. Die Sehnsucht, dem Sinn meiner Existenz auf den Grund zu gehen, führte dann dazu, dass ich mich entschloss, in einem Zen-Buddhistischen Zentrum zu leben, um in Meditation und *Reflexion* diesen Fragen, die von innen her zu mir aufwuchsen, nachzugehen.

Das Sehnen war wohl auch dadurch entflammt worden, dass ich in der Meditation, die ich kurz zuvor kennengelernt hatte, in einen mir bis dahin unbekannten und unvorstellbaren inneren Raum geführt worden war. Darin hatte ich mein eigenes Selbst freier erlebt – weiter und wacher als je zuvor, und nun spürte ich die Möglichkeit, die Verheißung, diesen inneren Raum zu erkunden und daraus zu leben.

SEHNSUCHT IST EIN EMPFINDEN, das uns immer wieder neu aufbrechen lässt. Der Ort, an dem ich bin, öffnet sich hinaus in das Ungewisse, Abenteuerliche, Wilde einer unbekannten Welt. Deshalb ist das Wandern, das Verlassen des bekannten Ortes hin in eine verheißene Ferne auch ein Grundmotiv in der Poesie. In seinem Gedicht *Sehnsucht* beschreibt der romantische Dichter Joseph von Eichendorff dieses Fernweh.

Es schienen so golden die Sterne,
Am Fenster ich einsam stand
Und hörte aus weiter Ferne
Ein Posthorn im stillen Land.
Das Herz mir im Leib entbrennte,
Da hab' ich mir heimlich gedacht:
Ach wer da mitreisen könnte
In der prächtigen Sommernacht! [2]

ALS AUFBRECHEN ZU NEUEN HORIZONTEN ist das Reisen im Grunde eine poetische Erfahrung. Wenn wir uns in neue Gegenden begeben, dann spüren wir, dass wir die Welt entdecken, dabei aber auch uns selbst. Wir lassen das Bekannte und Gewohnte los und gehen ins Offene. In der Romantik wurde das Wandern zum Bild eines Lebens, in dem wir immer bereit sind, zu neuen Ufern aufzubrechen. In seinem Roman *Aus dem Leben eines Taugenichts* lässt Eichendorff den jungen Protagonisten, der von seinem Meister, bei dem er in die Lehre geht, entlassen wird, sagen: »Und eigentlich war mir das recht lieb, denn es war mir kurz vorher selber eingefallen, auf Reisen zu gehen.«[3]

Heute lebt eine ganze Tourismusindustrie von der Sehnsucht nach der Ferne, aber wir erleben das Reisen häufig nicht mehr als solch einen sehnsuchtsvollen Raum der Welt- und Selbstentdeckung. Wir wollen Sehenswürdigkeiten sehen, aufregende Erlebnisse haben, es uns gut gehen lassen, den Stress des Arbeitslebens vergessen. Aber oft ist es doch so, dass diese Art des Reisens uns nicht nachhaltig erfüllt. Warum? Vielleicht weil wir *nicht wirklich unterwegs* sind. Es ist eine Kunst, unterwegs zu sein – Wanderer, Flaneur, Vagabund und Abenteurer zu sein.

WER WANDERT, VERLIERT NIE DIE SEHNSUCHT, selbst nicht beim Ankommen irgendwo. Wenn ich in den Bergen wandere, dann aus der Sehnsucht heraus, der ursprünglichen Natur nahe zu sein, mich in sie hineinzugeben, mit den Steinen, Pflanzen und Tieren meinen Atem zu teilen. Der Weg auf den Gipfel ist mit jedem Schritt ein Gehen in der Verwobenheit mit dieser lebendigen Gegenwart. Jeder neue Ausblick, ein zerfurchter Felsen, ein im Wind gekrümmter Baum, die Alpenrosen am Weg, vielleicht ein Habicht über mir oder eine Gamsherde in der Ferne, lässt mich tiefer eingehen in die Landschaft. Und damit wächst die Landschaft auch in mich hinein. Bei solch einem »Reisen« werde ich durchlässig für die Lebendigkeit einer Welt, die ich gehend und sehend, spürend und lauschend entdecke – vielleicht entdeckt sie mich auch.

Wenn ich durch eine Stadt gehe, die ich nicht kenne, spielt auch diese Sehnsucht mit. Als ich das erste Mal in New York war, lief ich mehrere Tage ziellos durch die Straßen und ließ mich treiben, ließ mich ansprechen von Gebäuden, Geschäften, Cafés oder Parks, die mich anzogen. Ich verweilte und schaute, und manchmal schrieb ich ein Gedicht. Ich erspürte, wie sich die Atmosphäre veränderte, wenn ich East Village, Chinatown oder Little Italy durchwanderte. Diese Stimmung einzusaugen und immer wieder innezuhalten und zu schauen, mit einem Passanten einige Worte zu wechseln, so erschließt sich mir die Welt vor meinen Augen – oder besser mit allen Sinnen.

EIN VAGABUND PAR EXCELLENCE ist Sylvain Tesson, der zu Fuß, mit dem Fahrrad, dem Motorrad oder auf dem Rücken eines Pferdes diese Welt bereist, bis in die abgelegensten Gegenden, die verstecktesten Winkel. In seinem Manifest der Wanderer und Vagabunden mit dem bezeichnenden Titel *Kurzer Bericht von der Unermesslichkeit der Welt* beschreibt er die sehnsuchtsvollen Nomaden so: »Sie genügen sich damit, im Stillen zu reisen, für sich, bisweilen in sich. (…) Sie gehen alleine, langsam, kein anderes Ziel vor Augen als voranzukommen.« Und ihm liegt es am Herzen, uns für diese poetische Form des Reisens zu begeistern. Er würde, so schreibt er, »diese Art, durchs Leben zu wandern, gerne rehabilitieren, ungebunden, eine Feder am Hut, einen Grashalm zwischen den Zähnen und Gedichte auf den Lippen.«[4]

Diese ziellose Form des Reisens, dessen Sinn allein darin besteht, der Sehnsucht zu folgen und darin zutiefst anzukommen, ruft in dir vielleicht wie in mir ein ganz eigenes Glücksgefühl wach, weil es unserem Dasein entspricht. Wir wandern durchs Leben, und auch wenn wir viele Ziele, Vorstellungen und Erwartungen haben, erfüllt es sich, während wir unterwegs sind – unterwegs bleiben. Immer bereit, einen Schritt ins noch Unbekannte zu setzen.

Die blaue Blume

OBWOHL SICH DIE SEHNSUCHT AUF MENSCHEN, Zeiten oder Orte richten kann, fragt sie doch letztlich nach dem Urgrund unseres Hierseins. In der Romantik galt die Sehnsucht als ein Empfinden, dass uns deshalb so verwandeln kann, weil wir darin verstehen, dass uns in dem Sehnen eigentlich die Quelle unseres Seins anspricht. Wir sind immer *mehr* als das, was wir zu sein denken, und die Welt ist weitaus tiefer und weiter, als wir erfassen können. Als Symbol für die romantisierende Verzauberung der Welt fand Novalis das Symbol der blauen Blume, die ein Sinnbild für die romantische Sehnsucht wurde. Warum fand Novalis dieses Symbol so treffend für den romantischen Grundimpuls, wie er ihn verstand? Blau ist eine Farbe der *Transzendenz*, sie erinnert den blau-offenen Himmel, den Zug in die Weite. Blau ist eine Horizontfarbe und trägt in sich eine Ahnung von Unendlichkeit. Auch das Meer schimmert in Bläue und atmet Unendliches. Die Blume als Symbol verdeutlicht das zartkostbar Lebendige. Wenn eine Knospe aufblüht, ist es jedes Mal wie ein Wunder, das uns im gewohnten Lauf der Dinge neu anschaut. Die Blüte ist auch die Erfüllung der Blume, ihr Wachsen läuft vom Samenkorn an darauf zu – nur, um sich dann dem Licht zu verschenken und Nahrung zu sein für Insekten. Die Blume zieht an, sie zieht die Bienen an mit ihrer Schönheit und ihrem Nektarduft. Aber auch uns Menschen. Wenn wir lieben, danken und trösten, verschenken wir Blumen. Wir erinnern einander an die Schönheit, die Zärtlichkeit und Vergänglichkeit des Lebens, aber auch an das bereichernde Band der Liebe. Mit dem Blick in einen Strauß Blumen wachen wir auf, sei es auch nur für einen Moment, zum Wunder des Seins. Jede Blüte wird aber auch verwelken und ist deshalb so kostbar. Wird wieder der Erde zurückgeschenkt. In der blauen Blume blüht uns die Verheißung des Ewigen: Unser Leben ist aufgespannt in der

Bläue eines endlosen Horizonts, aus dem uns das Leben zuwächst. Wie eine Blume. Jedes Mal, wenn du liebst, feierst und trauerst. Und jedes Mal, wenn du dich sehnst. Darin kommt dir das Ewig-Lebendige entgegen und öffnet dein Herz für das, was noch in dir erblühen will. In der Sehnsucht wird in deinem Leben, so wie es geworden ist und wie du es dir eingerichtet hast, die blaue Weite des noch möglichen Blühens spürbar. Sie erinnert dich an deine Herkunft und Heimat.

WEIL SEHNSUCHT UNS SO INNIG ZU UNS RUFT und zu dem, was wir noch werden können und worin wir dem Sein noch näher, erfüllter begegnen können, liegt darin eine Kernkraft tiefster Motivation, die aber auch missbraucht werden kann. Gerade die Sehnsuchtsbilder der Romantik wurden von den Nationalsozialisten auf grausamste Weise ausgenutzt. Die Sehnsucht nach einem Leben im Einklang mit der Natur inmitten der aufbrechenden Industrialisierung, nach einem übergreifenden Sinnhorizont, nach verbindendem Gemeinschaftsgefühl, wurden aufgegriffen, um eine menschenverachtende Ideologie in die Köpfe und Herzen der Menschen einzupflanzen. Die Nazis waren sich dabei der psychoaktiven Kraft von Symbolen und Bildern nur zu bewusst und setzen sie wirkungsvoll zu Propagandazwecken ein.

Wenn auch nicht so drastisch und zerstörerisch wie damals wird auch heute von vielen Seiten versucht, auf unsere Sehnsucht zuzugreifen. Ideologien oder Religionen entwerfen Zukunftshorizonte, in denen Sehnsüchte nach Freiheit, Harmonie, Gerechtigkeit angesprochen werden. Aber auch die Verheißungen von Konsum und Selbstoptimierung nehmen Sehnsüchte nach Liebe, Selbstwert, Perfektion auf, um Produkte oder Dienstleistungen zu verkaufen. Die Werbung erfüllt den Zweck, die Sehnsüchte der Menschen wachzurufen und auf ein bestimmtes Objekt, Produkt oder eine Dienstleistung zu richten.

Die Konsumgesellschaft lebt davon, immer neue Sehnsüchte von außen in uns hineinzutragen und deren Erfüllung nach außen, in Objekte und Waren zu verlegen. Die sozialen Medien nutzen unsere Sehnsucht nach Aufmerksamkeit und Zugehörigkeit, um uns an sich zu binden. Die Algorithmen darin sind so programmiert, dass sie uns die Beiträge anzeigen, die uns möglichst lange auf der Seite festhalten, damit uns Werbung angeboten werden kann. In einer von Konsum und Digitalisierung geprägten Welt wird aber der eigentliche Wirkungsort der Sehnsucht verwaist und verwüstet: unsere Innenwelt und der Zwischenraum echter Beziehung. Deshalb ist es auch wichtig, das Sehnen *sehend* werden zu lassen. Es kann uns nicht nur von innen her erfassen und entbrennen oder von außen entflammt, angestoßen oder gar angestachelt werden, wir können dieses Sehnen auch bewusst schöpferisch werden lassen, es bewohnen und bewandern. Aus dem Vertrautwerden mit unserer Sehnsucht werden wir weniger anfällig für Versuche, unser Sehnen auf Dinge oder Ideen zu lenken, die nicht zu uns gehören, die uns vom inneren Feuer unseres eigenen Sehnens abziehen. Darin wird es auch möglich, nicht nur aus unserem Inneren erfasst zu werden, sondern dieser kreativen Kraft in uns Richtung und Ausdruck zu geben.

Eigne dir den Durst an

VOR ALLEM UNSERE SEHNSUCHT NACH LIEBE wird in einer Konsumgesellschaft auf vielerlei Weisen ausgenutzt, um uns Produkte zu verkaufen, die uns der Erfüllung dieser Sehnsucht nahebringen sollen. Partnerbörsen, Diät- und Schönheitsindustrie, Filme und Medien sprechen auf diese Ursehnsucht an, sich in Liebe mit einem anderen Menschen zu verbinden. Und weil das ein so innigster Wunsch in unserem Wesen ist, sind wir darin besonders ansprechbar und verletzlich. Im kapitalistischen Markt wird versucht, Liebe zu einer weiteren Ware zu machen oder aber Waren anzubieten, die das Unverfügbarste aller menschlichen Gefühle irgendwie kontrollierbar machen sollen. Aber Liebe und damit auch die Sehnsucht entziehen sich unseres Zugriffs, sie sind nicht käuflich. Liebe kann man nicht kaufen, sie ist ein Geschenk, sie *ereignet* sich. Die Poesie wusste immer von dieser Unverfügbarkeit der Liebe und auch, dass darin ein viel *tieferes Sehnen* lebt. Eine POETISCHE LEBENSKUNST ermöglicht uns, auch unser liebendes Sehnen neu zu verstehen, ernst zu nehmen und dem Zugriff fremder Kräfte zu entziehen, die unsere Sehnsucht ausnutzen wollen.

In der Tiefe ist die Sehnsucht nach Liebe die Stimme des Lebens in uns, das von einer Einheit weiß, die nicht mehr da zu sein scheint. Das Empfinden der Sehnsucht in mir ist jedoch nicht getrennt von ihrer Erfüllung. Das, wonach ich mich sehne, ist das Sehnende in mir. Im Sehnen *bin* ich schon in der Liebe, folge ihrem Duft. In der Vereinigung mit der Geliebten ereignet sich die tiefste Nähe, die Trennung zwischen Ich und Du schmilzt, wird durchlässig. Im seligen Schwingen liebender Begegnung löst sich das getrennte Ich auf. Noch die Vereinigung in leiblicher Liebe lebt aus diesem Geheimnis, in den Sog pulsierender Einheit zu treten. Wir werden eins mit dem anderen, darin aber auch mit dem Leben und dem Ganzen, in dem wir sind und das wir sind. Wir atmen in einem Strom des Lebens. Es ist das Wunder, sich im Blick eines anderen Menschen zutiefst erkannt zu fühlen. Im Hebräischen kann man die leiblich liebende Vereinigung und das Erkennen vom selben Wortstamm herleiten. Deshalb kann man sagen, *sie liebten einander* bedeutet auch: *Sie erkannten einander.* Wir erkennen einander als ungetrennte Menschen und erkennen darin auch den Grund, der uns trägt – der wir selbst sind. Wir kommen nach Hause. Die Sehnsucht nach Liebe ist die Sehnsucht nach dem Einswerden mit dem Leben, nach dem Wiederfinden der Welt als uns zuinnerst zugehörig.

IM SEHNEN GEHEN WIR ÜBER DAS, was jetzt ist, hinaus, wir senden unser Herz in eine erahnte Zukunft. Aber ziehen wir damit nicht auch das, wonach wir uns sehnen, zu uns hin? Ist es nicht die Bewegung der Liebe, die sich sehnt, mit dem Geliebten vereint zu werden? In diesem sehenden Hinausrufen ins Leben liegt eine eigene Seligkeit. Denn wenn ich sehne, bin ich offen, verletzlich, lauschend. Ich höre, ob das Geliebte mir antwortet. Der große Sufi-Mystiker Ibn Al-Arabī betete: »Oh Gott, nähre mich nicht mit Liebe, sondern mit dem Verlangen nach Liebe.«[5] Und der Sufi-Poet Rūmī dichtete:

> **Verbring weniger Zeit damit, Wasser zu suchen – eigne dir den Durst an!**
> **Dann wird das Wasser von oben und unten hervorsprudeln.**[6]

IBN AL-ARABI ERZÄHLT DIE GESCHICHTE von Madschnun, der unsterblich in die wunderschöne Leila verliebt war. Er verzehrte sich in Sehnsucht nach ihr. Eines Tages wandte sie sich ihm zu und bat ihn, sie anzuschauen und näher zu kommen. Da rief der Liebende aus: »Geh mir aus den Augen, denn die Liebe, die ich zu dir empfinde, nimmt mich so sehr in Beschlag, dass ich für dich keine Zeit habe.« Madschnun verzichtete auf die Erfüllung, um in der sehnenden Liebe bleiben zu können, über die Ibn Al-Arabī sagt: »Ein solcher Zustand ist der köstlichste und erlesenste, den man in der Liebe empfinden kann.«[7]

Rūmī hat wie kein anderer dichterisch eine solche sehnende Liebe besungen. In seinem Lied der Rohrflöte singt die Flöte, die einst aus dem Rohr geschnitten wurde und sich zurücksehnt in die Einheit, aus der sie herausgetrennt wurde:

Seit man mich aus der Heimat Röhricht schnitt,
Weint alle Welt bei meinen Tönen mit.
Ich suche ein Herz, vom Trennungsleid zerschlagen,
Um von der Trennung Leiden ihm zu sagen.
Sehnt doch nach dem in Einheit Lebensglück
Wer fern vom Ursprung, immer sich zurück.[8]

DIE LIEBE IST DIE SEHNSUCHT NACH EINER EINHEIT mit dem Ganzen des Lebens. Im Sehnen nach dieser Einheit treten wir aber schon in den Sog, in die Anziehungskraft dieser Ureinheit, unserer Urheimat. Jede Liebe, worauf sie sich auch richtet, ist eine Ahnung dieser Ursehnsucht nach tiefster Zugehörigkeit.

Aber kann eine solche Sehnsucht nicht auch dazu führen, dass wir nicht mehr das wahrnehmen, was uns jetzt schon, in diesem Augenblick geschenkt ist? Diese Frage trieb mich um, nachdem ich vor einiger Zeit ein Gespräch mit einem Zen-Lehrer hörte, der darauf hinwies, dass eigentlich nur das Jetzt für uns wirklich ist, dass sich im Eintauchen in die Gegenwärtigkeit die ganze, unendliche Fülle des Lebens offenbart. Auf die Frage, wie er denn die Mystik der Sehnsucht einschätze, wie sie vor allem auch in der islamischen Sufi-Tradition Ausdruck findet, erklärte er, dass diese eine beschränkte Sicht sei, weil wir uns mit der Sehnsucht schon aus der immer-erfüllten Gegenwärtigkeit herausbewegen.

Tatsächlich ist es so, dass im Buddhismus *Taṇhā* als die Kraft bezeichnet wird, die uns leiden lässt. Dieses Pali-Wort kann man mit Durst, Wollen, Verlangen oder Begehren übersetzen. Weil wir immer etwas begehren, das uns etwas bringen soll – ob Erfüllung, Glück, Zufriedenheit oder Frieden –, bleiben wir gefangen im Kreislauf des Leidens. Denn in einer vergänglichen, sich ständig verändernden Welt kann unser Durst nicht gestillt werden. Wir laufen ständig Schatten nach, die sich auflösen, sobald wir sie berühren. Reichtum, Ruhm, Sexualität, Beziehungen, Essen, Glücksgefühle, egal worauf sich unser Begehren richtet, wir kommen nie an, finden keinen Frieden, weil wir ihn dort suchen, wo es ihn nicht gibt.

Die Befreiung vom Verlangen wird deshalb im Buddhismus als Weg zu unserer wahren Natur gesehen. Wenn wir *unser Wollen loslassen* und ganz im Jetzt ankommen, dann können wir die Natur unseres eigenen Bewusstseins vergegenwärtigen. Im Inneren des Menschen, jenseits des dürstenden, getrennten Ich, sind wir immer schon eins mit der gesamten Existenz. Ein getrenntes Selbst gibt es nicht – nicht in uns und in keinem anderen. In der Leerheit werden wir dessen gewahr, dass es nichts gibt, das beständig ist. Wenn wir so von allem Wollen loslassen, dann wird unser Bewusstsein frei, das zu erfahren, was ist. Dazu gehören die Qualitäten des Gewahrseins selbst – Weisheit, Mitgefühl und die wahre Natur aller Dinge, die flüchtig ist. Wenn wir an nichts mehr anhaften, dann sind wir frei, *zu sein*.

In meiner buddhistischen Praxis empfand ich diese Befreiung als eine radikale Einladung, mich selbst in dieser ursprünglichen Freiheit zu entdecken. Die Meditation ist eine Übung, in der ich alles loslasse, nichts verlange oder erwarte. In der ich einfach bin, so gut es geht. Aber durch dieses Versenken im Sein spüre ich ein inneres Leuchten, dass daher kommt, dass ich nichts will, niemand bin, nichts brauche. Ich kann sein. Und dieses Sein ist kein neutraler Zustand, er ist erfüllt von tiefem Frieden und einer Glückseligkeit, die dem offenen Bewusstsein innezuwohnen scheint. Solche Erfahrungen sind wiederum aber auch der Beginn einer Sehnsucht. Das mag paradox klingen. Wenn ich einen Blick in die wahre, freie Natur meines eigenen Wesens erhascht habe, dann erwacht in mir der Wunsch, immer mehr aus diesem Wesen zu leben. Die Sehnsucht nach dem Wahren, nach der Wirklichkeit, dem Urgrund unseres Seins, hat mich dazu bewegt, einen spirituellen Weg zu gehen, der auch ein Weg der Sehnsucht ist.

IM BUDDHISMUS WIRD DIESE SEHNSUCHT, dieser Wunsch als *Bodhicitta* bezeichnet, als »Erleuchtungsgeist« oder das Streben nach Erleuchtung. Und mit dem Bodhisattva-Gelübde, mit dem man gelobt, nicht eher in die Erleuchtung einzugehen, bis auch das letzte Wesen dieses Erwachen erfährt, macht man das Sehnen freiwillig zu einem Dauerzustand. Die Dichterin und Zen-Übende Jane Hirshfield erklärt zu diesem Paradox der Sehnsucht, die Zen-Praxis habe »eine sehr interessante Beziehung zur Sehnsucht, weil sie einerseits mit ihr arbeitet, sie andererseits ein wenig auf die leichte Schulter nimmt. In der Weltsicht des Buddhismus ist beides wahr: Es gibt Leiden, und es ist unsere Aufgabe, zu versuchen, es zu beenden; und die Vollkommenheit der Dinge, so wie sie sind, ist bereits hier um uns herum. Wir können der Vollkommenheit nicht entkommen, und wir können dem Leiden nicht entkommen, meistens jedenfalls. Und sie sind nicht voneinander getrennt.«[9]

Vielleicht könnte man sagen, wenn wir den Durst *durchschauen*, der uns an die Welt bindet, entdecken wir den Durst, der uns an das Unendliche bindet. Das Sehnen richtet sich dann nicht auf die Erfüllung in einer unbeständigen Welt, sondern auf das Einswerden mit dem Urgrund der Existenz, das wir auch anderen Wesen zugänglich machen wollen. Aber das Sehnen selbst ist schon die Erfüllung, denn darin werden der Sehnende und das Ersehnte eins.

IN DER SUFI-DICHTUNG WIRD UNSERE SEHNSUCHT nach Liebe auf diesen innersten Kern hin erlöst. Denn auch in der Liebe zu einem Menschen und in der Sehnsucht danach vibriert die Liebe und die Sehnsucht nach dem letztendlichen Horizont unseres Seins, den manche Gott nennen. Rūmīs Gesänge richten sich oft an seinen geliebten Lehrer Schams, der nach wenigen Jahren des intensiven Zusammenseins verschwand. Aus dem

Verlust des Freundes, vielleicht auch des Geliebten, ruft Rūmī sein Sehnen aus, das sich zugleich an den ewigen Freund und Geliebten richtet, an Gott.

Der Schriftsteller Navid Kermani, der der Sufi-Tradition sehr nahesteht, weist darauf hin, dass »… alles, was in der mystischen Poesie gesagt wird, einen doppelten Sinn hat: Die Liebe etwa ist die Liebe zwischen zwei Menschen und zugleich die Liebe zu Gott …«[10] Ganz ähnlich wurde in der Brautmystik des Mittelalters die Beziehung zu Jesus als liebendes, verzehrendes, auch erotisches Sehnen dichterisch umschrieben, wie in den Versen von Mechthild von Magdeburg.

Im mittelalterlichen Sufismus, so Navid Kermani, galt die irdische Liebe als Brücke zur himmlischen Liebe und die Meister »nahmen jene Schüler nicht für voll, die keinen Menschen je groß geliebt« haben. Kermani erzählt die Geschichte des Sufi-Meisters Fachroddin Eraqi, der einem Novizen, welcher mehrmals eine vierzigtägige Klausur durchlief, ohne die Erleuchtung zu erfahren, ins Weinhaus schickte. Dort sollte er sich in eine schöne Frau oder einen Jüngling verlieben. Erst als er die Freuden, die Sehnsucht, die Schmerzen der irdischen Liebe durchlebt hatte, trat er gereift wieder vor seinen Meister.[11]

Für mich scheint die Suche nach der Vereinigung mit dem großen Geheimnis unseres Seins und die Sehnsucht nach einer menschlichen Liebe in einem Strom zu schwingen. Die Momente, wo sich eine solche liebende Begegnung erfüllt, sind wie eine Verheißung der verkörperten Einheit. Vor allem, wenn dieser Begegnung ein langes Sehnen vorausging. Aber auch, wenn eine Beziehung endet, entlässt sie mich in allem Schmerz in die Sehnsucht nach der tieferen Vereinigung mit dem Leben. Jedes neue Sehnen und jede neue Begegnung und auch jeder neue Abschied führen mich tiefer hinein in das Mysterium der Liebe. So werden wir reif für die große Liebende.

EIN HAUCH DER SEHNSUCHT nach der ewigen Geliebten, nach der Einheit mit dem Unendlichen schwingt in jedem Liebesgedicht. Wenn du schon einmal Gedichte geschrieben hast, dann war es wahrscheinlich unter dem Ansturm dieses alles erfassenden Gefühls. Auch deshalb singt der Mensch unaufhörlich Liebeslieder. Nicht nur die Charts sind voll davon, auch die klassische Musik und eigentlich jede Form von Musik ist oft erfüllt vom Sehnen nach Liebe.

In Liebesliedern, die von der Verehrung der Geliebten singen, von der Trauer des Verlustes, von der Ekstase körperlicher Nähe, von der Verzweiflung nicht erwiderter Liebe, hören wir die Sehnsucht nach Vereinigung. Diese vielen Formen, von und aus Liebe zu singen, »wenden sich alle an Gott«, schreibt Nick Cave, ein Meister des Liebeslieds in all seinen Facetten, »denn das wahre Liebeslied lebt von der ruhelosen Stimmung der Sehnsucht. … Das Liebeslied ist der Klang unseres Bemühens, gottähnlich zu werden, sich über das Erdgebundene und Mittelmäßige zu erheben.«[12]

In dieser Sehnsucht weht auch ein Atem der Melancholie, im Portugiesischen wird sie als »Saudade« bezeichnet, eine tiefe Sehnsucht des Herzens, die in der Musik des Fado oder den Gedichten Fernando Pessoas zum Ausdruck kommen. Saudade ist, so schreibt Nick Cave, »der Wunsch, aus der Dunkelheit ins Licht zu gelangen, von der Hand dessen berührt zu werden, das nicht von dieser Welt ist. Das Liebeslied ist das Licht Gottes, das tief in uns ist und durch unsere Wunden nach oben strahlt.«[13]

LIEBESLIEDER SIND VERTONTE LIEBESLYRIK. Die Sehnsucht der Liebe lässt sich am ehesten in der Dichtung ausdrücken. Dichterinnen und Dichter sind wie Rūmīs Flöte, die aus ihrer Heimat herausgeschnitten wurde, unter der Trennung leidet und nun das Lied der Sehnsucht singt, um wieder heimzukehren.

Aber neu heimzukehren, nicht stumm, sondern als Singende. Wenn wir unser Sehnen leben, dann atmet darin schon die Seligkeit der Heimkehr. Wir werden schöpferisch, wir zeugen und werden gezeugt, und immer wieder hingezogen zu einer umfassenderen Vereinigung mit dem Werdestrom einer Welt, die von Liebe durchpulst ist. Liebe ist der Name für das unergründliche Geheimnis, aus dem alles ist. Da wir immer schon eine Frucht am Baum des Lebens sind, kommen wir in der Sehnsucht zurück nach Hause – ins Paradies, jenseits von Trennung. In ein Sehnen, das selig ist.

Es öffnet sich der Raum
Des Kommenden

Wenn unser Horizont
In Spuren spricht

Wir folgen
Uns zieht der sehnende Blick

Als Schlucht
Im gewohnten Lauf der Dinge

Und darin fließt der neue Strom
Mit unserem Blut

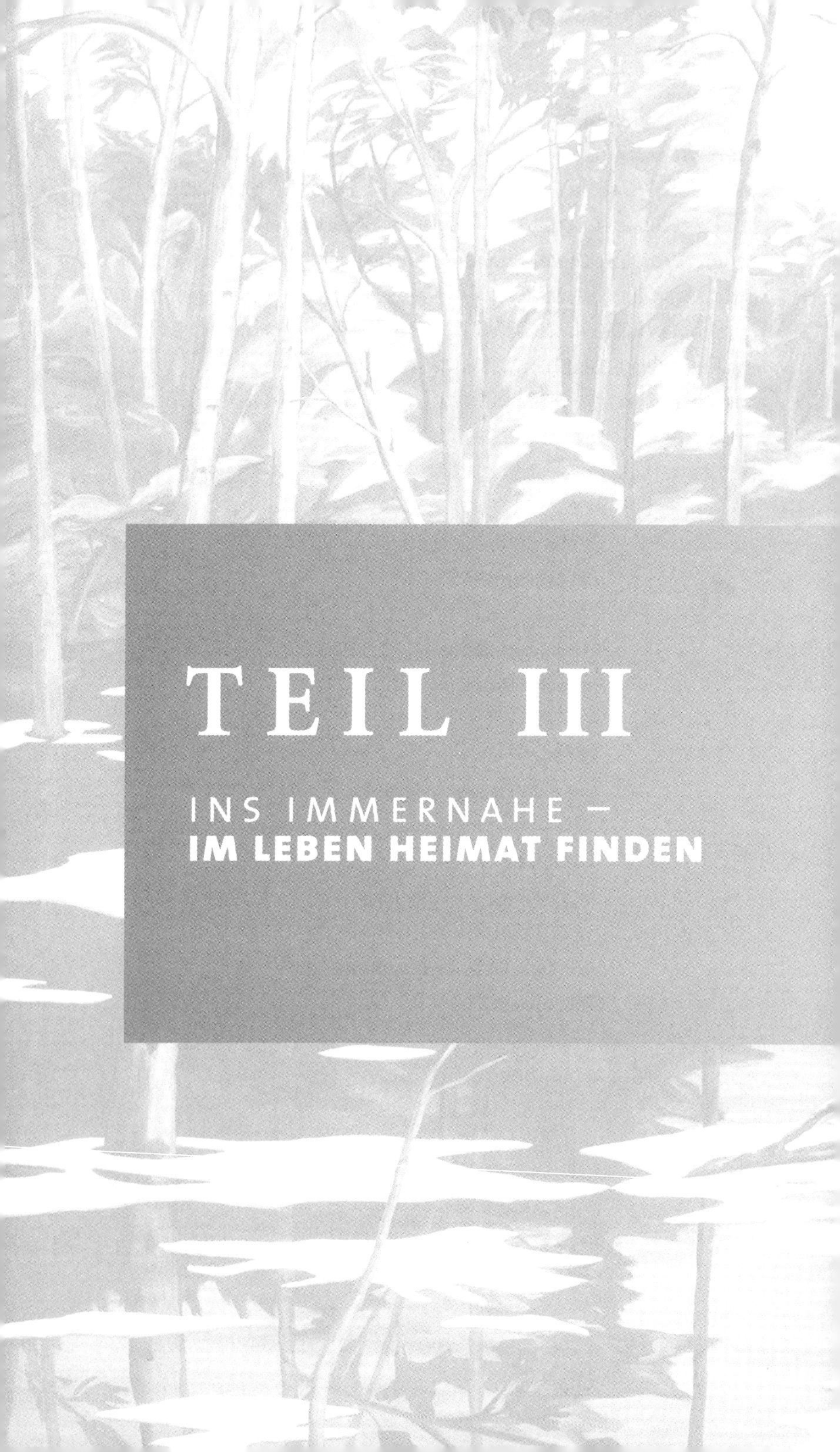

TEIL III

INS IMMERNAHE –
IM LEBEN HEIMAT FINDEN

WIE KÖNNEN WIR HEUTE HEIMAT FINDEN? In uns, im Leben, auf dieser Erde? In unserer globalen und digitalen Zeit scheinen die Orte der Zugehörigkeit zu verschwimmen, zu verschwinden, sich im Virtuellen aufzulösen. Aber heimatlos zu sein raubt uns innerlich die Wurzeln, um im Leben Sinn und Verortung zu finden. In diesem vierten Teil begebe ich mich auf die Suche nach Formen der Verwurzelung im Sein. Die Poesie zeigt uns, wie wir Zugehörigkeit finden können. Wie wir uns in Dankbarkeit allem, was ist und uns geschenkt wird, zuwenden können. Wie wir unsere vielschichtige Verbundenheit wahrnehmen und zum Ausdruck bringen können.

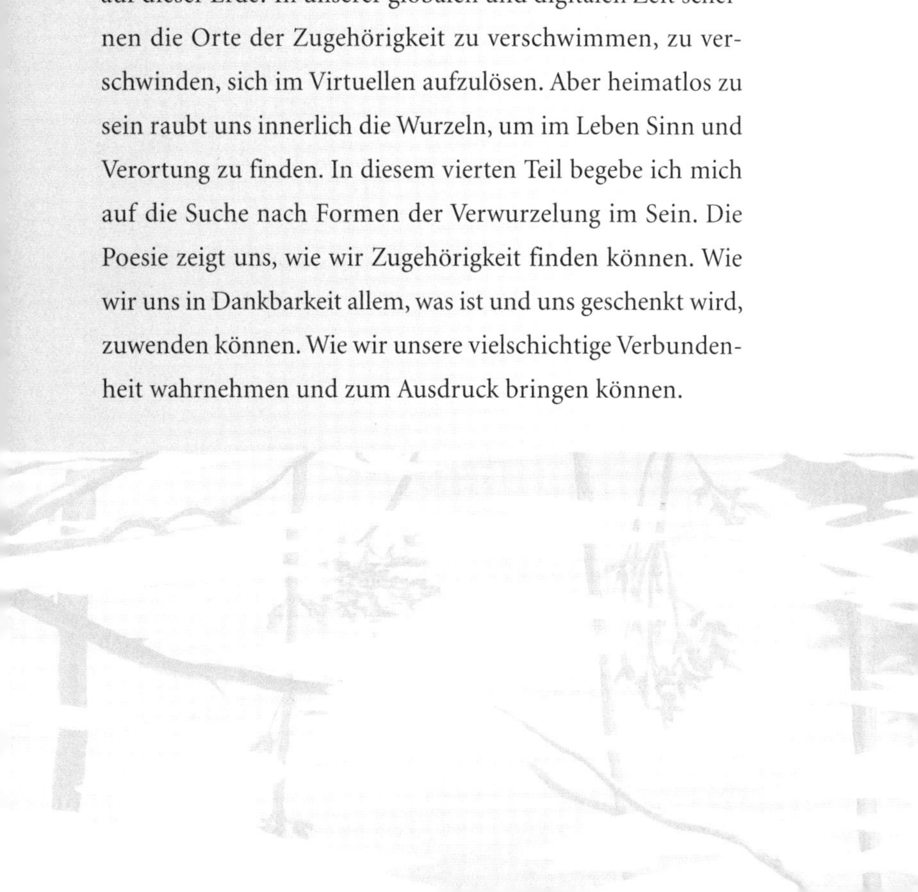

KAPITEL 7

Komm an und entgrenze – Zugehörigkeit

Heimat ist ein belastetes Wort, es deutet auf unseren Ursprung ebenso wie auf die Erfahrung der Enge in einer Herkunft, in der wir uns nicht wirklich entfalten können. Sich auf die Heimat zu besinnen kann andere, die wir als nicht zugehörig zählen, ausschließen. Aber in einer *POETISCHEN LEBENSKUNST* können sich offene Bezüge der Zugehörigkeit zeigen, die uns gleichzeitig verwurzeln und befreien.

BEI DEM GLOBALEN ONLINE-EVENT *One World Bearing Witnessi*[1], den meine Kollegin Elizabeth Debold veranstaltet, hörte ich die Psychologin und Leadership-Beraterin Louise Marra, die der indigenen Kultur der Maori Neuseelands entstammt.[2] Das Thema des jährlichen globalen Rituals war im Jahre 2020 unsere »Zugehörigkeit zur Erde« und Marra erklärte, dass man sich in ihrer Tradition so begrüßt, dass die Zugehörigkeit zum eigenen Lebensort darin Ausdruck findet. Wenn man sich anderen vorstellt und sagt, wer man ist, dann benennt man den Berg, den Fluss und das Meer, zu dem man gehört. In den indigenen Weisheitslehren ist die Verbundenheit mit der Landschaft und den Ahnen, die dort lebten, ein bestimmender Aspekt der eigenen Identität. Louise Marra

Marra bat uns, uns selbst in dieser erweiterten Identität vorzustellen. Mein Berg ist die Kampenwand hier im Chiemgau, den ich gern bewandere und jeden Tag von meinem Fenster aus sehe – sofern sie nicht von Wolken verborgen ist, so wie jetzt. Mein Fluss ist die Ache, die aus den Bergen in den See fließt, ihn wieder verlässt und das Wasser kühl und klar sein lässt. Es gibt herrliche Fahrradwege daran entlang. Und mein Meer ist der Chiemsee, der ja tatsächlich auch als »bayerisches Meer« bezeichnet wird und mich an stürmischen Tagen an die Ostsee, dem Meer meiner Kindheit, erinnert.

In unserem Online-Treffen stellten sich Menschen aus vielen Teilen der Welt so vor, mit ihrem Berg, ihrem Fluss, ihrem Meer. Dabei begegneten wir uns als Menschen, aber zugleich begegneten wir auch den Landschaften, zu denen jeder und jede sich zugehörig fühlte. Dadurch entstand eine besondere Nähe – zueinander und zur Erde. Manchmal fällt es aber nicht leicht, diesen Bezug zum Ort des eigenen Lebens wahrzunehmen und zu benennen. Bei manchen löst das eher Widerstand aus. Man fühlt sich womöglich eingeengt und kann mit solch einer Identifikation mit einer Landschaft gar nichts anfangen. »Sind wir denn nicht alle Weltbürger?«, könnte jemand fragen. Entsteht aus solch einer Verortung nicht auch ein Heimatgefühl, das uns dazu bringt, andere Menschen auszuschließen oder als Bedrohung zu sehen? Gerade wir Deutschen haben in unserer Geschichte erlebt, wie Heimat missbraucht werden kann.

DIESE FRAGEN KANN ICH GUT NACHVOLLZIEHEN, denn Heimat ist ein vielschichtiger und doppeldeutiger Begriff.[3] In uns lebt eine Sehnsucht nach Zugehörigkeit, aber eben auch die sehnende Kraft, die uns aus einer gegebenen oder gefundenen Heimat aufbrechen lässt – zu neuen Ufern. Denn die Zugehörigkeit zu einem Ort, vor allem, wenn man sie nicht frei gewählt hat, zum Beispiel zum Ort der Geburt, kann auch zu einer Begrenzung werden, die ich durchbrechen will.

Der Ort, an dem ich geboren wurde, diese Heimat, war auch ein Ort der Enge und Resignation. Natürlich vor allem durch die gesellschaftlichen Einschränkungen in der DDR. So war meine ganze Jugend hindurch Berlin der Sehnsuchtsort, dem ich mich innerlich nahe fühlte. Mit dem Duft von weiter Welt und Abenteuer. Als ich dann dort lebte, empfand ich ein tiefes Gefühl von Zugehörigkeit zu diesem brodelnden, lebendigen Schmelztiegel von Kunst und Wahnsinn, Aufbruch und Scheitern. Noch heute ergreift mich ein Heimatgefühl, wenn ich am Hauptbahnhof aussteige. Auch meinen Geburtsort kann ich mittlerweile in Gefühle der Zugehörigkeit aufnehmen. Die Landschaft des unteren Odertals mit den weiten Feuchtgebieten, dem offenen Himmel und den vielen Wasservögeln und ziehenden Schwärmen hat eine Stimmung, eine Atmosphäre, die ich von innen her kenne. Entlang der Kanäle gibt es viele Schleusen, die in mir immer wieder als Bild auftauchen, wenn ich in Situationen des Übergangs und Wandels bin. Wenn mein Leben von einer Ebene auf die andere gehoben wird.

IN MEINEM LEBEN HABE ICH MIR immer wieder neue Orte als Raum der Zugehörigkeit erschlossen, habe meinen Berg, meinen Fluss, mein Meer neu gefunden. Diese Orte bleiben mir nicht nur im Gedächtnis, sondern sind irgendwie auch leiblich, genauer in meinen Zellen präsent. Seien es die kreativen Kieze in Kreuzberg oder Prenzlauer Berg, die dunklen Täler und lichten Höhen des Schwarzwalds, die sonnigen Weinberge rund um Freiburg, die hügelige Landschaft Oberbayerns, die dichten Wälder der Berkshires in der Nähe New Yorks, das südländisch-biedere Flair Münchens, das dörfliche Niederursel und der Taunus bei Frankfurt.

Die Verbundenheit mit den Orten des eigenen Lebens wird durch die schicksalhafte und frei gewählte Verwandtschaft mit Menschen begleitet. Ich bin eigentlich immer an neue Orte gezogen, weil dort Menschen waren, denen ich mich nahe fühlte und denen ich näher sein wollte, sei es eine Partnerin, Freunde oder eine Lebensgemeinschaft. Tatsächlich ist die *Freundschaft* ein zutiefst vertrauter menschlicher Lebensraum der Zugehörigkeit. Sie schöpft aus einem Erkennen und Erkanntwerden, das, wenn es sich einmal wirklich ereignet hat, ein Leben lang bestehen bleibt. Auch wenn man sich manchmal eine lange Zeit nicht sieht. Freunden bleibe ich treu, auch wenn sich Konflikte oder

Auseinandersetzungen zeigen. Freundschaft erfüllt sich über die Zeit, in der das Vertrauen wächst. Auch das Vertrauen, dass wir einander die eigene Verletzlichkeit und Fehlerhaftigkeit zumuten können. Dass der andere sie liebevoll aber auch aufweckend ehrlich benennt.

Ein Freundeskreis bildet einen lebendigen Raum der Wahlverwandtschaft, der uns das Leben immer wieder neu eröffnet und uns hilft, uns selbst zu wagen. Ich treffe mich jede Woche mit einem Kreis von Freunden, mit denen ich gemeinsam einen Weg des inneren Wachstums gehe. Seit vielen Jahren erforschen wir durch Meditation und Dialog, wie jeder von uns zu seiner wahren Blüte finden kann und wir gemeinsam ein Feld der Wandlung gestalten, das auch kulturelle Impulse setzt, wie zum Beispiel mit dem Magazin EVOLVE. Sowohl das gestärkte Feld gegenseitiger Ermutigung als auch jeder einzelne Dialog, in dem eine verbundene Zuwendung zueinander und zu den noch werdenden Möglichkeiten jedes Einzelnen und der Gruppe spürbar sind, gibt mir ein Gefühl von Beheimatung.

SOLCH EIN DIALOGISCHER RAUM war auch das Online-Treffen, von dem ich schon berichtet habe. Darin waren viele Menschen in ihrer lokalen Verwurzelung mit ihrem Berg, Fluss und Meer anwesend, aber wir waren auch global verbunden und bezeugten unsere gemeinsame Zugehörigkeit zur Erde. In einem anderen virtuellen Raum konnte ich diese Verbundenheit mit unserem Planeten vor einiger Zeit auch ganz leiblich erfahren. In einem Online-Neujahrs-Retreat begrüßten wir in der Nacht des Jahreswechsels – über 24 Stunden – das neue Jahr 2022, wie es sich über unseren Globus ausbreitet. Zuerst geschieht er ganz im Osten, in Neuseeland, und zieht sich dann um den Planeten in seiner Drehung, bis zuletzt Alaska und Hawaii den Wechsel vollziehen. Während wir so der Erdrotation folgten, wurden Texte, Lieder und Rituale aus den Zeitzonen, Kontinenten und Ländern eingespielt, denen wir gerade ein gutes neues Jahr wünschten. In diesem Prozess waren Menschen aus vielen Gegenden der Welt anwesend. Als wir den Umlauf beendet hatten, wirkte in mir ein verinnerlichtes Empfinden der Drehung der Erde im All und um die Sonne.

So fremd die Klänge und Worte anderer Kulturen zunächst sein mögen, sie sprechen auch etwas zutiefst geteiltes Menschliches an. Wir sind eine Menschheit auf einem Planeten. Auf einer Erde, die sich im Wechsel der kosmischen Rhythmen durchs All bewegt, ein lebendiger Organismus mit einem eigenen Atem, in dem alle Lebewesen schwingen und von dem sie ein Teil sind. Auch wir Menschen sind Wesen der Erde und auch die Kulturen, die wir gebildet haben, die Ideen, Klänge, Gedichte sind eine durch uns gewachsene Stimme des blauen Planeten. Wir alle sind seine Bewohner, oder vielmehr sind wir eine Lebensform der Erde. Wir *sind* Erde.

ES GIBT VIELE FORMEN VON VERWURZELUNG. Für die französische Philosophin Simone Weil ist Verwurzelung »das wichtigste und am meisten verkannte Bedürfnis der menschlichen Seele«. Denn »jeder Mensch braucht vielfache Wurzeln. Fast sein gesamtes moralisches, intellektuelles und spirituelles Leben muss er durch jene Lebensräume vermittelt bekommen, zu denen er von Natur aus gehört«.[4] Die vielen Dimensionen der Zugehörigkeit finden Ausdruck in der Dichtung. Die Poesie gibt unserem Eingewobensein in Landschaften und Beziehungen eine Sprache. Ein Gedicht widmet sich häufig einem Ort, einer Stadt, einem Menschen, widmet sich dem, dessen sich der Dichter, die Dichterin zugehörig fühlt. In poetischen Worten findet diese Beziehung Gehör und bestätigt ihr Sein. Wenn ich mich dichtend an einen Ort wende, dann ist dies selbst auch ein Prozess des Niederlassens an diesem Erdplatz. Indem ich wahrnehme, was dieser Wald, diese Steinformation, dieses Meer, diese Stadt, diese Fensterreihe in mir wachruft, erkenne und beschreibe ich meine Beziehung dazu – ja, sie bildet sich darin. Reift aus. Die Poesie in ihrer Fähigkeit, sich dem Anderen zuzuwenden, macht auch einen Ort, an den ich das erste Mal komme, zu einem Gegenüber, das ich kennenlernen möchte und der zu einem Mitwesen wird. Im Ansprechen, dem geheimen Flüstern mit der Atmosphäre, die mir hier begegnet, eigne ich mir diesen Ort an und werde doch gleichzeitig auch von ihm und durch ihn angeeignet.

Wie Geschwister unseres Daseins

SEHNSUCHT UND ZUGEHÖRIGKEIT SIND WIE GESCHWISTER unseres Daseins, wie Flügel und Wurzeln unseres Lebens auf dieser Erde. Oft sehnen wir uns nach Zugehörigkeit, aber damit unsere Verwurzelung nicht einengend, statisch oder leblos wird, braucht sie immer wieder den Aufflug des Sehnens, wohin er sich auch richten mag. Durch eine solche Beflügelung kann der Ort meines Lebens immer größer, offener, vielschichtiger werden, wenn ich innerlich neue Möglichkeiten erkunde, die Umgebung meines Seins tiefer wahrnehme oder mich in die globale Verbundenheit begebe, die uns heute dank des virtuellen Netzes von jedem Platz aus offensteht.

Im Englischen sprechen die Worte *longing* und *belonging* eine innere Verwandtschaft zwischen Verwurzelung und Beflügelung an. *Belonging* (Zugehörigkeit) ist hierbei eine Verbindung von *being* (Sein) und *longing* (Sehnsucht). Zugehörigkeit ist Sein in Sehnsucht. Oder man könnte sagen, die Zugehörigkeit eröffnet uns einen Lebensraum, in dem die Sehnsucht sein kann und das Sein sehnend bleibt. Wo die Sehnsucht Heimat findet und die Heimat zum immer wieder neuen Startpunkt des Sehnens wird. So erhält und behält das Heimatfinden die Offenheit, in einen nächsten Horizont hinein aufzubrechen. Die Verbindlichkeit, mit der ich mich einem Ort, einem Menschen oder der Erde zugehörig fühle, sorgt dafür, dass meine Sehnsucht Früchte trägt und Ausdruck findet. Wenn ich mein Leben betrachte, dann kann ich diesen dynamischen Prozess nachempfinden, in dem sich die Suche nach den Wurzeln immer wieder mit dem Ausbreiten der Flügel abwechselt oder beides einander auch überlagert. In manchen Zeiten gilt es, an einem Ort zur Ruhe zu kommen, dann wieder den nächsten inneren oder äußeren Horizont in den Blick zu nehmen, von einer weiteren Möglichkeit ins Herz der Zukunft genommen zu werden.

Wie das Leben, so schwingt auch die Poesie zwischen *Ankunft* und *Aufbruch*. Dichtung besingt die Orte, an denen wir ankommen oder aus denen wir kommen. Sie befragt sie auch nach ihrer Fähigkeit, neu oder noch Heimat zu sein. Die dichtende Sprache wurzelt, sie dringt in die Erde ein, auf der ich stehe. Oft, wenn ich ein Gedicht schreibe, lebe ich mich wacher in den Ort hinein und will eine Stimmung, die er in mir wachruft, oder ein Ding oder Wesen, das mir dort begegnet, zur Sprache bringen und ihm damit näherkommen. Poesie schöpft aber auch aus unserer menschlichen Sehnsucht und befeuert sie. In der Dichtung sind Wurzeln und Flügel kein Widerspruch, sondern sie bilden den Seinshorizont, in dem unser Leben aufgespannt ist. Aus der Weite der Spannung strömt die Energie des Lebens. Wenn mir die Wurzeln fehlen, dann werde ich heimatlos. Wenn mir die Flügel fehlen, dann werde ich fantasielos.

Eine *POETISCHE LEBENSKUNST* ist also ein Tanz in diesem Horizont, der sich zwischen Gegenwart und Ewigkeit aufspannt. In jedem Moment ist da der Ort, wo ich bin, den ich umfassender wahrnehmen kann. Auf den ich sprechend und handelnd antworten kann. Zugleich spüre ich einen Zug im Herzen, der mich über mich hinausruft, oder besser das, was ich bisher zu sein dachte. Ich komme ganz in der Gegenwart an, werde aber doch auch immer in ein noch mögliches Leben geöffnet. Wenn ich schreibe, spüre ich diese sanft ziehende Spannung. Ich bin ganz da und spüre das Dasein, sehe den Ort, an dem ich bin. Gleichzeitig zeigen sich Worte in mir, die wie aus einer Öffnung zu kommen scheinen, die mir noch nicht voll zugänglich ist. Es ist wie ein Ahnen. Auf diese Weise wird Schreiben für mich zur Heimat, in der ich immer wieder neu ankomme, um immer wieder neu herausgetragen zu werden an die Grenzen meines Seins.

JEDE TÄTIGKEIT, IN DER WIR UNS ALS TIEF ERFÜLLT erleben, hat diese Qualität – ist eine Heimat *im Tun*. Einem Schaffen, in dem wir der Wirklichkeit ganz nah kommen und sie gestalten können. Im künstlerischen Tun ist es besonders offensichtlich: Wenn du malst, ein Instrument spielst, eine Skulptur bildest – was es auch immer sei, du verortest dich in der Gegenwart und gibst dem, was jetzt ist, etwas hinzu. Etwas, das in deiner schöpferischen Fantasie gebildet wird. Du beheimatest dich im Jetzt durch dein Handeln, und zugleich weitest du dich darüber hinaus in den Horizont dessen, was noch werden will. Das Gefühl der Heimat im Tun kommt aus einer tiefen Teilhabe an der Wirklichkeit. Die Fremde und Unberührbarkeit wandelt sich zu Nähe und der beglückenden Erfahrung, etwas gestalten zu können.

Eigentlich ist diese Erfahrung in jedem Handeln, in jeder Arbeit möglich. Das ist das Gefühl, wenn man in einer Arbeit eine Berufung findet und erfüllt. Es ist traurig, wenn Arbeit nur mehr zu einem poesielosen Tun und Pflichterfüllen wird. Das liegt häufig an den Strukturen, in denen Arbeit heute organisiert ist, wird aber durch eine fantasielose Beziehung zum Tun noch verschärft. Als ich als Krankenpfleger arbeitete, hatte ich das Gefühl, dass mich der Umgang mit den Menschen, auch in existenziell schwierigen Situationen, den Grundfragen unseres Lebens näherbringt. Dieses Tätigsein war eine Verortung, und gleichzeitig erfüllte mich die Erfahrung, durch mein Handeln zur Heilung eines Leidens oder zu einem würdigeren Sterben beizutragen. Die Erfahrung, dass das eigene Tun bedeutsam ist, lässt uns im Dasein ankommen, immer wieder neu.

Auch im Handeln, das kein zweckgebundenes oder gestaltendes ist, kann Heimat aufscheinen. So im Sport, im Spiel oder in der leiblichen Liebe. Wenn ich durch die Landschaft laufe, ist es eine Verwurzelung zugleich im und durch den Leib, in dem ich mich bewege und auch an Grenzen gehe – wenn ich zum Beispiel im Winter das Laufen durch einen kurzen Sprung in den See unterbreche. Dann ist es so, als würde ich ganz elementar diesem lebendigen Wasser begegnen. Im Laufen entspannt und öffnet sich das Bewusstsein, hartnäckige Gedanken werden hinweggespült von der Intensität der Bewegung. Eine Zeit lang habe ich Crossfit trainiert, eine etwas verrückte Mischung aus Kraft- und Ausdauertraining. Auf jeden Fall so intensiv, dass ich nach den Übungen nur noch keuchend am Boden lag. Das Beglückende an dieser Intensität ist, dass das Bewusstsein keine Energie hat für ablenkende Gedanken. Das Tun nimmt mich ganz ein, fordert mich ganz. Der Leib ist ganz das, was er tut. Und das macht mich frei. Ich denke, hier liegt die Faszination jeder Art von Sport und Extremsport. Wir kommen aus unseren mentalen Ideenwelten wieder hinein und zurück in die *physische* Gegenwart und gehen in einem Tun auf. Wir machen eine Flowerfahrung, in der wir eins sind mit dem Fluss dessen, was wir tun. Und darin finden wir ein Gefühl des Ankommens – vielleicht deshalb, weil wir das *Hier* und das *Jetzt* so intensiv durchleben.

Orte der Begegnung

BEZIEHUNGEN BESTIMMEN UNSER LEBEN, geben ihm die besondere und ständig wechselnde Gestalt. Der Beziehungsraum, in dem wir in jedem Augenblick sind, kann somit auch zu einer Heimat werden. Es ist die Beziehung zu einem Ort, an dem wir leben, zur Natur, zu den Wesen, die uns umgeben, zur Landschaft. Es ist das Leben mit den Menschen, mit denen ich mein Leben teile und gestalte. Es umfasst den gesamten geschichtlichen, historischen, sozialen und politischen Kontext, in dem ich lebe. All dies wirkt hinein in mein In-Beziehung-Sein.

Poesie ist eine Sprache der Beziehung, sie lebt daraus, dass ich mich auf den Ort meiner Gegenwärtigkeit einlasse. Häufig versuchen Gedichte die Textur einer Beziehung zu beschreiben und bewusst zu machen. Ich kann mich im dichtenden Schreiben einer Beziehung versichern, sie ausloten. Kann eine verlorene Beziehung betrauern oder eine noch nicht geknüpfte ersehnen. Oder aber Kontakt aufnehmen mit dem, was in mir ist. Dichtung entsteht aus dem Ort des Bezogenseins. Deshalb wird in einer *POETISCHEN LEBENSKUNST* der Raum der Beziehung, in dem wir in jedem Moment leben, neu wahrnehmbar und gestaltbar. Wie so oft macht es uns etwas bewusst, das wir für selbstverständlich nehmen – nämlich, dass wir in Beziehung sind.

BEZIEHUNGEN KÖNNEN ZU EINEM ORT der Geborgenheit werden. Ich erlebe das ganz körperlich, wenn ich nach einem langen Tag in der Umarmung meiner Partnerin liege. In der wärmenden leiblichen Nähe atmet eine Urgeborgenheit, die mich hineinnimmt in einen tragenden Grund. Auch im Gespräch kann sich ein tragendes Einander-Verstehen zeigen, das mich beheimatet. Auch an einem Wohnort anzukommen bedeutet, körperlich und seelisch diese Beziehung aufzunehmen und auszubilden. »Hast du dich schon eingelebt?«, fragen wir dann, wenn jemand seinen Wohnort gewechselt hat. Was meinen wir damit? *Einleben* ist ein schönes Wort für die Aufnahme und Vertiefung des Kontakts. Ich lebe in die Welt, die mich umgibt, hinein, bin also nicht mehr außen vor – als Beobachter –, sondern mittendrin als Mitlebender und Mitgestalter.

Als ich mit Monika vor drei Jahren an den Chiemsee gezogen bin, ging ich durch diesen Prozess der Kontaktaufnahme, der noch andauert und sich weiter auffächert. Wenn ich heute diesen Prozess Revue passieren lasse, dann bemerke ich, wie er tatsächlich ein Hineinleben ist, in dem mich die Atmosphäre der Landschaft, der weite Blick in die Berge, die Jahreszeiten des Sees, die Menschen, denen ich begegnet bin, mein Wesen durchdringen. Ganz körperlich schwingt dieser Ort nun in mir, auch auf einer zellulären Ebene. Und es ist ja tatsächlich so, dass sich unser Körper durch die Luft und das Waser und die Nahrung unseres Ortes stofflich bildet. Dieses Durchdringen ist Heimat. Der Ort, an dem ich wohne, wird mir anverwandelt. Und ich werde der Landschaft anverwandelt. Mehr als ich sagen kann, hat mich die Stille sternklarer Nächte, die morgendliche Kühle des Sees, der ferne Blick auf die Gipfel auch innerlich verändert – weiter und stiller und lebendiger gemacht.

DER PROZESS DER ANVERWANDLUNG, des Entdeckens geht weiter. Und bildet einen erlebten Beziehungsraum, der gerade in der Zeit des Corona-Lockdowns noch intensiver spürbar war. Es kann ein kleines Abenteuer sein, die neue örtliche Umgebung kennen und lieben zu lernen, durch die Wege, Wälder und Wesen ein Gefühl der Zugehörigkeit zu finden. In ihrem Buch *Das Geheimnis deines Ortes* empfiehlt die Naturpädagogin Susanne Fischer-Rizzi den eigenen Lebensort, dessen landschaftliche Eigenheiten, dessen Geschichte tiefer zu erforschen.[5] Welche Tiere gibt es hier?

Welche Pflanzen und Pilze? Welche davon sind essbar? Woher stammen die Ortsnamen? Sie regt an, eine Karte der Umgebung zu zeichnen und immer weiter auszufüllen, um der Verortung eine spürbare Form zu geben.

Mir scheint eine solche Belebung und Bespielung des eigenen Ortes – sei dieser nun in der Natur oder mitten in der Stadt oder seien es auch mehrere Lebensorte – gerade in unserer digitalen Zeit eine wichtige Quelle der Zugehörigkeit. Dazu gehört für mich auch, dem Lebensort etwas zurückzugeben, für ihn zu sorgen. Das kann zunächst ganz einfach meine *Aufmerksamkeit* sein. Wie oft laufe ich durch den nahe gelegenen Wald oder zum See, ohne wirklich gegenwärtig zu sein? Wenn ich jogge, dann kann es leicht passieren, dass die Landschaft zur Kulisse wird, die meiner Fitness dient. Schon etwas berührbarer und aufmerksamer durch die Natur, die Stadt, die Straße oder ein Büro zu gehen kann dir die Umgebung vertrauter und näher werden lassen. Oft entdeckst du dann auch ganz neue Anblicke, die du zuvor übersehen hast. Solch eine tiefere, zugewandte Wahrnehmung lässt dich dann auch anders mit diesem Ort umgehen. Und wie du dich deiner Lebensumgebung erkenntlich zeigen kannst, dafür sind der Fantasie keine Grenzen gesetzt – die Vögel füttern, einen Garten anlegen, mehr regionale Produkte kaufen, ein Restaurant in der Nähe unterstützen, Kontakte in der Nachbarschaft pflegen, sich in einem Naturschutzprojekt engagieren und vieles mehr.

ES GIBT DARÜBER HINAUS AUCH VIELE MENSCHEN und Projekte, die unsere Verortung neu entwerfen wollen, beispielsweise in verschiedenen Formen von Gemeinschaften oder Ökodörfern, die auch global vernetzt sind und von denen es weltweit ca. 12.000 Initiativen gibt. Ein Leben in Gemeinschaft ist der Versuch, sich in einem sozialen Feld zu beheimaten. Auch mich zog es mehrmals zu einem Leben in Gemeinschaften, und ich habe es jedes Mal als besondere Bereicherung und Herausforderung erlebt. Mit einem Leben in Gemeinschaft wollen wir die Erkenntnis, dass wir als Menschen immer in Beziehung sind und dass Verbundenheit unsere wahre Natur ist, in eine konkrete Lebensform umsetzen. Was uns dann verbindet, ist nicht die familiäre Zusammengehörigkeit, sondern eine gemeinsame Vision des Lebens, die auf sozialen, ökologischen oder spirituellen Werten beruht. Es sind Beziehungen im Sinne einer Wahlverwandtschaft mit Menschen, die ein innerer Ruf verbindet.

GEMEINSCHAFTEN ENTSTEHEN AUCH aus einer tieferen Sehnsucht nach Zugehörigkeit, in der uns als Menschen etwas verbindet, das tiefer und weiter reicht als Familienbande oder eine bestimmte Herkunft. Wir haben die Kraft der Vision und Utopie schon kennengelernt, diese lebendigen Räume einer noch möglichen Zukunft können auch Zugehörigkeit stiften. Sei es eine gesellschaftspolitische, soziale, ökologische oder spirituelle Utopie, sie kann zu einer gemeinsamen Lebensquelle werden, um die herum wir uns versammeln wollen. Darin lebt der Wunsch, die Lebensform, die wir erahnen können, schon experimentell zu erproben oder zu entwickeln.

Als ich mich damals entschied, im Zen-Kloster zu leben, kam dies aus der Sehnsucht, einer Tiefendimension des Daseins, die ich in der Meditation erfahren hatte, mehr Atemraum zu geben. Zu erleben, wie diese tiefere Quelle den Alltag durchdringen kann. Wie sich daraus Beziehungen neu formen. Wie schwierig dieser Prozess sein kann, habe ich erlebt, wenn Konflikte, emotionale Wunden oder gegenseitige Vorwürfe die Beziehungen überschatteten. Es waren Kommunikationsformen wichtig, die immer wieder den gemeinsamen Raum der Sehnsucht eröffnen können. Von jedem Einzelnen forderte es, sich selbst zu reflektieren und sich auch zurückzunehmen – eine neu mögliche Harmonie oder Synergie zu finden. In einer solchen Haltung konnten die Konflikte eine *schöpferische Reibung* werden, die neue Ebenen der Kreativität und Intimität ermöglichten.

DURCH EINE GETEILTE VISION können unsere Beziehungen eine tiefere Quelle finden. Dann gründet die Zugehörigkeit, die wir in einer Beziehung mit einem Menschen erfahren können, zu dem wir tiefe Resonanz empfinden, zudem in der gemeinsamen Verwurzelung in einem lebendig-schöpferischen Lebensboden. Daraus kann auch die Beziehung immer wieder neu wachsen und blühen. Der jüdische Religionsphilosoph Martin Buber schreibt, jede echte Du-Beziehung ist eigentlich eine Dreier-Beziehung, weil in jeder wahren Beziehung immer noch ein Drittes anwesend ist.[6] Zwischen Ich und Du eröffnet sich ein dialogischer Raum, in dem das Geheimnis des Lebens wirken und wohnen kann.

Egal, wie wir dieses Geheimnis letztlich benennen, dieser Atem lebendiger Beziehung kann uns Heimat geben. Beziehung lebt in diesem Zwischenraum. Und sie lebt aus *Kommunikation*. Aus Gespräch. Für mich ist es in den letzten Jahren immer wichtiger geworden, dass auch das dialogische Gespräch zu einer Art Heimat wird. Vielleicht eben deshalb, weil sich in dieser Form des Sprechens ein lebendiger Zwischenraum aufspannt, in dem und durch den hindurch die Stimme des Lebens spricht. Und im Vernehmen und Antworten komme ich an, finde ich Heimat, finden wir zusammen fruchtbare Lebenserde.

ES IST EIN ÜBERRASCHENDES ERLEBNIS, dass sich der schöpferische Raum der *Begegnung* auch an virtuellen Orten zeigen kann. Die in der Corona-Pandemie immer häufiger werdenden Videokonferenzen sind ja eine eigentümliche Erfahrung: Wir sitzen jeder, jede in seinem, ihrem eigenen Raum – schauen einander an, das Gesicht unvermittelt einander zugewandt. Obwohl wir uns als kleine Videobildschirme sehen, sind wir alle jetzt in dieser Gegenwart anwesend. Wir teilen unsere Gegenwärtigkeit, und so entsteht auch ein Feld, ein Raum, ein Ort der gemeinsamen Gegenwart. Wenn ich mir dessen bewusst bin, dann bewege ich mich anders in diesem Raum, bewege dieses Feld anders. Ich schätze diesen Ort neu und lerne, darin zu leben. Durch die Fokussierung der Aufmerksamkeit auf die geteilte Anwesenheit erlebe ich immer wieder, dass im Dialog eine tiefe Nähe und ein kreativer Strom spürbar wird. Dass die dialogische Heimat auch hier *betretbar* ist.

JA, WIR KÖNNEN UNS MITTELS DER TECHNOLOGIE begegnen, auch wenn wir an verschiedenen Orten der Welt leben. Zu diesem globalen Ausgespanntsein unserer Verortungen gehört natürlich der vielschichtige Lebensraum, den wir durch E-Mails, das Internet und die sozialen Medien betreten. Auch dies sind Begegnungsräume – und Orte der Zugehörigkeit. Hier wird es zwiespältig für mich, weil die sozialen Medien uns suggerieren, dass wir dort »Freunde« treffen. Die Algorithmen von Facebook & Co sind so programmiert, dass wir uns dort »zu Hause« fühlen mögen. Weil wir aber nur die Inhalte angezeigt bekommen, die unserer Meinung und unseren Interessen entsprechen, kommen wir leicht in eine Filterblase, eine Echokammer. Solche Blasen und Kammern sind keine echte Verwurzelung, weil sie durch manipulative Absicht entstehen. Es sind künstlich konstruierte Räume, in denen wir uns möglichst lange aufhalten sollen, damit uns in dieser Online-Zeit Werbung verkauft werden kann. Davon leben die sozialen Medien und zeigen sich genau dadurch aber grundlegend unsozial. Durch die Art ihrer Verschaltung täuschen sie Beziehung, Freunde und Zugehörigkeit vor.

DAMIT MÖCHTE ICH DIESE MEDIEN aber nicht verteufeln. Auch ich pflege über solche Portale Kontakte und bin mit Menschen und Organisationen verbunden, mit denen ich eine Resonanz spüre. Wichtig aber ist, sich dieser Dynamik bewusst zu sein und zu wissen, dass echte Zugehörigkeit einen selbstverantwortlichen, lebendigen Bezug erfordert. Ich selbst merke, dass ich nach einigen Stunden Kommunikation über Videokonferenz, im Internet, in sozialen Medien oder über E-Mail wieder die Berührung des realen Ortes, der Landschaft, der lebendigen Natur brauche. Die Begegnung mit einem Menschen in leiblicher Präsenz in Berührung und Gespräch. Die Atmosphäre einer leiblich anwesenden Menschengruppe. Den Zwischenraum, wie er sich auch in Kunsterlebnissen, einem Konzert, einer Lesung, einer Theatervorstellung zeigen kann.

Eine *POETISCHE LEBENSKUNST* eröffnet die Bewusstheit im Umgang mit den vielen Orten unseres Lebens, den verschiedenen Formen unserer Zugehörigkeit. Gleichzeitig ist es auch so, dass eine poetische Haltung des verbindenden Spürens jeden Ort der Begegnung – wo auch immer und wie immer er beschaffen sei, und wenn er auch nur technisch vermittelt ist – uns erwärmen und beleben kann.

Der Tempel meiner reifen Einsamkeit

INMITTEN DER VERORTUNG IN DEN UMGEBUNGEN des Lebens bleibt doch in uns immer etwas unbehaust. So eng und umfassend unsere Zugehörigkeit leben mag, es bleibt auch eine innere *Einsamkeit*, in der wir nackt im Leben stehen. Der Tod, der Weg, den jeder von uns nur allein gehen kann, besiegelt diese Einsamkeit, die uns allein in eine innere Zugehörigkeit ruft. Zugehörigkeit braucht die Einsamkeit, um nicht statisch und erdrückend zu werden. Aus dieser Wurzel in sich selbst kann auch der Aufbruch aus Formen der Zugehörigkeit erwachsen, die nicht mehr zu uns passen oder einen größeren Lebensatem nicht mehr fassen können. Jede äußere Heimat kann zur Enge werden, brüchig. Sei es in einer Familie, in einer Beziehung, in einer Gruppe, in einer Denkweise. Wenn der Zugehörigkeit die Freiheit fehlt, wird sie zur Abhängigkeit.

In meinem Leben habe ich diese Einsamkeit immer wieder schätzen gelernt als den geschützten Raum, in dem ich mich neu finden und erfinden konnte. Und daraus auch eine neue Beheimatung. Gerade in der Jugend und im jungen Erwachsenenalter war mir diese Einsamkeit sehr vertraut, weil ich viele der Formen von Zugehörigkeit, wie ich sie in der Familie, unter Freunden oder in sozialen Beziehungen erlebte, als einengend empfand. So zurückgeworfen auf mich selbst entdeckte ich die Kraft der Poesie. Das poetische Schreiben wurde für mich zu einem Ausdruck meiner Suche nach einer tieferen, wahreren Zugehörigkeit, und gleichzeitig fühlte ich mich im schreibenden Suchen oder im suchenden Schreiben heimisch.

Die Suche nach Zugehörigkeit ist ein nie endender Prozess, um mich immer wieder neu zu verwurzeln. Der Dichter David Whyte nennt diesen Raum des suchenden Findens und findenden Suchens »den Tempel meiner reifen Einsamkeit«.[7] Reif ist die Einsamkeit dann, wenn sie es auf Beziehung anlegt – sich öffnet und gefährdet, aber selbst nicht verliert. Jede wirkliche Beziehung erfordert auch Einsamkeit, in der *Unabhängigkeit* und Freiheit pulsieren. Erfordert, neu und wagend den Schritt zu gehen, in den nächstgrößeren, umfassenden Bezug. Es ist das erweckende Paradox unseres Seins, dass wir in Beziehungen leben und gleichzeitig allein sind.

Vielleicht können wir nur wirklich in Beziehung sein, wenn wir allein sein können.

DIE EXISTENZIALISTEN UM ALBERT CAMUS und Jean Paul Sartre sprachen in Anlehnung an Heidegger von der »Geworfenheit« als Grundsituation des Menschseins. Denn wir sind als Menschen eben auch in dieses Leben geworfen – sind mit Leid, Krankheit, Verlassenheit, Langeweile, Schmerz und Tod konfrontiert. Das Leben kann uns auch fremd und unzugänglich werden, scheinbar ein Ort ohne Heimat. Es gehört zum Menschsein, auch diese Gefühle zuzulassen und nicht in oberflächlichen Geborgenheiten zu betäuben. Die Moderne, mit ihrer Entwicklung zur Individualität, hat uns als Menschen aus mythischen und religiösen Bezügen herausgelöst, uns als Einzelne befreit. Wir wurden in die *Mündigkeit*, in das eigenständige Erkennen und Gestalten der Welt entlassen. Aber damit auch in eine Welt, von der wir uns als abgetrennt empfinden können, geworfen in ein sinnloses Sein. Wie finden wir dann wieder Sinn in unserem Dasein? Die Existenzialisten führen uns hier zu der Möglichkeit, unser Leben selbst zu entwerfen und selbst mit Sinn zu erfüllen – ihm einen Sinn zu geben.

Auch wenn ich denke, dass sich dieser Sinn aus dem Verbundensein mit dem Leben selbst erschließt, finde ich das Durchgehen durch eine existenzielle Einsamkeit wichtig. Es zeigt, dass Gefühle wie Verlassenheit, Zweifel, Scheitern, Leid oder Schmerz immer auch Grenzerfahrungen sind, die uns zu uns selbst zurückführen, aber auch zu dem, was in uns als Anwesenheit des Lebens wirkt. In dem Erkennen, dass ich in dieses Leben auch »geworfen« bin, werde ich zurückgeworfen auf mich selbst und kann von diesem Ort der Unabhängigkeit und Freiheit eines auf sich selbst gestellten Ichs mein Leben entwerfen. Es wird ein Entwurf. Das bedeutet auch, dass ich in jedem Wurf meines Lebens, jeder Entscheidung, ganz in mir wurzele, aber gleichzeitig aus mir heraustrete. Ich werfe meine eigene Existenz in den Raum einer Zukunft, die ich nicht kenne. Die ungewiss, unbekannt und unverfügbar ist. Aber mir obliegt immer wieder neu der Wurf – auch auf etwas zu. Zu auf eine geahnte, erhoffte Zukunft, eine noch zu findende Möglichkeit. Vielleicht ist dieses Einsamsein im Grunde zutiefst aufgehoben im Wurf dieses Lebens. Und mein Ich nur ein Ausdruck des Lebens, durch den es sich entwirft.

So ist auch jedes Gedicht – und eigentlich jedes schöpferische Tun – solch ein Entwurf. Ein Wurf auf eine Zukunft hin und aus Sehnsucht und Freiheit heraus. Auch das Werfen eines Ankers, um Heimat im Leben zu finden. Das dichtende Werfen kommt häufig auch aus einer inneren Einsamkeit – auf etwas zu: eine Begegnung, eine Antwort, eine Resonanz.

DAS GANZE LEBEN IST EIN BESTÄNDIGES AUSWERFEN, in dem wir uns geben und hingeben. Und erhoffen, dass unser Sprechen und Tun auf eine Antwort trifft. Wenn diese Antwort ertönt, eine Resonanz hörbar wird, dann *ist* Heimat. Zugehörigkeit ist also auch die Erfahrung, dass ein Gespräch mit der Welt und ihren Wesen möglich ist, auch wenn es nicht immer gelingt und wir nie wissen, wie es sein wird. Denn wir können im Entwurf immer nur den Impuls geben, während das, wie Leben sich damit und oder darum formt, nicht in unserer Macht liegt. Das Überraschende und Wilde des Lebens ist ein Gespräch, in dem wir lernen, uns selbst zu hören, indem wir unsere ureigenste Stimme finden, und in dem wir gleichzeitig im Werfen auch hören darauf, wie das Leben diesen Wurf aufnimmt und erwidert.

Dichter sind häufig zuinnerst vertraut mit einer Einsamkeit, in der sie tief in sich nach Worten suchen, die die Welt ansprechen. Es können nicht die Worte anderer sein, es müssen, dürfen und sollen die ganz eigenen sein. In ihnen werden die Verse anderer Dichter nachhallen, aber poetisch wirksam sind sie, wenn sie aus der einzigartigen eigenen Tiefe mit einer unverwechselbaren Stimme erwachsen. Einsamkeit ist das Tor in eine *Einzigartigkeit*, in der meine Stimme und deine Stimme keiner anderen gleicht – ein Geheimnis. Und gleichzeitig können wir einander verstehen: In Gedichten, die geboren werden aus dem Herzraum eines Menschen, erkennen wir uns im Ringen des anderen wieder. Es wird etwas ausgesagt, das wir nie in Worte – oder in *diese* Worte – hätten fassen können. Aber es spricht uns darin etwas von innen her an. Resonanz.

WIR LEBEN ALS MENSCHEN alle aus demselben Geheimnis, das sich in unserer Individualität, unserem ungeteilten Ich-selbst-Sein in besonderer und zugleich universeller Weise zeigt. Wenn ich ganz zu mir selbst werde – das, was in meinem Ich als Möglichkeit angelegt ist, ausbilde –, verwirkliche ich die Frucht des Menschseins, die in mir wie in allen angelegt ist. Ein moderner Name dafür ist *Potenzialentfaltung*: Der Samen, der in uns liegt, will keimen und aufgehen und wachsen. Und dazu braucht es Ruhe und die Stille der Einsamkeit. Auch wenn sie manchmal an die Verlassenheit grenzt oder an die Ungewissheit über den richtigen Weg oder an die schmerzliche Sehnsucht nach Begegnung.

In dunklen Stunden reifen wir.

EINSAMKEIT IST FÜR EINE SOLCHE ENTFALTUNG lebenswichtig, um auch immer wieder die Bezüge der eigenen Zugehörigkeit kritisch zu beleuchten: Gehörst du noch hierher oder dazu? Willst du, darfst du es noch? Denn es gibt viele Varianten einer toxischen, vergiftenden Zugehörigkeit im Namen von Ideologie, Religion oder einfach Gewohnheit. Diese Form von Zugehörigkeit habe ich in meiner Kindheit und Jugend in der DDR erlebt, wo es das Allerwichtigste war, zu dem, was gesellschaftlich vorgegeben wurde, dazuzugehören. Der Preis dafür ist die Verengung oder

Erstickung der eigenen Individualität. In solch einem System eingeengter, vorgegebener Zugehörigkeit ist jeder potenziell gefährlich, der zu einer eigenen Stimme findet. Deshalb ist Einsamkeit oft auch die Begleiterscheinung eines eigenen Weges. Es ist ein Schritt in die Freiheit, um dann selbst die Horizonte der eigenen Verwurzelung zu wählen.

Komm an und entgrenze

Werde groß wie ein Wort
Und nenne es Ich

Immer wieder neu
Gesprochen

Eine Wurzel
Die emporwächst

Ins Nahe
Immernahe

KAPITEL 8

Damit er danken für alles lern – Dankbarkeit

Wenn ich mich dem Leben zugehörig erfahre, entsteht ein Empfinden von Dankbarkeit – nicht für etwas Bestimmtes, das mir geschenkt wurde, sondern, wie ich erkenne, für alles. Die ganze Existenz ist mir geschenkt. Und darin liegt ein unbedingtes Glück. In diesem Kapitel gehen wir der Kraft der Dankbarkeit nach und fragen nach einem sich annähernden Umgang mit den Dingen und Wesen unseres Lebens.

MEHRERE TAGE IN DER WOCHE meditiere ich am Morgen zusammen mit Freunden und Interessierten – es ist ein offenes Angebot. Wir sind verbunden über Videokonferenz und am Ende der gemeinsamen Stunde in Stille sagen wir dieses einfache und vielsagende Wort, das unsere Gegenwart in ein eigentümliches Licht hüllt: *Danke*. Es kommt eine Wertschätzung für die geteilte Gegenwart in den Raum unserer schweigenden Begegnung. Ich bin jedes Mal dankbar, weil wir einander unsere Präsenz und Aufmerksamkeit geschenkt haben. Wir haben einander daran erinnert, dass in uns ein schweigendes Geheimnis anwesend ist. Der Dank gilt den anderen Menschen, die sich auf diese Stunde der Stille eingelassen haben, aber er weitet sich auch noch darüber hinaus. Der Dank gilt dem Leben. Meditation ist insofern für mich auch eine Praxis der Dankbarkeit, weil ich mir bewusst werde, wie viel mir schon geschenkt ist, noch bevor ich etwas Bestimmtes habe oder bin oder will: in diesem Moment sein, das Kommen und Gehen des Atems spüren, die Lebendigkeit des Körpers wahrnehmen, das Singen der frühen Vögel, das Licht, wie es sich langsam in den Tag erhebt.

Ein Tag, den ich mit einem Dank beginne, lebt aus einer ganz besonderen Wurzel. Ein Tag, den ich mit einem Dank beende, indem ich mir Erlebnisse und Begegnungen vergegenwärtige, für die ich dankbar bin, lässt dieser Lebenszeit eine Frucht erwachsen. Der Dank verbindet mich so mit dem, was mein Leben ist, und öffnet den Blick in die Freiheit. Aus dem heraus, was mir gegeben ist, kann ich selbst zum *Schenkenden* werden. In seinem Gedicht *Lebenslauf* beschrieb Friedrich Hölderlin diese dankbare Haltung.

> **Alles prüfe der Mensch, sagen die Himmlischen,**
> **Daß er kräftig genährt, danken für Alles lern'**
> **Und verstehe die Freiheit,**
> **Aufzubrechen, wohin er will.[1]**

DANKEN FÜR ALLES ZU LERNEN IST, so könnte man sagen, eine der Grundlagen einer *POETISCHEN LEBENSKUNST*. In unserem gewöhnlichen Bewusstsein ist es oft so, dass wir danken, wenn wir etwas bekommen. Wenn wir Glück haben, das Leben es gut mit uns meint – was immer wir darunter verstehen mögen. Das ist eine *bedingte* Dankbarkeit, die sich einstellt, wenn uns etwas geschieht, das wir für erstrebenswert halten.

Eine Haltung jedoch, in der ich für *alles* danke, was mir das Leben zureicht, ist unbedingt und radikal. Sie reicht bis zur Wurzel des Daseins: Als lebendiges Wesen bin ich immer schon beschenkt, wie schwer oder leidvoll mein Leben für mich auch sein mag. Das Leben ist mir im Schenken immer schon einen Schritt voraus, weil ich da bin, ohne irgendeine Voraussetzung erbracht zu haben. Eine Voraussetzung-lose, unbedingte Dankbarkeit möchte dieser Grundsituation unseres Von-der-Welt-beschenkt-Seins gerecht werden und ihr Ausdruck geben.

Der Benediktinerpater David Steindl-Rast ist Bote einer radikalen Dankbarkeit.[2] Er veranschaulicht unsere gewöhnliche Lebenshaltung so: Wir versuchen, glücklich zu sein. Aus der Fülle dieses Glücks heraus – wenn wir es denn erreichen – können wir dankbar sein. Oder wenn uns etwas Gutes geschieht, wenn wir Glück *haben*, dann sind wir dankbar. Bruder David aber dreht die Lebensgleichung um und weist darauf hin, dass echtes Glück eine Blüte der Dankbarkeit ist. Wenn ich dankbar bin, dann wende ich mich der Fülle zu, die mir schon offensteht, und dadurch weite ich meinen Blick für das ganze Ausmaß der Fülle, die *da ist*. In der Dankbarkeit eröffnet sich die ganze Fülle des Seins noch einmal neu und grenzenlos.

ICH ERFAHRE DIESE BLICKUMKEHR jedes Mal als eine stille Revolution. Es gibt ja so viel, worauf ich hoffe, hinarbeite, was ich mir vorstelle und erreichen möchte. Und dann gibt es dieses leise Inne-halten: Ich atme, ja, ich atme. Ich spüre die lebendige, leibliche Anwesenheit, die ich jetzt bin. Ich sehe hinaus in die Welt: Alles ist da für mich. Der Wald und die Berge, der Himmel mit seinem dichten Wolkengeflecht und der Weg und die Wiese. Ich habe ein Dach über dem Kopf, kann mich ernähren, gehe einer Arbeit nach, die ich liebe, schreibe ein Buch, das mir am Herzen liegt. Bin verbunden in Freundeskreisen und liebender Partnerschaft. Nehme jetzt einen Schluck warmen Tee aus der Tasse, die mir ein Freund geschenkt hat. Noch lange, noch sehr lange könnte ich weitere Dinge, Menschen, Beziehungen, Gegebenheiten und Möglichkeiten aufschreiben, für die ich dankbar bin. Während ich dem nachgehe, mache ich mir bewusst, wofür ich Dankbarkeit empfinde. Und diese Dankbarkeit gibt mich dem Leben innig hin, darin geborgen. Von innen erfüllt und eingebunden in einen größeren, sinnvollen Zusammenhang. Und das ist Glück.

Glück ist also nur ein anderes Wort für Dankbarkeit, vielleicht ein anderer Aggregatzustand derselben Empfindung, im Leben immer schon willkommen, geborgen, beschenkt zu sein.

Auch mit der Gabe, zu diesem großen Geschenk mein eigenes Schenken beitragen zu können, in meiner unverwechselbaren Stimme.

Es kann zum Beispiel eine tägliche Übung sein, vor dem Schlafengehen die Dinge zu erinnern oder auch aufzuschreiben, für die du an diesem Tag dankbar bist. Vielleicht erlebst du dann auch, wie der Umfang des Dankenkönnens immer größer wird und nicht nur die schönen Dinge umfasst, sondern auch die schweren. Ich habe oft erlebt, dass ich für etwas, das ich als Herausforderung oder gar als Schicksalsschlag erlebte, später dankbar war, weil ich in dieser Situation in eine neue Möglichkeit hineinwuchs. Als sich eine langjährige Partnerin von mir trennte, war dies für mich wie der Zusammenbruch des Lebens, das ich mir ausgemalt hatte. Es war ein Unglück. Wenn ich heute darauf zurückblicke, bin ich auch dankbar für diese Erfahrung, aus der letztlich so viel inneres Wachstum entstand und sich ein neuer Lebenshorizont öffnete.

EINE RADIKALE DANKBARKEIT geht ganz auf den Grund unseres Daseins, das schon immer ein Geschenk ist. Wir sind als Menschen immer im Zustand des Beschenktwerdens. Dass wir hier sind – dass du und ich diejenigen sind, die wir sind –, ist ein Geschenk des Lebens an uns. Alles ist, so wie es ist, ein Segen. Wir können ganz dort ankommen, wo wir sind, und daraus selbst zu Schenkenden werden. Erst wenn wir das Leben als bedingungslos gegeben erfahren, kommen wir ihm auf den Grund, sagt uns die Lyrikerin Friederike Mayröcker.

was brauchst du? einen Baum ein Haus zu
ermessen wie groß wie klein das Leben als Mensch
wie groß wie klein wenn du aufblickst zur Krone
dich verlierst in grüner üppiger Schönheit

wie groß wie klein bedenkst du wie kurz
dein Leben vergleichst du es mit dem Leben der Bäume
du brauchst einen Baum du brauchst ein Haus
keines für dich allein nur einen Winkel ein Dach
zu sitzen zu denken zu schlafen zu träumen
zu schreiben zu schweigen zu sehen den Freund
die Gestirne das Gras die Blume den Himmel [3]

Nähe zu den Dingen

POESIE IST DANKENDE SPRACHE. Sie dankt aus sich heraus dem Leben, sie wendet sich den Dingen zu und befragt sie nach dem, was sie jetzt, in diesem einzigen Augenblick, *sind.* Die Poesie wendet sich der Welt zu, ist zugewandte Sprache, will dem, was ist, auf den Grund gehen. In der Poesie kommt die Welt zur Sprache. Aber nicht so, dass ich sie begreife, sondern so, dass sie mir darin gegeben wird, dass ich sie empfange.

Wenn ich für alles danken lerne, nehme ich das, was mir entgegenkommt – als Ding, als Gegenüber oder Schicksal –, mit offenen Armen auf. Auch wenn es wehtut und vielleicht auch etwas Zeit braucht, bis die Arme sich öffnen. Ich möchte so mit dem *anderen* sein, dass es dem Wesen dieses anderen entspricht. So, dass ich dessen Würde bewahre und es vielleicht durch meinen wertschätzenden Umgang damit noch stärker zum Leuchten bringe.

Eine *POETISCHE LEBENSKUNST* ist eine Praxis der Dankbarkeit, in der ich Innehalten übe, um das zu sehen, was mir als Welt jetzt anwesend ist und geschenkt wird. Ich wende mich dem Einfachen zu, dem Nahen und ganz Nahen, den Dingen. Die Poesie nähert sich den Dingen an, lässt sie durch die Dichtung hindurchsprechen, oder wie es Friederike Mayröcker beschreibt: »Ich bin verliebt in Dinge. Die Dinge sind meine Vertrauten und ich bin ganz nah an den Dingen.«[4] Jeden Tag gehen wir mit unzähligen Dingen um, unser Leben ist ein Umgang mit der Welt. Der dankbare Blick fragt: Wie gehe ich um mit der Tasse, dem Tisch, der Tür, mit allem, das mir gewohnt geworden ist. Der Bezug zu den Dingen erdet uns, bringt uns in die Gegenwärtigkeit. Mit den Händen berühren wir täglich so viele Dinge, behandeln sie. Aber wie? Mit wie viel Wachheit und Liebe?

Ich kann mich den Dingen nähern in einer liebenden Offenheit, kann sie in meinem Blick und in meiner Hand *zu sich* kommen lassen. Seit vielen Jahren begleitet mich ein kleines Gedicht von Graf Dürckheim, das eine solche liebevolle Nähe berührend zum Ausdruck bringt.

Es sind die kleinen Dinge,
die uns brauchen,
denn wir hauchen
alle Lebensringe
in sie ein.

Drum ergreift sie,
meine Hände,
so als bliebe
ohne euch
ein jedes Ding allein.[5]

DIE HÄNDE – VOR ALLEM DIE HÄNDE – erschließen mir die Gegenwart der Dinge, so wie ich tagtäglich unzählige Dinge in die Hand nehme. Poetisch verstanden, ist das eigentlich ein sakramentaler Akt, ein Ding in die Hand zu nehmen. Hier begegnet mir die Welt in der Form dieses Stiftes, dieser Tasse, dieses Hammers. Wenn ich solch ein Ding in die Hand nehme, gehe ich damit um. Durch die Hand weiß mein ganzer Leib, wie er sich mit diesem Gegenstand verhalten kann, mit ihm so umgeht, dass er nicht mehr *allein* ist, sondern zu sich kommt, zu dem, als was er gemeint ist.

EINE INNIGE NÄHE ZU DEN DINGEN ERFAHRE ICH besonders intensiv, wenn ich bei einem Retreat einige Tage in Meditation und Stille verbringe. Dann geht es mir immer wieder so, dass ganz gewöhnliche Gegenstände, wie die Schale zum Essen, eine Blume auf dem Tisch, eine Türklinke in der Hand plötzlich so ganz unmittelbar und intensiv anwesend sind. Ich erinnere mich noch gut an die zeremoniellen Mahlzeiten während eines Zen-Sesshins. Dabei isst man auf dem Meditationsplatz, anschließend an lange Phasen der Meditation. Noch so durchtränkt von der Stille habe ich das Bereiten der Essschalen als einen lebenden Umgang mit den Dingen erlebt, das Servieren als einen Tanz der wertschätzenden Begegnung und das Essen selbst als einen Dank für die Nahrung, die mir hier geschenkt wurde. Als einen Dank dafür, so am Leben sein und daran teilhaben zu können.

Der Zen-Dichter Ryōkan verkörpert für mich die liebende Nähe zu den Dingen besonders eindrücklich. Er lebte um 1800 in Japan und verbrachte viele Jahre in einer Einsiedelei in den Bergen. Bekannt war er dafür, dass er mit den Kindern des Dorfes spielte und sich den Wesen und Dingen seiner Umgebung mit herzenswarmer Hinwendung öffnete. Die Frage nach der Essenz des Buddhismus beantwortete er einmal in einem Gedicht so: »Alle Dinge sind im Herzen.«[6] Es gibt viele Geschichten und Gedichte, die diese Haltung verdeutlichen, wie ein Gedicht, in dem er sich um seine Bettelschale sorgt, die er am Wegesrand liegen gelassen hat und die wohl nun einsam ist. Auch einer Vase widmet er einige zärtliche Zeilen.

Meine neue Vase
Von jetzt an
Wird dich nicht einmal
Die kleinste Staubflocke
Belästigen;
Tag und Nacht in meiner Fürsorge
Wirst du nie mehr einsam sein.[7]

SEINE HERZENSNÄHE ZU DEN DINGEN spricht auch aus dieser Geschichte: Einmal war Ryōkan bei einer befreundeten Familie zu Gast und fand im Feuerholz einen schönen Deckel aus Zedernholz, der zum Reistopf des Hauses gehörte, aber nun weggeworfen wurde, weil er einen Riss hatte. Ryōkan hatte Mitgefühl mit dem kaputten Deckel und versah ihn flugs mit einer Kaligraphie – mit den drei Schriftzeichen für Herz, Mond und Harmonie. Damals war Meister Ryōkan schon bekannt und eine Kalligrafie vom ihm ein wertvolles Gut, weshalb die Besitzer die Zeichen in das Holz eingravieren ließen. Und so blieb der Deckel erhalten und fand eine neue Verwendung.[8]

Der geschenkte Gesang

EINE SÄNGERIN STEHT IM MUSEUM und wartet auf vorbeikommende Besucher. Sobald jemand bei ihr verweilt, singt sie ein Lied, allein für diesen Menschen. *Sonic Blossom* heißt diese Aktion, konzipiert von dem Künstler Lee Mingwei. In einem Interview, das ich mit ihm führen konnte, spricht er über die Wirkung des geschenkten Moments, der sowohl den Zuhörer als die Sängerin in eine tiefe Rührung versetzt. Der Zuhörer ist bewegt davon, dass der Gesang allein ihm gilt. Der Sängerin kommen Tränen, weil sie in dieser direkten Kommunikation erlebt, wie ihr Gesang wirkt. Beide sind verbunden in einem geteilten Augenblick. Geben und Nehmen werden hier zum Geschenk, aus dem ein Dank geboren wird. »Es ereignet sich«, so Lee Mingwei, »ein extrem kraftvoller und zärtlicher Austausch von Geschenken zwischen diesen zwei Menschen. In gewisser Weise gibt es in ›Sonic Blossom‹ keine Machtstruktur, weil beide gleichzeitig Gebende und Nehmende sind.«[9]

DANKBARKEIT UND GESCHENK sind Qualitäten, die jeder persönlichen Beziehung ein besonderes Leuchten verleihen. Der andere Mensch wird nicht zum Objekt, Konkurrenten oder jemandem, den ich überzeugen, manipulieren, ausnutzen will, sondern zum Du – ein Du, das mir geschenkt ist. Wie *anders* ist ein Gespräch, wenn es aus dem Fluss des Schenkens – des Sprechens und Zuhörens lebt. Die Beziehungsform des Schenkens hat aber nicht nur eine private Relevanz, sondern eröffnet auch einen neuen Blick auf unseren gesellschaftlichen Umgang miteinander und mit der mehr-als-menschlichen Welt. Wie *anders* werden wir miteinander und mit dem Lebendigen umgehen, wenn wir es als Geschenk erfahren und vergegenwärtigen?

In einer kapitalistischen Wirtschaft gestalten sich unsere Beziehungen vor allem auch im Kontext des Warenaustauschs. Was bekomme ich von dir? Was gibst du mir für das, was ich dir gebe? Unsere Denkweise folgt darin einer Logik des Geldes, die alles in der Welt mit einem Preis belegt und damit vermeintlich den Wert misst. Dann hat aber all das, was nicht durch Geld bepreisbar ist, keinen Wert mehr: Beziehungen, Bäume, Landschaften, Eisbären, Bienen – oder auch ein Gedicht oder ein Gesang. An diese Denkweise haben wir uns so gewöhnt, dass eine Alternative unmöglich oder unrealistisch erscheint.

Wenn wir aber die poetische Wahrheit vom Geschenk der Welt ernstnehmen, kommen wir zu anderen Formen des Umgangs miteinander und mit der Welt. Es gibt den Begriff der *Allmende*, der besagt, dass unsere Lebensgrundlagen wie Boden, Luft, Wasser eigentlich in die Hände aller gehören und nicht das Material für geschäftliche Kontrakte sein sollten. Allmende hießen im Mittelalter gemeinschaftlich geführte Felder außerhalb von Ortschaften. Und eigentlich ist *alles*, was wir als Natur erleben und bewohnen, solch ein Raum, der uns allen gehört, *allen* Lebewesen. Für dessen »Schonen« wir damit aber auch *alle* verantwortlich sind.

IN DER WELT DES LEBENDIGEN ist Geben und Nehmen das weit verzweigte und vielschichtige Geflecht der Wechselwirkungen zwischen den Wesen. In einer Vielzahl von Symbiosen entwickelt sich das Leben in Gegenseitigkeit. Der Baum verdankt sein Leben dem Boden und seinen Mikroorganismen, wenn er seine Blätter verliert, nährt er den Boden, und wenn er einmal stirbt, wird er selbst zu Humus werden. Aber auch in der Kultur und der Kunst lebt das Wesentliche in der geschenkten Beziehung. Wenn ich ein Gedicht schreibe, ist es ein Geschenk. Aber ich empfange auch – ja, mir werden Worte gegeben, das Empfundene auszudrücken. Wenn jemand diese Zeilen liest, ist seine Aufmerksamkeit ein Geschenk für mich, für meine Worte. Aber wenn sie diesen Menschen berühren, sind sie ein Geschenk für ihn oder sie. Poetische Beziehung ist in diesem Sinne ebenso ein viel verzweigtes Netz der Wechselwirkung.

INDIGENE KULTUREN HABEN aus dem Erkennen der wechselseitigen Natur des Lebendigen *Tausch*beziehungen gestaltet, die noch heute auf gegenseitigen Geschenken basieren. In unserer

Marktwirtschaft werden Beziehungen zwischen Objekten geknüpft, die einen bestimmten Geldwert haben, durch den wir sie »tauschen« können. In einer Schenkökonomie werden Beziehungen zwischen Menschen gebildet, die dadurch ein soziales Netz der Unterstützung flechten. Hierbei ist das Geschenk dann auch ein Zeichen einer sozialen Stellung, Wertehaltung oder Kompetenz.

Der Dichter und indigene Denker aus der Tradition der Aborigines Tyson Yunkaporta erklärte uns in einem Interview für eine EVOLVE-Ausgabe über den Mythos des Marktes: »In unseren indigenen Ökonomien besteht der Wert des Austausches in der Beziehung, die geschaffen wird. Durch Austausch entsteht Bindung: Jetzt ist man in einer Beziehung und fühlt sich einander verpflichtet. Ursprünglich war dies ein beziehungsorientiertes Kreditsystem, in dem sich Beziehungen des Austausches und der gegenseitigen Hilfe entwickeln. Es gibt Soll und Haben untereinander und innerhalb dieser Beziehung, aber es ist kein auf Schulden basierendes System. Die Verpflichtung besteht gegenüber der Beziehung und der Wert ist als Eigenwert darin enthalten.«[10]

ES GIBT SOLCHE FORMEN des beziehungsbildenden Austauschs auch bei uns, wenn wir an die ehrenamtliche Tätigkeit denken. In meiner Arbeit im Hospiz habe ich viele Menschen erlebt, die ihre Zeit dafür gegeben haben, den Sterbenden zu helfen. Aber oft fühlten sie sich beschenkt, durch ein Lächeln oder das Gefühl, etwas Sinnvolles zu tun. Ähnlich erlebe ich die Zusammenarbeit mit vielen ehrenamtlichen Helfern beim EVOLVE-Magazin, die Texte übersetzen oder korrigieren. Auch sie fühlen sich beschenkt, weil sie von den Inhalten inspiriert sind und ein Magazin, das ihnen am Herzen liegt, unterstützen können. Auch im ganzen Bereich der Open-Source-Initiativen wie WIKIPEDIA geben Menschen ihre Zeit und Kompetenz, um gemeinsam ein Projekt zu verwirklichen, das ihnen wichtig ist. Werte, die hier getauscht werden, sind nicht Geld, sondern Beziehung und Sinn.

In Experimenten mit Regional- oder Komplementärwährungen wird versucht, andere Formen des Geldes zu schaffen, die auch Beziehungen oder bestimmte Werte stärken. Wenn jemand hier im Chiemgau mit dem »Chiemgauer« zahlt, dann schwingt darin auch ein Bekenntnis zur regionalen Verbundenheit mit, weil Unternehmen aus der Umgebung dadurch unterstützt werden. Oder es gibt Projekte, die Beziehungsbildung in wirtschaftliche Prozesse integrieren wollen. Bei EVOLVE experimentieren wir seit einiger Zeit auch mit einer Idee, die wir als »EVOLVE-Geschenkkreislauf« bezeichnen. Darin sehen wir zum Beispiel eine Veranstaltung als Geschenk, das wir mit anderen teilen, und laden ein, dafür etwas zu geben. Das kann natürlich Geld sein, aber auch Unterstützung in anderer Weise, zum Beispiel eine Weiterempfehlung oder ehrenamtliche Arbeit. Eine andere Initiative in diesem Sinne ist der *Vermögenspool,* bei dem Menschen Geld in Projekten anlegen, ohne davon Profit zu erwarten.[11] Oft entstehen dadurch Gemeinschaftsgründungen mit ökologisch-sozialem Hintergrund. Menschen legen zusammen, was sie haben – viel oder wenig –, um eine Vision Wirklichkeit werden zu lassen, an der sie dann zum Beispiel als Mitbewohner teilhaben. Auch hier verschwimmen Geben und Nehmen, Schenken und Empfangen in einer lebendigen Wechselwirkung.

Eine *POETISCHE LEBENSKUNST* öffnet uns das Tor in eine Welt, die immer schon aus gegenseitigem Schenken entsteht. Und darin werden wir Schenkende und Beschenkte zugleich. Und weil wir uns durch Geben und Nehmen in vielfache Beziehungen einweben, werden wir heimisch in der Welt.

Wenn du mir gibst
Was du bist

Nimmst du
Was aufscheint

Ein Stern nähert die Frühe
Und wir folgen dem Schweif

Lebenslang
Senkt er sich

In unsere offenen Hände

KAPITEL 9

In der Familie von allem – Verbundenheit

Verbundenheit ist wohl nur ein anderes Wort für Zugehörigkeit. Auf vielen Ebenen stehen wir in jedem Moment in zahllosen Wechselbeziehungen mit dem Lebendigen – anderen Wesen, anderen Menschen, unserer kosmischen Geschichte, unserer Menschheitsentwicklung. Und die Poesie lebt aus dieser Verwobenheit, spricht sie an. In diesem Kapitel lote ich die Bereiche der Verbundenheit aus, wie sie sich in der Evolutionsforschung, in der Ökologie und Quantenphysik zeigen.

IM LETZTEN SOMMER VERBRACHTE ICH EINIGE TAGE auf der *Gjaid Alm* im Dachstein-Massiv. Von der wunderbar gelegenen Berghütte, die im schützenden Kessel der Alm erbaut wurde, führen Erkundungswege zum und um den Dachstein-Gletscher. Ich erinnere mich noch gut an eine Wanderung, die Monika und mich zunächst über die felsige Hochebene mit den Latschenkiefern und den blühenden Alpenblumen führte. Wieder war ich berauscht von dieser Pracht, die dort oben auf fast 2.000 Metern im kargen Stein einen Teppich von Farben ausbreitet. Als biologische Erklärung las ich, dass die Blumen wegen der wenigen Insekten in dieser Höhe besonders viel Liebreiz aufbringen müssen, um die Bestäuber anzulocken. Aber mich berührte unmittelbar dieser Kontrast der schroffen Bergwelt zu der Zartheit, der Fülle von Formen und Farben der Blüten, die zu Begleitern auf unseren Wegen wurden und immer wieder neue Gemälde in die Landschaft legten.

Auf unserer Wanderung kamen wir auch durch eine Senke, die bekannt dafür ist, dass dort Murmeltiere leben. Nachdem wir eine Weile gegangen waren, sahen wir in etwa 30 Meter Entfernung einige von ihnen vor einer Höhle sitzen. Es waren einige Jungtiere, über die ein ausgewachsenes Tier wachte. Als wir die scheuen Tiere beobachten konnten, war es, als würde das Wesen dieser Bergwelt uns einen Einblick in ihr Inneres geben. Als wir weiterwanderten, sahen wir bald weitere Bergbewohner, ein Rudel Gämse, das noch gut erkennbar den Abhang hinunterlief. Tiere so in der Wildnis zu sehen, erfüllt mich immer mit einem Gefühl, dem Leben, das ich selbst bin, in anderer Form zu begegnen. Ich spüre dem Verwandtsein nach, wenn ich die Gegenwart einer anderen Kreatur auf mich wirken lasse.

Nach einiger Zeit kehrten wir in einer Berghütte ein. Es ist eine Erfahrung, die ich häufig in den Bergen mache: Menschen begegnen sich hier anders. Irgendwie sind Unterschiede wie Herkunft, Alter oder Beruf unwichtiger, die Nähe zu den Bergen verbindet mehr. Als würden die Berge selbst dann mit ihrer Aura in die Beziehung einfließen. Man duzt sich und berichtet von den Hürden und Entdeckungen des Weges. Eine Einfachheit zieht ein ins Gespräch, das Gefühl einer tiefen menschlichen Verwandtschaft in einer gemeinsamen Liebe für diese Landschaft und das, was darin lebt.

VON DORT AUS STIEG ICH ALLEIN WEITER ins Hochgebirge, dorthin, wo die farbigen Blumen seltener werden und nur noch das Gestein die Welt bestimmt. Oft denke ich auf solchen Wegen daran, dass dieses Gestein einst auf dem Grund von Meeren lag, dass der Druck tektonischer Platten es zusammendrückte und die Gesteinsmassen nach oben schob, um das zu bilden, was heute die Alpen sind. Die Erdgeschichte, die Entwicklung unseres Planeten über viele Millionen Jahre, wird darin so erlebbar. In mir schwingt dieses andere Gefühl von Zeit und Raum. Wie lange der Prozess verlief, der mich zu dem werden ließ, was ich heute bin. Und wie viele Wesen und Kräfte daran teilhatten.

Angekommen auf dem Gipfel des Großen Kreuzes mit Blick auf Hohen Dachstein, Mitterspitz und Torstein, die in einer wunderschönen Dreifaltigkeit über dem Gletscher thronen, genoss ich den Blick in die Weite. Als ich diese Unendlichkeit in mich aufnahm, spürte ich, dass ich ein lebendiger Teil dieser großen Entfaltung bin, Teil der ganzen Erdwerdung: Gestein bildete sich, dann die Meere, in denen das Leben begann, eine Atmosphäre, die Pflanzen entstehen ließ und die Tiere, die den grünen Planeten bewohnen und prägen. Und all das in einem ständigen Prozess des *Wandels* und der *Entwicklung*, in dem der Grund der Meere sich in den Himmel hinaufschob zu Bergen, die immer noch wachsen – jedes Jahr 1,8 Zentimeter. Aus dem Tierreich heraus entstanden wir als Menschen, die nun hierherkommen in die Wildnis der Berge, um näher zu empfinden, wer wir eigentlich sind: Wesen in diesem unendlichen Strom. Wesen, die aber auch dafür verantwortlich sind, dass der Dachstein-Gletscher jedes Jahr schrumpft und an einigen Stellen bereits unwiederbringlich verloren ist.

SO IN KONTEMPLATION VERSUNKEN, wurde es schon spät und ich hatte noch einen langen Rückweg vor mir, der auch nicht ungefährlich war. Hoch über dem Gletscher musste ich auf schmalen Graden entlangkriechen und an angebrachten Seilen absteigen. Ich wusste, dass hier ein falscher Schritt den Tod bedeuten kann. Dabei wurde mir unsere geschöpfliche Zerbrechlichkeit nur allzu bewusst. Immer wieder nahm ich einen Stein in die Hand, um dem Berg noch etwas näher zu sein und mit ihm zusammen den sicheren Tritt zu finden, mich gut leiten zu lassen. Erst nach langer Zeit begegnete ich zwei anderen Wanderern – so weit oben ein willkommener Moment: ein paar Worte wechseln und einander einen guten Weg wünschen. Im Bewusstsein des Bedrohtseins hier oben war für mich dabei eine gewisse Liebe spürbar, in der Fremdheit und Unberechenbarkeit der wilden Bergwelt Menschengeschwister zu treffen.

Der Abstieg dauerte länger, als ich dachte, und ich spürte langsam, wie mir die Kraft ausging und meine Füße schmerzten.

Ich konnte bald an nichts anderes mehr denken als an den nächsten Schritt. An den starken Durst, denn ich hatte kein Wasser mehr. Mit zunehmender Zeit wurde mein Empfinden *instinktiver*, ich fühlte mich immer mehr als Tier. Die Grundbedürfnisse, etwas zu trinken zu haben und vor der Nacht in Sicherheit zu sein, stiegen in mir auf. Auch die Angst, es vielleicht nicht zu schaffen und dann mit dem Handy Hilfe holen zu müssen – sofern es noch genug Akku-Kapazität und überhaupt Empfang hätte.

LANGSAM WURDE ES DUNKLER. Zum Glück war der Abend sternenklar und der Mond fast voll. Schließlich musste ich den letzten Abschnitt meines Weges in seinem Licht zurücklegen, obwohl ich kaum mehr gehen konnte. Aber ich war unendlich dankbar für das nächtliche Mondleuchten, ohne dessen Hilfe ich den Weg nicht hätte finden können. Es war ein *archaisches* Gefühl, wie ein Mensch früherer Epochen darauf angewiesen zu sein. Gütige Quelle des Lichts. In mir spürte ich eine Nähe zu dem Gestirn. Mir schien, dass ich, so gebadet in seinem Schein und so sehr davon abhängig, mit ihm zusammenwuchs, ja zusammen ging. Der Mond war nicht dort oben und ich und die dunkle Hochebene nicht hier unten, es war ein irdisch-kosmisches Ganzes, das auch in mir lebte, sich in mir fortsetzte, mich einbezog.

Erschöpft kam ich auf einer Anhöhe an und machte kurz Rast. Der Mond war jetzt hinter einer kleinen Wolke verborgen, und so traten die Sterne, die schon die ganze Zeit sichtbar waren, noch klarer hervor. Für einige Minuten schaute ich in die glänzende Pracht über mir und verweilte mit diesem Empfinden von Erhabenheit: Alles, was Leben ist auf der Erde, kommt aus dieser kosmischen Heimat, ist damit zuinnerst verbunden. Alle Elemente, aus denen der Kalkstein, die Alpenblumen, die Murmeltiere und die Menschen gebildet sind, entstanden in der evolutionären Entfaltung. Unsere Erde liegt in einem Seitenarm der Spiralgalaxie der *Milchstraße*, deren dunstigen Streifen ich immer deutlicher über mir sah. Es war ein kosmischer Moment der Verbundenheit, in dem ich spürte, wie alles Leben des einen Universums zusammenwirkt. Ein großes Ganzes, dessen Ausmaße unser Fassungsvermögen übersteigen.

Gern hätte ich noch länger so gesessen, aber mir wurde kalt und ich wusste, dass sich Monika schon um meine Ankunft auf unserer Alm sorgte. Auch ich spürte eine Vorfreude auf das Ausruhen, den Geschmack eines kühlen Weißbiers, ein deftiges Hüttenessen, die Umarmung meiner Liebsten. Und als ich nach den letzten Wendungen des Weges endlich dort ankam, empfand ich eine tiefe Erleichterung, war aber auch durchdrungen von dem dankbaren Gefühl, dem lebendigen Zusammenhang des Seins so nahegekommen zu sein wie auf dieser Wanderung. Wie durchströmt von Wind und Erde, Gestirnen und Mondlicht fühlte ich mich. Das alles war in mir – und ich darin. Auch jetzt noch, wo ich mich niederließ und merkte, dass ich meine körperliche Grenze wohl etwas überschritten hatte. Gar nicht lange, da erfasste mich ein Schüttelfrost, der sich durch keine Decke und kein warmes Getränk lindern lassen wollte. Erschöpft sank ich schließlich ins Bett, aber nicht ohne durch das kleine Fenster im Zimmer der Hütte noch einmal den Berg anzuschauen, auf dem ich lange Stunden gewesen war. Den Mond, der mich nach Hause geführt, die Sterne, die mich innerlich geweitet hatten. Um ihnen zu danken, ja dem Leben zu danken. Auch dafür, dass ich heil den Abstieg geschafft hatte.

AM NÄCHSTEN TAG FUHREN WIR mit der Seilbahn das Dachstein-Massiv hinunter und blieben noch einen Tag in Hallstadt, einem kleinen Örtchen am Hallstädter See, das wegen seiner besonderen Lage bei Touristen aus aller Welt bekannt ist. In China wurde es sogar originalgetreu nachgebaut, damit die Menschen, die sich eine so lange Reise nicht leisten können oder wollen, das kleine österreichische Dorf sehen können. Abgesehen davon ist Hallstadt aber auch deshalb besonders, weil die Zeit seiner Besiedelung sehr weit zurückreicht. Wegen der Salzvorkommen ließen sich schon vor 7.000 Jahren hier Menschen nieder und gelangten im Laufe der Geschichte durch den Handel mit dem »weißen Gold« zu Reichtum und Einfluss. Wegen dieses Einflusses und bedeutender Ausgrabungsstädten in den Salzbergwerken, in denen die Funde besonders gut erhalten geblieben sind, wurde Hallstadt namensgebend für eine europaweite Kulturepoche.

NACHDEM WIR SO INNIG in die Entfaltungsgeschichte der Natur eingedrungen waren, erlebten wir hier die Aura unserer menschlichen Herkunft, die so weit zurückreicht. Der frühen Menschen, die wohl, so wie ich tags zuvor, staunend die Sterne betrachtet und langsam gelernt hatten, die Natur zu nutzen und Werkzeuge zu verwenden. Die sich in Mythen der Kraft der Elemente anzunähern gesucht hatten, die sich behaupteten und ausbreiteten, Reiche errichteten und Kriege führten. Menschen, die langsam immer mehr gelernt hatten, »Ich« zu sagen, die Götter und später den einen Gott anbeteten, sich eine Moral gaben und ihre Religion immer weiter verbreiteten. Bis einige – in jüngerer Zeit – dieser Religion nicht mehr trauten und die Natur selbst erforschen wollten. Mit der Geburt der Wissenschaft begann schließlich der Siegeszug der Moderne, indem der Mensch immer mehr zu seiner Freiheit fand – sich dabei aber auch vom Lebendigen trennte.

WEIL DIE NATUR VOR ALLEM ROHSTOFF und Ressource wurde, liegt sie heute verwundet da. Artensterben, Klimakrise, Verschmutzung der Weltmeere werfen uns auf die Erkenntnis zurück, dass wir nicht überleben werden, wenn die lebendige Mitwelt zerstört wird. Da erkennen wir, dass wir eben doch nie wirklich getrennt waren von diesem lebendigen Zusammenhang, der uns hervorgebracht hat und in uns lebt. Dass wir nicht getrennt sind vom großen Strom der kosmischen Entfaltung vom Nichts zu Materie und Energie, zur steinigen Erde, zum Leben der Biosphäre bis hin zum Bewusstsein – aus und in dem ich jetzt schreibe und du jetzt liest. Aber eigentlich schreibt und liest, spricht hier *das Leben* selbst *mit sich*, wird sich seiner selbst durch uns bewusst.

Gegeben, um zu werden

ALLES, WAS IST, IST UNS GEGEBEN. Ist uns gegeben *worden*, es ist uns im Werden gegeben. Wir selbst sind uns im Werden gegeben. Wir sind keine statische Form, sondern ein sich entfaltender Prozess. Und alles andere auch. Ein Prozess mit allem, eine Entfaltung von allem, die, soweit wir wissen, vor 13,8 Milliarden Jahren ihren Ausgang nahm – als *nichts* zu *etwas* wurde. Und was für ein *Etwas*! Es wurde zu allem. Zu mir. Zu dir. Zum Meer und zum Mond, zum Baum und zum Berg, zum Igel und zum Iltis, zur Fabrik und zum Fahrrad, zum Gedicht und zum Gedanken, zum Krieg und zur Krise.

Es ist eine der Grundtatsachen unserer Existenz, dass das Leben in all seinen Dimensionen ein ständiger Fluss, stete Entfaltung und Bewegung ist. Wissenschaftlich fand diese Erkenntnis ihren Ausdruck in der Entdeckung der *Evolution*. Alles Lebendige und damit auch wir selbst sind in einem riesigen, alles umfassenden, komplexen, andauernden Prozess geworden und werden weiter. Die Entdeckung der Evolution bezog sich zunächst auf die biologische Welt und die Entstehung der Arten, erwies sich aber auch als grundlegend für weitere Wissensgebiete wie

Kosmologie, Entwicklungspsychologie oder Bewusstseinsgeschichte. Die kosmische Entfaltungsgeschichte ist somit Gegenstand der wissenschaftlichen Erkenntnis, und was sich darin von den Ausmaßen und Dynamiken des Lebens zeigt, ist atemberaubend. Eigentlich ist Staunen die einzig angemessene Reaktion darauf. Der lebendige, verwobene, sich entfaltende Kosmos, der sich uns zeigt, ist auch ein poetisches Phänomen. Insofern wir ein Teil dieser Entfaltung sind. Und in unserem Bewusstsein formt sich diese Teilhabe zu dem Impuls, aus der Verbundenheit heraus als der Kosmos mit dem Kosmos zu sprechen. Poetisch ist unsere Existenz auch deshalb, weil wir immer schon durchdrungen sind von einer schöpferischen Bildkraft. Eine *POETISCHE LEBENSKUNST* gründet auch darin, die innere Verknüpfung mit dem Universum zunehmend tiefer zu erfahren, anzusprechen und das eigene Handeln davon leiten zu lassen.

ES IST EIN RADIKALER SCHRITT in eine neue Identität: Ich bin der sich entfaltende Kosmos, der sich jetzt in dieser menschlichen Form erkennt und darin schöpferisch wirkt. Weil die Transformationskraft, die im Erwachen zu meiner wahren Natur liegt, dem Verstand nicht vollends zugänglich ist, brauche ich die Poesie. Sie kann in mir die Organe des Wahrnehmens und Wahrgebens ausbilden helfen, um diese Wahrheit nicht nur zu erkennen, sondern auch zu fühlen und schließlich zu sein. Die amerikanische Dichterin Mary Oliver fasste in ihrem Gedicht *Wildgänse* diese Lebensankunft in Worte, die mich schon lange begleiten.

> **Wer immer du auch sein magst, egal wie einsam,**
> **die Welt schenkt sich deiner Vorstellungskraft,**
> **sie ruft dich wie die Wildgänse, rau und aufregend –**
> **und deutet dir immer wieder deinen Platz**
> **in der Familie von allem.**[1]

Eine Flöte, auf der das Universum spielt

GANZ KONKRET KÖRPERLICH REICHT ALSO die Evolution in uns hinein. Oder wir sind geworden in dieser Entfaltung. Alles, was wir körperlich sind, wurde geformt in den nicht erfassbaren Zeitläufen der Evolution und entwickelte sich aus einfacheren Lebensformen. Aber diese unzähligen Lebensformen sind auch jetzt in uns und als wir anwesend. Als Mikroorganismen besiedeln sie die Haut, als Bakterien bevölkern sie den Darm. Das, was wir unseren Körper nennen, ist viel eher eine große Gemeinschaft von Lebewesen. Unsere körperliche Identität vielmehr ein Ökosystem, das zuinnerst verknüpft ist mit anderen Ökosystemen. Und unsere physische Individualität ist ein vitaler, dynamischer Prozess, der sich in ständiger, wandelnder Wechselwirkung bildet.

Wie sehr das unser normales Selbstverständnis hinterfragt, wurde mir noch einmal besonders eindrücklich im Gespräch mit Merlin Sheldrake. Wie schon erwähnt, hat der junge Biologe eine besondere Leidenschaft für Pilze und andere Mikroorganismen. Für ihn ist die weitgehend unerforschte Welt dieser kleinsten Lebewesen so etwas wie die Dunkle Materie und Dunkle Energie des Lebendigen. An dem inspirierten Wissenschaftler beeindruckten mich nicht nur die Erkenntnisse seiner Forschung, sondern auch die Art und Weise, *wie* er zu ihnen gelangte. Er ist kein distanzierter Laborwissenschaftler, sondern ein Feldforscher, er begibt sich auf direkte Tuchfühlung mit seinem Forschungsobjekt. Auf der Suche nach der Symbiose zwischen einem bestimmten Pilz und einer Pflanze kroch er beispielsweise auf dem Boden des Regenwaldes herum. Um die Wirkung von Hefepilzen zu verstehen, setzte er *Cidre* aus selbst geernteten Äpfeln an. Er nahm sogar an einer Studie teil, in der man herausfinden wollte, ob Wissenschaftler unter Einnahme von LSD besonders kreativ sind. Bei einem LSD-Trip mit der Substanz, die aus dem Mutterkornpilz gewonnen wird, versuchte Sheldrake herauszufinden, wie sich Pilze von *innen* anfühlen. Er nahm die Pilzsubstanz ein, um das Innere der Pilze zu erfahren. Für mich ist diese teilnehmende Nähe zum Forschungsgegenstand ein Beispiel für eine poetische Wissenschaft – zuinnerste Nähe zum Erforschten.[2]

DAS DURCHDRUNGENSEIN ALLES LEBENDIGEN, welches Sheldrake in seinem Buch *Verwobenes Leben* beschreibt, ist eine Grunderfahrung indigener Kulturen. Schamanen nutzen seit vielen Jahrhunderten unter anderem Pilze und Substanzen wie Ayuhasca, um sich der Verbundenheit mit ihrer Mitwelt zu vergewissern und sich mit der Intelligenz zu verbinden, die in dieser Allverwobenheit liegt. Für sie umfasst diese Durchdringung auch die Ahnen und »Naturgeister«, mit denen man Kontakt aufnehmen kann, um zu heilen und wichtige Botschaften zu erhalten. Die Sehnsucht nach solchen Erfahrungen der Verbundenheit hat in den letzten Jahrzehnten auch für viele Menschen im Westen die Nutzung von psychedelischen Substanzen sehr anziehend werden lassen.

ICH SELBST WAR IMMER ETWAS SKEPTISCH gegenüber solchen Experimenten. Auch weil die Substanzen häufig aus einem rituellen Rahmen gelöst werden, der den Gebrauch in einen Kontext von Respekt setzt. Aber als ich in meiner eigenen Entwicklung einmal an einem Punkt war, wo ich nicht weiterzukommen schien, nahm ich an einer begleiteten LSD-Erfahrung teil. In Einzelsitzungen mit einem Therapeuten bereitete ich mich darauf vor. Als ich die von ihm genau ermittelte Dosis nahm, wartete ich gespannt. Erst langsam, dann aber sehr schnell und schier überwältigend spürte ich, wie ich die Kontrolle über mein eigenes Bewusstsein verlor. Wie meine getrennte Identität nicht mehr aufrechtzuerhalten war. Ich schien mich in die Umgebung hin aufzulösen. Ich schaute aus dem Fenster und sah die Tannen sich im Wind wiegen. Dabei hatte ich das Gefühl, dass die Bewegung der Zweige nicht *außerhalb* von mir stattfand. Sie war *in* mir. Die Zweige, der Wald, der Wind waren innen. Und dieses Innen wurde immer weiter und verlor seine Konturen.

Ich legte mich auf die Behandlungsliege und musste unwillkürlich Laute von mir geben: ein Stöhnen, weil jeder Atemzug so intensiv spürbar war. Es fühlte sich an, als ob nicht ich atme, sondern ich geatmet werde. Als ob ein großes Wesen, das ich in dieser Grenzenlosigkeit bin, mich atmet. Der Therapeut holte seine Gitarre und spielte einige Akkorde. Der Klang der Musik schien in der Weite des Raumes, der mein Bewusstsein war, zu schwingen. Und ich stimmte mit Tönen in das Schwingen ein. Es waren Laute, die durch meinen Körper vibrierten, sie schienen in jeder meiner Zellen widerzuhallen. Ich fühlte mich wie eine Flöte, auf der das Universum spielt. Jeder Ton ein Flötenklang, der mein Rückenmark entlangzog und mich in einer inneren *Ekstase* erfasste. In diesem Singen und Klingen war ich eins mit allem.

Dieser Zustand währte einige Stunden und ließ dann langsam nach. Ich spürte, wie mit der nachlassenden Wirkung der Substanz mein Ich-Bewusstsein wieder *zu sich* kam. Wie aus dem Ozean einer all-einen Weite sich wieder die Insel meines Ich formte. Das empfand ich wie eine Wiedergeburt, und ich spürte einen gewissen Widerstand dagegen. Meine eigene Persönlichkeit, mein eigener Name fühlte sich zunächst fremd an. Ich musste mich mehrmals selbst beim Namen nennen, um mich sozusagen wieder bei mir selbst einzufinden. Darin lag auch eine Angst, es vielleicht nicht ganz zu schaffen, in dieser Ausbreitung zu bleiben und mein Ich zu verlieren. Die Glückseligkeit dieser Erfahrung wirkte jedoch nachhaltig in mir, eine Tür zu den weiteren Möglichkeiten des Bewusstseins war aufgestoßen. Es wurde auch ein Respekt in mir bestärkt, die Wirkung psychedelischer Substanzen nicht auf die leichte Schulter zu nehmen.

Einige Jahre später war mir dieser Respekt auch gegenwärtig, als ich eine Erfahrung mit der Pflanzensubstanz *Ayuhasca* machte. Auch hier war die kosmische Verwobenheit zutiefst spürbar. Insbesondere fühlte ich mich dabei aber auch mit einer Intelligenz konfrontiert, die wie aus der Pflanzenwelt herauszusteigen schien. Eine Weisheit, die mich auch mit dunklen Aspekten meines Selbst konfrontierte. Auch hier dauerte es einige Zeit, bis ich wieder »zurückkam«. Und viele Tage danach – und eigentlich immer noch, wenn ich mich darauf einstimme – konnte ich in jeder Pflanze die Präsenz einer Intelligenz wahrnehmen. Es schien mir, als ob alle Pflanzen dieses Planeten auf einer inneren Ebene miteinander verbunden sind und darin auch eine Intelligenz sind, die aus der Allverwobenheit des Lebendigen kommt.

DIE ERFAHRUNG DER VERBUNDENHEIT, die ich während dieser Experimente machte, wird mir immer wieder in meinen Meditationen, in der Natur oder in der leiblichen Liebe spürbar. Es ist mir wichtig, hier zu betonen, dass die Anwendung psychedelischer Substanzen nur eine von vielen Möglichkeiten ist, die Verbundenheit alles Lebendigen direkt zu erfahren. Gleichzeitig wird deren therapeutische Wirkung beispielsweise bei Depression wissenschaftlich erforscht und sollte deshalb auch enttabuisiert werden. Das Interesse an Psychedelika zeigt die Sehnsucht nach Erfahrungen unseres Verwobenseins mit der Welt und den Mangel in unserer Kultur, Praktiken zu fördern, die uns dies bewusst machen. Dazu gehören beispielsweise Meditation, Tanz, Naturerfahrung, künstlerische Tätigkeit, Dialogformen oder Flow-Erfahrungen im Sport. Eine *POETISCHE*

LEBENSKUNST gibt solchen Erfahrungsräumen im eigenen und gemeinsamen Leben eine zentrale Bedeutung, weil sie uns einen verbundenen Zugang zur Welt ermöglichen, der uns in der Wirklichkeit beheimaten kann.

Zudem ist die Poesie selbst eine dieser Bewusstsein-erweiternden Praktiken. Die Poesie findet ein Sprechen, das unsere Verknüpfung mit der Welt zum Ausdruck bringt, indem sie auch die Sprache in eine Verwobenheit führt und die Trennung zwischen Objekt und Subjekt zu übertreten sucht. Indem sie dem Lebendigen selbst den Status des Subjekthaften gibt – Dinge, Wesen und Landschaften können spüren, wahrnehmen, intelligent sein. Werden zu einem ansprechbaren Du. Eine *POETISCHE LEBENSKUNST* will unseren Blick für diese Verbundenheit schärfen und ausbilden. Es geht dabei letztlich um eine Neubestimmung unserer Identität, unseres Ich-Seins zu einem Ich-mit-allem-Sein. Ich bin mit allem verbunden. Und dieses *Alles* ist in einer ständigen Entfaltung.

Ein prä-lebendiger Kosmos

DIE ERFAHRUNGEN DER VERBUNDENHEIT, die wir unmittelbar erfahren können, eröffnen uns vielleicht so etwas wie die *spürbare Innenseite* einer Wirklichkeit, welche die Tiefenökologie so beschreibt: Die Erde ist ein lebendiger Organismus. Darin sind alle Ökosysteme und die Wesen in diesen Ökosystemen zuinnerst miteinander verwoben. Auch die Erforschung der Materie in der Physik hat schließlich zu der Erkenntnis geführt, dass wir offensichtlich in einem zutiefst verwobenen Kosmos leben. In der Quantenphysik, die man auch als »Tiefenphysik« bezeichnen kann, betritt, so könnte man sagen, die materialistischste aller Wissenschaften poetisches Gebiet.

Dieser Abschnitt ist für mich einer der herausforderndsten dieses Buches, weil die Erkenntnisse der Quantenphysik schwer verständlich sind. Häufig werden sie banalisiert und benutzt, um etwas zu erklären, was mit den eigentlichen Erkenntnissen wenig zu tun hat. Quantenphysik ist eine Art »Geheimwissenschaft«. Zum einen wohl deshalb, weil die darin beschriebenen Phänomene so sehr unserer Alltagserfahrung entgegenlaufen. Und zum anderen können die durch Experimente und mathematische Gleichungen erkannten Zusammenhänge nur in abstrakten Modellen formuliert werden, die für diejenigen, die diese Sprache nicht verstehen, schwer zugänglich sind. Dass ich mich trotzdem in dieses Gebiet wage und mehr als sonst Menschen zitiere, die diese Quantenwelt besser verstehen als ich, hat damit zu tun, dass die hier berichteten Erkenntnisse unsere Sicht der Materie und des Kosmos vollkommen revolutionieren – und in gewissem Sinne auch *poetisieren.*

BEGONNEN HAT ALLES MIT DEM LICHT. Die Sonne strahlt Licht aus, das aus Photonen oder Lichtquanten besteht, die sich mit Lichtgeschwindigkeit ausbreiten und alles durchdringen, was auf der Erde ist. Jetzt, wenn ich hier sitze, werde ich und alles, was ich sehe, von solchen Photonen durchdrungen. Physiker untersuchten zu Beginn des 20. Jahrhunderts die Natur dieser Photonen und stellten überraschend fest, dass sie in bestimmten Versuchsanordnungen – dem sogenannten Doppelspaltexperiment – sowohl als Teilchen oder als Welle erscheinen können: Schickt man schwaches Licht durch einen Spalt, bildet es an einer dahinterliegenden Fotoschicht einzelne Schwärzungen, die mit dem Muster eines Schattens auf die Teilchennatur des Lichts hinweisen. Schickt man das Licht aber durch zwei Schlitze, dann bilden sich Überlagerungsmuster, die für Wellen typisch sind. Daraus zeigt sich, dass Photonen sowohl als Teilchen als auch als Welle in Erscheinung treten – die »Doppelnatur des Lichtes«. Ob Photonen sich im Experiment als Welle oder Teilchen zeigten, hing mit der Versuchsanordnung, also der Form der Messung zusammen. Damit hatte man zwei völlig überraschende Phänomene beschrieben: Photonen sind sowohl Welle als auch Teilchen. Gleichzeitig bestimmt die Form der Messung – also der Beobachtende –, *als was* sie sich jeweils zeigen.

Das bedeutet aber, dass es keinen neutralen, objektiven Beobachter gibt, sondern die Art der Messung das Ergebnis bestimmt. Das heißt auch, dass wir nicht wissen, was Photonen eigentlich sind, wenn sie nicht gemessen werden. Man hat das Doppelspaltexperiment in der Folge auch für größere Elementarteilchen und sogar Atome durchgeführt und kam überdies zu gleichen Ergebnissen im Vakuum und so unter Ausschluss von Beeinflussungen. Damit konnte man wiederum zeigen, dass der Welle-Teilchen-Dualismus und die Beeinflussung durch Messung bei den Grundelementen der Materie feststellbar sind. Man war also auf der Suche nach den kleinsten Bausteinen der Materie, traf aber auf unscharfe, dynamische, verwobene Strukturen.

BEI ALL DEM MÜSSEN WIR UNS KLARMACHEN, dass die Physiker hier zu *Analogien* greifen, um das, was sie messen und berechnen, einigermaßen verständlich zu machen. Deshalb spricht der Dichter Raoul Schrott davon, dass die Physik wie die Poesie »die Welt über Analogien imaginierbar macht«. Er schreibt in einem Essay: »Die Physik stellt anhand eines solchen Analogiedenkens in sich geschlossene Modelle auf und kann damit – das ist das Erstaunliche an ihr – nachprüfbare Ereignisvorhersagen treffen. Der Wirklichkeit in ihrem Grund kommt sie dadurch aber nicht näher als die Poesie. Denn dieses Etwas an Energie, das man Photon nennt, ist weder ein Teilchen im Sinne eines Sandkorns noch eine Welle, wie wir sie im Wasser oder in der Schwingung eines Seils erkennen – es sind allein Vergleiche, die uns diese Phänomene fassbar zu machen scheinen. Ob Physik oder Poesie: Beide erschließen Strukturen von uns unbekannten Phänomenen durch Analogiebildungen zu uns bereits bekannten Erscheinungen.«[3]

EINE WEITERE RÄTSELHAFTE ERKENNTNIS der Physik ist die Aufhebung eines eindeutigen Zusammenhangs zwischen *Ursache* und *Wirkung*, wie wir ihn aus der Alltagswelt kennen. Wenn man den Ort, die Bewegungsrichtung und die Geschwindigkeit eines Elementarteilchens misst, kann man trotzdem nicht genau vorhersagen, wie es sich weiter verhalten wird. Es gilt eine Unbestimmtheitsrelation. Aus dieser Unbestimmtheit resultiert aber, dass die Zukunft nicht vollkommen vorbestimmt und damit zu einem gewissen Teil offen ist. Ein anderes, besonders faszinierendes Phänomen der Quantenwelt ist die Quantenverschränkung. Dabei stehen zwei räumlich voneinander getrennte Teilchen in einer nicht-lokalen Verbindung zueinander.

Das widerspricht den Gesetzen der klassischen Physik und wurde von Einstein als »spukhafte Fernwirkung« bezeichnet, weil nach klassischer Vorstellung eine rätselhafte gleichzeitige Informationsübertragung erfolgen müsste. »In der Quantenphysik«, so erklärt der Physiker Carlo Rovelli, »bezeichnet *entanglement* oder Verschränkung das Phänomen, das zwei voneinander entfernte Objekte, zum Beispiel zwei Teilchen, die sich in der Vergangenheit begegnet sind, weiterhin in einer merkwürdigen Verbindung zueinanderstehen, als könnten sie noch miteinander sprechen. Wie zwei sich aus der Ferne Liebende, die die Gedanken des jeweils anderen erraten.«[4]

DIE BAHNBRECHENDSTEN ERKENNTNISSE der Quantenphysik deuten auf eine neue Sicht unseres Universums hin. Der Kosmos ist kein mechanisches Uhrwerk, sondern vielmehr ein Beziehungsgefüge. Frido und Christine Mann – Tochter des Quantenphysikers Werner Heisenberg – schreiben in ihrem Buch *Es werde Licht*: »Damit kann die Quantentheorie als Physik der Beziehungen und der Möglichkeiten charakterisiert werden. Diese Beziehungen erzeugen gegenüber einem bloßen additiven Nebeneinander Ganzheiten, die sehr viel mehr sind als die Summe ihrer Teile.«[5] Einige Quantenphysiker haben sich aufgrund dieser überraschenden Erkenntnisse mit Religion und Mystik beschäftigt und fanden poetische Bilder dafür, wie zum Beispiel die indische Vorstellung von *Indras Netz*: Das Universum wird dabei als riesiges Netz dargestellt, an jedem Kreuzungspunkt befindet sich ein Juwel, das alle anderen Juwelen spiegelt. Jedes Juwel steht für ein Ding oder Wesen, die alle in einem großen Netz verwoben sind. Wenn sich etwas in einem dieser Juwelen verändert, verändert sich das ganze Gewebe. Carlo Rovelli hat sich auf der Suche nach philosophischen Gedanken, die den Erkenntnissen der Quantenphysik gerecht werden können, dem buddhistischen Denker Nagarjuna angenähert. Dessen Grundthese besagt, dass es »keine an sich seienden, von anderem unabhängig existierende Dinge gibt«, so Rovelli. Für den Physiker sind solche Aussagen mit den Erkenntnissen der Quantenphysik zutiefst vereinbar, nach der »die Welt aus Beziehungen und Wechselwirkungen anstatt aus Objekten gewoben ist.«[6]

Wie schon gesagt, die Quantenphysik arbeitet mit Analogien, die uns den Grund der materiellen Welt ganz anders aufzeigen, als wir es aus der mechanischen Welt getrennter Objekte und klarer Ursache-Wirkung-Zusammenhänge der klassischen Physik kennen. Alles, was wir in unserem Universum sehen – die Bäume und Berge, Häuser und Straßen, Tiere und Menschen –, wurzeln in ihrem innersten Grund der Materie, aus der sie bestehen, in nicht-materiellen Strukturen, die verwoben, unbestimmt und dynamisch sind.

Während des Schreibens an diesem Kapitelabschnitt bin ich in der Natur unterwegs, versuche dem nachzuspüren, wie im Innersten der Materie von allem, was existiert, diese dynamische, energetische Wirklichkeit in ständiger Wechselwirkung lebt. Und dass ich, indem ich jetzt die Wiese beobachte und damit »messe«, ihren Zustand *beeinflusse*. Es sprengt die Grenzen meines Vorstellungsvermögens und berührt das Mysterium der Materie. Es ist wie eine Welt *hinter* der Welt. Obwohl die darin wirkenden Gesetzmäßigkeiten nur durch Analogien vermittelbar sind, haben die Berechnungen der Quantenphysik eine solche Gültigkeit und Wiederholbarkeit, dass sie uns in die Lage versetzt, Technologien daraus zu entwickeln. Ohne Quantenphysik gäbe es weder Handys noch Computer oder Laser und vieles mehr.

EINER DER HERAUSRAGENDSTEN und auch ein besonders poetischer Vermittler der Weltsicht der Quantenphysik war Hans-Peter Dürr, ein Schüler Werner Heisenbergs. In seinen Schriften und Vorträgen erklärt er begeistert und begeisternd diesen neuen Blick auf die Welt. Unvergessen ist mir ein Vortrag kurz vor seinem Tod, bei dem er wie so oft ein dreiarmiges Pendel – »Chaospendel« – nutzte, um die Zukunftsoffenheit und dynamische Stabilität zu demonstrieren, wie sie sich im Lichte der Quantenphysik zeigt. Er hielt dieses Pendel nach oben und erklärte, dass niemand vorhersagen könnte, zu welcher Seite und in welchen Schwingungsmustern es sich bewegen wird, wenn er es loslässt. An dessen Bewegungen hätte ein unendliches Netz von Wechselwirkungen Anteil, dass uns als Beobachter umfasst und bis in die Weiten des Kosmos reicht. Für ihn deutete die Quantenphysik auf ein neues Weltbild hin, in dem Lebendigkeit und Kreativität bis in die Tiefen der Materie reichen: »Die moderne Physik hat uns ein grandioses Weltbild beschert, das seinen Reichtum einer inhärenten Offenheit und ›Lebendigkeit‹ verdankt, also dem Umstand, dass es im alten Sinne gar kein festes Weltbild mehr ist. Es meint eine Grundbeziehung, eine Grundverbundenheit: Alles wurzelt in einer unauftrennbaren, irreduziblen Potenzialität, die Züge eines holistischen Geistes trägt.«[7]

WENN DAS WISSENSCHAFTLICHE FORSCHEN durch die Biologie tief in die Beschaffenheit des Lebendigen oder durch die Physik zum Grund des Materiellen vordringt, gelangen wir offensichtlich zu einer alles verbindenden Lebendigkeit, die Hans-Peter Dürr so formuliert: »Die im Grunde offene, kreative, immaterielle Allverbundenheit der Wirklichkeit erlaubt, die belebte und auch die unbelebte Welt als nur verschiedene … Artikulation eines ›praelebendigen‹ Kosmos aufzufassen.«[8]

Die Physikerin und Professorin für Feministische Theorie Karen Barad hat aus der Sicht der allumfassenden Verschränkung der Wirklichkeit und der Erkenntnis, dass alle Aussagen über die Welt mit der Sicht des Messenden und Beobachtenden zusammenhängen, eine eigene Philosophie entwickelt. Ihre Basis ist die Idee der *Intra-Aktivität*, die davon ausgeht, dass nichts in der Welt an sich oder für sich existiert. Sie schreibt: »Verschränkt zu sein bedeutet nicht einfach, miteinander verflochten zu sein, wie bei der Verbindung von getrennten Einheiten, sondern dass es keine unabhängige, eigenständige Existenz gibt. Das Dasein ist keine individuelle Angelegenheit. Individuen existieren nicht vor ihren Interaktionen; vielmehr entstehen Individuen durch und als Teil ihrer verschränkten Intra-Beziehung.«[9]

DAMIT ENTLÄSST UNS UNSER KURZER AUSFLUG in die Quantenphysik in poetisches Gebiet. Die Materie ist in ihrer Tiefe miteinander verschränkt – unbestimmt, unscharf, nicht-lokal, prä-lebendig, nicht in klaren Zusammenhängen von Ursache und Wirkung, Zeit und Raum zu verstehen. In ihrer Fähigkeit, alles in der Welt aufeinander zu beziehen, und der Tatsache, dass der Dichtende immer Einfluss nimmt auf die Natur dieser Verbindung, zeigt die Poesie eine ganz ähnliche Signatur wie die Quantenwelt. Was *ich bin* und was *du bist*, unsere Umgebung, der stille, bedrohte Wald, die befahrene, laute Straße, die nächtlichen Sterne und Lichter der Stadt, die Flüchtenden aus Afghanistan, die Unsicherheit einer Pandemie, eine neue Idee, die ich in einem Buch gelesen habe, ein Gedicht, das uns berührt hat – das alles und so unendlich viel mehr ist jetzt mit uns im Sein, ist unser Sein, lässt unser Sein intra-aktiv mit allem entstehen.

Im Kreis aller Wesen
Bist du immer schon

Ein Klang
Der unerhört blieb
Von dir

Aufwachsen wir
Zu Stirn und Gestirn

Wach
Übergeben wir die Grenzen
Der Freiheit

Und sehen in allem
Uns selbst

TEIL IV

MIT DER ERSTEN WICHTIGEN FRAGE – **AUF DAS LEBEN ANTWORTEN**

WENN WIR UNS IM SEIN TIEFER ERFAHREN, wenn wir das Leben intensiver spüren, wenn wir uns beheimatet empfinden im Dasein – wie handeln wir dann? Wie bringen wir uns ein, werden wir schöpferisch, gehen wir in Verantwortung, begeben wir uns in den Dialog? In diesem vierten Teil erforsche ich, wie uns eine poetische Haltung ein umfassendes Antworten auf die Wesen und Ereignisse der Welt ermöglicht. Dazu gehört die Befreiung unserer eigenen schöpferischen Potenziale, unsere Fähigkeit, zu antworten und ins Gespräch zu gehen. Damit weitet sich eine *POETISCHE LEBENSKUNST* auch in den gesellschaftlichen und politischen Raum hinein.

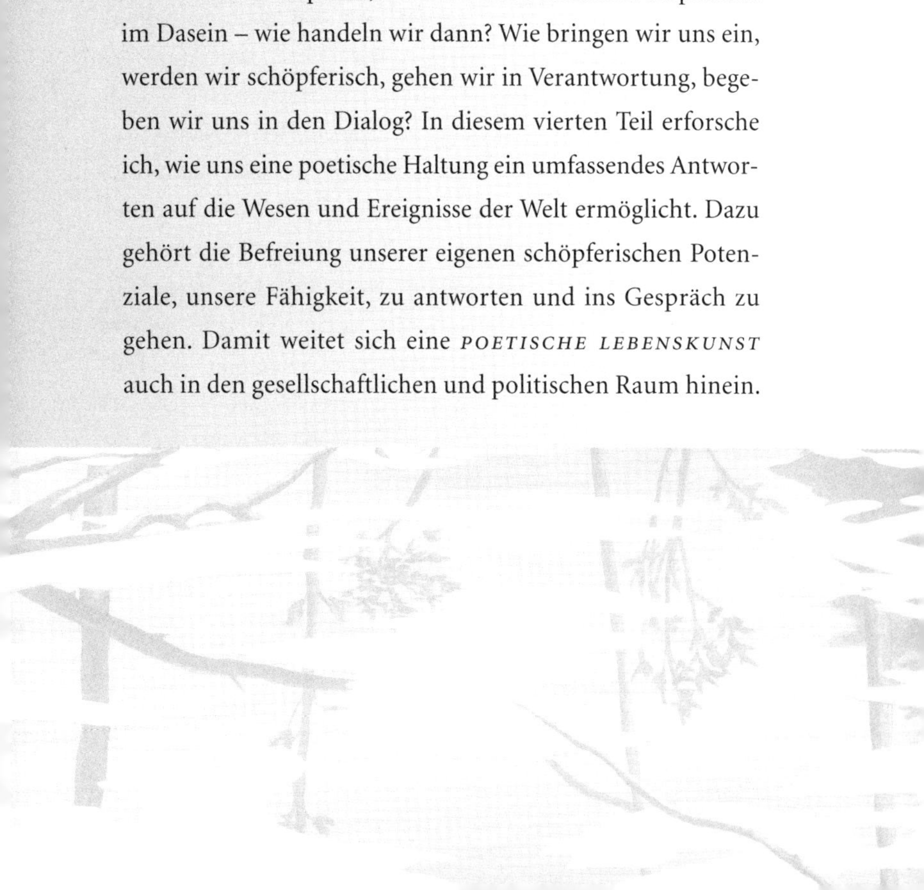

KAPITEL 10

Ein Strömen von innen – Kreativität

Mit dem Schöpferischen betreten wir den Kern – das Herz des Poetischen. In der Dichtung gestalten wir die Welt neu in Worten. In diesem Kapitel gehe ich dieser schöpferischen Kraft in jedem von uns nach und erkunde, wie wir sie wachrufen können. Dabei thematisiere ich auch die Möglichkeit, das eigene Leben als Kunstwerk zu gestalten, wie uns existenzielle Übungen dabei helfen können und wie Spiel und Lebensfreude uns kreativ werden lassen.

DIE VÖGEL SINGEN JETZT WIEDER SO HERZÖFFNEND LAUT. Wenn ich morgens das Fenster öffne, scheint mir, dass eine singende Welt mich begrüßt und mir zuruft mit lauter Jubel. Es sind jetzt die warmen Apriltage. Auf den Bergen liegt weiß noch der Schnee. Leuchtend hebt er sich ab vom Grün der Wiesen und den zarten vielfarbigen Blüten, die darauf aufgehen. Die gelbe Fülle des Löwenzahns, die blaue Zartheit der Veilchen, die weiße Klarheit der Gänseblümchen. Durch die Äste der Sträucher und Bäume brechen die ersten frischgrünen Triebe. Und die Amseln huschen emsig durchs Gebüsch, die Meisen, Rotkelchen und Spatzen umschwirren die Hecke. Es ist Frühling, dieses jedes Jahr wiederkehrende Wunder aus Aufbruch und Zuversicht. Die Natur erwacht aus dem ruhenden Dunkel des Winters. Was sich unter der Erde vorbereitet hat, kommt jetzt strahlend zum Vorschein. Es ist jedes Jahr wieder ein neuerliches Geheimnis, wie die schöpferische Natur alles Lebendige durchdringt und auch mich erfüllt. Dieser Aufbruch ist genauso in mir. Vielleicht auch deshalb, weil ich im April geboren bin, empfinde ich diese Wochen des zarten Grüns als so intensive Zeit. Ich nehme wahr, dass auch in mir etwas leben will – neu werden will. Dass es neue Samen gibt, die aufgehen wollen.

Die Leben-schaffende Energie, die mich aus dem Lebendigen anspricht, pulsiert auch in mir. Zum Beispiel, wenn ich ein Gedicht schreibe. Oder diese Zeilen. Ich lausche in mich hinein auf dieses werdende auftauchende Ziehen und Sehnen dessen, was in mir noch undeutlich schlummert, doch Gestalt werden will. Etwas, das in der »Erde« meines Wesens vielleicht lange Zeit gekeimt hat, bricht auf und erhebt den zarten Trieb aus dem Dunkel meines Innersten. Ein Wort. Und ein Wort, das darauf antworten will. Ein Satz und ein Gedankengang, der sich in Resonanz daraus bildet. Ein Fließen, das sich einstellt, in dem manchmal ein kleines Bächlein, manchmal ein reißender Fluss von Inspiration seinen Weg sucht. Dann auch Momente des Innehaltens, in denen ich das Geschriebene betrachte und auf mich wirken lasse. Und in mir höre. Lausche auf die nächste Spur, die es in mir auslösen mag. Im Schreiben erfahre ich einen wunden Drang, eine stürmende Freude, ein verbundenes Wissen: Ich kann sprechen mit der Welt – schöpferisch sprechen. Auch wenn ich bei den Recherchen für dieses Buch etwas lese, ist es ein kreatives Gespräch, das mein Denken von innen bewegt, indem ich den Gedanken anderer nachforsche, sie in mir vergegenwärtige. Noch intensiver, wenn ich Gedichte lese. Darin fühle ich oft, wie die gestaltende Energie, die sich in diesen Zeilen ausdrückt, meine eigenen kreativen Funken zu entfachen vermag.

AUCH IN MEINER ARBEIT ALS REDAKTEUR des EVOLVE-Magazins erlebe ich diesen kreativen Funkenflug. Wenn wir uns für eine neue Ausgabe in der Redaktionsbesprechung treffen, spüre ich immer eine besondere Aufregung. Natürlich habe ich Ideen, was ein nächstes Thema sein könnte, so wie jeder von uns seine Anregungen mitbringt. Aber in unserem Gespräch sind wir schnell in einem Flow, in dem sich nach und nach das Thema zeigt, das angesprochen werden möchte. Jeder von uns bringt seine Erfahrungen, Überlegungen, Intuitionen und Fragen ein, und in Resonanz darauf werden diese von jemand anderem weitergeführt. So entsteht nach und nach die Gestalt eines Themas, das wir vertiefen. Es fühlt sich an wie eine gemeinsame Improvisation, in der sich ein neues Verstehen zeigt, das vor allem auch dadurch gekennzeichnet ist, dass es weitere Fragen aufwirft und uns damit weiterträgt in ein gemeinsames Forschen.

Wenn ich dann Interviews mit Menschen führe, die für unser Thema relevant sind, ist es mir ein Anliegen, auch im Gespräch zu diesem schöpferischen Funken vorzudringen. Ein wirklich gutes Interview lässt im Fluss der Begegnung etwas zum Vorschein kommen, was meine Gesprächspartnerin so noch nicht wusste oder gesagt hat. Ein *neuer* Gedankengang findet seinen Weg. Eine überraschende Einsicht. Eine beglückende Resonanz des Verstehens wird erlebbar für uns beide. Diesen »Geschmack« einer unerwarteten Gestalt liebe ich auch in jedem Dialog, den ich als gemeinsam schöpferisches Sprechen bezeichnen würde. Wenn aus der Mitte eines Fließens von Wahrnehmungen und Einsichten sich neu entstehende Gedanken, Empfindungen und Einblicke in das Wesentliche, uns Verbindende eröffnen.

Aber auch ganz alltägliche Tätigkeiten bieten mir Raum, meine schöpferische Energie zum Ausdruck zu bringen. Ich koche sehr gern und schätze die kreativen Einfälle, wenn ich mich vor den Kühlschrank stelle und angesichts der vorhandenen Zutaten überlege, welche überraschenden Kombinationen eine neue Geschmacksnuance ergeben könnten. Diese Kreativität in der Küche lernte ich im Zen-Kloster zu schätzen, wo ich einige Zeit auch die Aufgaben des Kochs übernahm. Da war der Kühlschrank dann gleich eine große Speisekammer und dem Erfindungsreichtum kaum Grenzen gesetzt.

DAS SCHÖPFERISCHE IST EINE UR-QUALITÄT des Seins, und es ist auch der innere Kern des Poetischen. In der Dichtung ist die *Muse* eine Quelle des Schöpferischen – ein Wesen oder eine Seinsebene, aus der die inspirative Kraft hervorquillt. Bei dem Bewusstseinsforscher Jean Gebser fand ich eine ausdrucksstarke Beschreibung dieses kreativen Quellortes: »*Die Muse ist das latente Gedächtnis der Welt;* sie ist die Erinnerung an das Schöpferische, an alles durch das Schöpferische je bewirkte und je noch Bewirkbare. Dass sie mit diesem Schöpferischen in engster Beziehung steht und deshalb im Menschen das Dichterische auszulösen vermag, geht aus den aufgeführten Qualitäten der Muse hervor, denn – dem Schöpferischen verwandt – ist sie Quelle, immerwährende Fülle, Nährerin der Seele, ist Mutter des Sängers, also selber Empfangende, nämlich Empfängerin und Erinnernde des Schöpferischen, die im Dichter diese Erinnerung weckt, ist Gedächtnis, Dank und Denken-Müssen.«[1]

DIE MUSE ERINNERT DIE KRAFT des Schöpferischen, wie sie den Kosmos erschaffend durchdringt und im Menschen zu sich findet. Alles, was je bewirkt wurde und noch bewirkt werden wird, liegt darin beschlossen und offenbar. So ist die Muse eine Quelle, aus der uns die Schöpferkraft *zufließt*. Aus einer immerwährenden Fülle inmitten des strömenden Lebens, die uns nährt. Sie ist die Mutter der Dichtenden, sie empfängt sie und gebiert sie liebend in ihre eigene Stimme. Im Dichter, der Dichterin lebt die Muse fort als das Gedächtnis des Schöpferischen, als Dank für diese wandelnde Kraft und ein Denken, das sich immer wieder in Neuland vorwagt.

Wenn ich also schöpferisch etwas wahrnehme oder gestalte, tauche ich ein in dieses Gedächtnis, in dem alles, was sich je kreativ entfaltet hat, weiterschwingt. Ich empfange die gestaltende Kraft aus der immerwährenden Fülle und führe sie fort –

füge meinen Vers hinzu. In einer *POETISCHEN LEBENSKUNST* kann ich die kreativen Energien im Kosmos, in der Natur, Geschichte, Kultur und im Menschen sensibler wahrnehmen, nachvollziehen und sie in mir wachrufen. Mich dem »Kuss der Muse« hinhalten, in welcher Form sich dieser mir zeigen mag. So kann das ganze Leben, jeder Tag, zum Möglichkeitsraum werden, in dem wir der Gestaltungskraft des Lebendigen Ausdruck geben. Wie ich im Folgenden aufzeige, ist dies nicht nur deshalb so wichtig, weil es uns erfüllt und unser Leben von innen her mit der Aufbruchskraft des Frühlings durchzieht. Sondern auch, weil wir Menschen in unserem Zusammenleben und als Gesellschaft diese kreative Kraft brauchen, um über das Bestehende hinauszudenken und noch-mögliche Antworten auf die dringenden Fragen unserer Zeit zu finden.

Weit ist der Horizont des Unentdeckten

VOR EINIGEN TAGEN KAMEN MONIKA UND ICH auf einer Wanderung an einem Haus vorbei, an dessen Schuppen einige geschnitzte Masken hingen, die uns beeindruckten. Wir fragten den Besitzer des Hauses, der gerade sein Auto parkte, ob er die Masken geschnitzt habe. Er nickte und sein Gesicht hellte sich auf. Er erzählte uns, wie gern er diese kreative Arbeit mache, »um den Kopf freizubekommen«. Aber er habe viel zu wenig Zeit dafür, weil so viele andere »Baustellen« auf ihn warten. Seine Mimik zeigte die Wehmut, seiner Leidenschaft nicht so häufig nachgehen zu können. Und doch war da ein Leuchten in seinen Augen ob unserer Wertschätzung. Er erzählte uns stolz, dass Vorbeiwandernde wie wir auch schon Schnitzereien von ihm gekauft hatten.

Jenes Leuchten in den Augen erlebe ich oft auch, wenn ich bei Interviews Künstler, Wissenschaftlerinnen, Unternehmer oder Aktivistinnen auf das anspreche, was ihnen am Herzen liegt – das, worin sie sich selbst kreativ ausdrücken. Das, worin oder womit sie etwas neu in die Welt bringen wollen. Mit Bezug auf ihre schöpferische Kraft ist etwas in ihnen angesprochen, das sie als zutiefst *kostbar* empfinden. Es ist wie der Kern oder die Quelle, aus der ihr Leben und Schaffen sich speist. Hieraus kommt die Energie, die all diese Kreativen durchströmt. Der Bildhauer Andreas Kuhnlein erzählte mir zum Beispiel, dass er jeden Abend mit der intensiven Vorfreude ins Bett gehe, frühmorgens um fünf aufstehen zu können, um sich erneut seinen Skulpturen zu widmen.[2]

KREATIVE MENSCHEN FÜHLEN SICH in schöpferischen Momenten mit etwas Größerem verbunden und davon durchströmt. Und ein Gespräch über den inneren Impuls, die Welt zu gestalten, gewinnt eine besondere Atmosphäre. So, als würden wir uns in einem tiefen, intimen Erleben begegnen, das im Innersten aufscheint, aber gleichzeitig etwas ist, das uns alle verbindet. In der Aura des Schöpferischen berühren wir unser poetisches Sein. In der gestaltenden Kraft werden wir in die Erfahrung des Poetischen geführt – und Poesie selbst entsteht als Ausdruck dieser Werdeenergie.

Die kreative Kraft wirkt auch in dir, du kannst sie immer wieder freilegen. Wenn du dieser Energie in dir nachspürst, erlebst du, dass in deinem Wesen ein wachsender Impuls anwesend ist. Eine noch nicht verwirklichte Möglichkeit lebt dann in dir und will sich ausformen. Schon auf biologischer Ebene ist diese Kraft spürbar in der leiblichen Liebe, wenn in uns die Anziehung und das Begehren aufflammen und auf eine mögliche Verbindung hinleben. Die schöpferische Energie hat dafür gesorgt, dass wir uns fortpflanzen und das menschliche Leben, unsere Spezies, erhalten. Sie führt in der liebenden Verbindung auch dazu, dass wir ein Gefäß für das Fortbestehen dieser Begegnung finden: Familie, Gemeinschaft, Gesellschaft.

AUCH IM GEISTIGEN SPÜRE ICH diese wirkende Kraft, wenn eine neue Idee mich in Bewegung versetzt. Nehmen wir dieses Buch: Als ich zum ersten Mal die Idee dazu hatte, schien mir die Möglichkeit zuerst nur als bloße Ahnung. Die mich jedoch zu meinem eigenen Erstaunen nicht mehr verließ. Am Beginn waren es nur ein paar Grundgedanken, ein Titel. Aber diese Vorstellung, das Buch tatsächlich zu schreiben, wurde immer mehr zu einem Anziehungspunkt, einem geistigen *Attraktor*, um den herum sich weitere Ideen, Gedanken, Inhalte formten. Bis irgendwann dieses Möglichkeitsfeld so stark war, dass ich nach einer Verwirklichung suchte. Als ich zu schreiben begann, erlebte ich zwar dieses Feld des Möglichen, war mir aber überhaupt noch nicht im Klaren, wie es sich konkret ausformen würde. Jeder Gedanke, den ich schrieb, rief wie aus sich selbst nach anderen, weiteren. Während der Durststrecken des Prozesses, wenn ich noch nicht greifen konnte, wie meine Einzelgedanken ein sinnvolles Ganzes ergeben könnten, spürte ich die Kraft, aus der das Buch geboren werden würde. Aus der etwas in die Welt kommen wollte. In der gesamten Zeit des Schreibens wirkte eine schöpferische Energie: In den dunklen Phasen, wenn ich mir unfähig vorkam, das, was ich innerlich sah, angemessen in Worte zu fassen. In den lichten Phasen, wenn etwas lang in mir Gereiftes beglückend herausfloss.

Wir alle kennen wohl solche Prozesse des Werdens, sei es bei einer Idee für ein Projekt, für ein künstlerisches Werk, bei einem neuen Lebenshorizont wie einem Wohnortwechsel oder während einer Beziehung. Ich finde es spannend, dieser drängenden Energie im Geistigen nachzuspüren. Auch wenn ich Bücher und Artikel lese, Kunstwerke betrachte oder wissenschaftliche Erkenntnisse studiere, berührt mich die Lebendigkeit dieser schöpferischen Wirkkraft in deren Erschaffern. Oft setzen solche Inspirationen den Impuls, etwas daraus weiterzudenken oder darauf zu antworten.

Die Neukraft wirkt aber nicht nur in vielen Teilaspekten des Menschseins, sie wirkt auch als treibende Energie in unserem Leben selbst. Jedes Leben geht durch Wachstumsprozesse, Wandlungen, Zusammenbrüche und Durchbrüche, Transformationen, Initiationen – und jedes Mal scheint ein neuer Horizont auf, in dem wir uns neu verstehen, neu in der Welt orientieren und verhalten. Ich habe mich oft gefragt, was das für eine *Kraft* ist, die im Innersten aufkeimt und mich so unnachgiebig auffordert, einen weiteren Horizont zu suchen. Einige Menschen spüren diese Kraft mehr als andere. Mich forderte sie dazu auf, die wahrgenommene Enge einer ostdeutschen Kleinstadt zu verlassen, um in dem möglichkeitsschwangeren Berlin den Atem der Kreativität einzusaugen. Diese Kraft wirkte auch, als ich in einer ersten großen Liebe die Möglichkeit eines kreativen Zusammenlebens spürte, indem man einander auf dem Weg der Wandlung unterstützt. Ich spürte diese Energie auch, als ich nach dem Scheitern dieser Möglichkeit einen Weg nach innen suchte und das Land der Meditation entdeckte, in therapeutischen Prozessen meine eigene Tiefe erkundete. Auch als ich mich in die Hospizarbeit begab, um mich mit dem ganzen Menschlichen zu verbinden, spürte ich dieses Strömen. Oder als ich mich dem journalistischen Schreiben zuwandte, um dem, was ich innerlich erkannte, Ausdruck zu geben.

Ich könnte noch viele solcher Aufbrüche und Wandlungsmomente ansprechen, von denen auch du wahrscheinlich viele in deiner eigenen Biografie findest. Darin wirkt ein geheimnisvoller Impuls des Wachsens, der unserem Wesen innezuwohnen scheint. Diese *äußeren* Veränderungen sind eben auch Ausdrucksformen *innerer* Wandlungen, in denen wir mehr zu uns selbst, unserer eigenen Stimme und Sichtweise gefunden haben. In denen sich unsere Identität gleichzeitig ausgeformt und erweitert hat, wir mehr vom Leben erfahren und durchdrungen haben. Und weit ist der Horizont des Unentdeckten noch vor uns.

Jeder Mensch sollte Künstler sein

DAS EIGENE LEBEN ALS GESTALTBAREN »STOFF« zu verstehen ist Lebenskunst. Darin wird das eigene Dasein zum Kunstwerk, zum Gedicht, an dem wir dichten, jeder Augenblick ein neuer Buchstabe, jeder Tag ein neues Wort, ein neuer Strich mit dem Pinsel im Bild ohne Grenzen. Eine Skulptur, an der wir mitbilden, in der sich die Form, die gemeint ist, hervorwagt. Jede Erfahrung, jeder Aufbruch und Umbruch wie der Durchbruch einer neuen Knospe am Lebensbaum. Jedes Vergehen einer Beziehung, einer Idee, eines Lebensraums wie der Ruf in das Neue, noch Unbekannte und deshalb so Anziehende. Wie die Spur des Dichtens zieht mich mein eigenes Sprechen voran und folgt der Vorstellungskraft in dem, was noch sein könnte. Gleichzeitig schaue ich auf den Weg, der beim Gehen entsteht – und weiß, dieses Gehen ist Ankunft, ist Heimat. Das Kunstwerk Leben ist immer *vollkommen* und *unvollkommen* zugleich, weil immer noch mehr werden will. Was ist der nächste Vers, der nächste Pinselstrich, die nächste Form, die sich hervorbringen möchte? In dem Film *Der Club der toten Dichter*, den ich als Aufruf zu einer *POETISCHEN LEBENSKUNST* verstehe, zitiert der Englischlehrer John Keating, der die jungen Schüler in einem konservativen Internat mit dem Leuchten der Poesie inspiriert, ein Gedicht von Walt Whitman:

Oh ich, oh Leben! auf alle diese
wiederkehrenden Fragen,
Auf diesen unendlichen Zug der Ungläubigen,
auf die Städte, die voller Narren sind,
Was habe ich darauf für eine Antwort –
oh ich, oh Leben?
Dies aber ist die Antwort:
Du bist hier, damit das Leben blüht
und die Persönlichkeit,
Damit das mächtige Spiel weitergeht
und du deinen Vers dazu beitragen kannst.[3]

LEBENSKUNST BEDEUTET FÜR MICH, den ganz eigenen Vers zu finden, indem ich mein Leben selbst wie ein Kunstwerk gestalte. Es bedeutet einfach, dass es bereits eine Kunst ist zu leben. Aber was heißt es, dass eigene Leben in dieser Form zu ergreifen und gestaltend auszubilden? Zunächst ist wohl die Ermutigung erforderlich, sich selbst immer wieder in die *Haltung des Schöpfers* der Form des eigenen Lebens zu begeben. Ich habe oft erfahren, welchen Mut es braucht, den eigenen Weg zu gehen. Das Leben als Kunst anzunehmen und auszuformen ist auch ein Wagnis. In der DDR bin ich in sehr engen Vorstellungen davon aufgewachsen, was ein gutes Leben sein soll. Schon früh sah ich das Erdrückende in diesen Vorgaben. Gleichzeitig war es mein Schicksal, in diese Gesellschaft hineingeboren zu sein. In der Pubertät erschloss ich mir langsam die Interessen und Beziehungen, in denen ich spürte, dass etwas *Eigenes* aufkeimen konnte, das den Ideen eines gelingenden Lebens meiner Gesellschaft entgegenlief. Dieser inneren Stimme zu folgen ist immer wieder ein Wagnis.

Jeder von uns ist in eine bestimmte Familie, soziale Situation und Gemeinschaft hineingeboren. Das ist der Boden, von dem aus wir die Arbeit an der einzigartigen Gestalt unseres Lebens aufnehmen können und dürfen. Dieser Prozess der Individuation bedeutet, dass ich in mir bestimmte Interessen, Talente, sinngebende Bezüge, Visionen und Träume wahrnehme, die meine innere Gestalt ausmachen. Durch meine Entscheidungen und Beziehungen wird diese innere Form auch äußerliche Gestaltungen hervorbringen, je nachdem, mit welchen Menschen ich mich verbinde, welchen Interessen ich nachgehe, welchen Beruf ich ergreife.

ZUR SELBSTWERDUNG GEHÖRT, die inneren Potenziale zu finden und zu entfalten. Das sollte eigentlich die vordringliche Aufgabe eines Bildungssystems sein: Die je individuellen kreativen Keime des Menschen zu erspüren und freizulegen, ihnen Atemraum zu geben. Ich erinnere mich noch sehr gut an meine Deutschlehrerin, die inmitten des genormten und ideologisierten Schulsystems der DDR mein Talent für das Schreiben erkannte und in dem ihr gegebenen Rahmen auch förderte. Oder mein Sportlehrer, der mir einmal nach dem Unterricht ganz ernst in die Augen schaute und sagte: »Mike, mit diesen Augen solltest du Lehrer werden.« Es waren Momente, wo in der gleichgemachten Kollektivbildung jemand den Samen in mir wahrnahm und vor allem auch ansprach. Und dieser innere Samen fühlte sich gesehen und hob dadurch den Kopf etwas mehr ins Licht.

Lebenskunst bedeutet also, *individuelle* Interessen, Talente, Fähigkeiten und Neigungen als die Substanz zu sehen und zu ergreifen, aus der sich das Werk des eigenen Lebens formen kann. Es bedeutet auch, darauf zu lauschen, wozu das Leben mich ruft. Nicht umsonst liegt schon im Wort »Be-ruf« der Ruf nach dem, was ich noch werden will. Noch stärker ist dieser Klang im Begriff »Be-rufung«, wo ich mich durch Rufung vom Leben in die Verantwortung genommen fühle, um eine Fähigkeit, die mir gegeben wurde, zurückzuschenken.

Die Frage nach dem richtigen »Be-ruf« ist also immer wieder ein Lauschen nach innen: Was ruft in mir? Welche noch nicht ausgeformte Fähigkeit will Raum gewinnen? Und ein Lauschen ins Leben hinein: Welche Türen öffnen sich, durch die ich ein neues Tätigkeitsfeld erschließen und bestellen kann? Bei mir war die Arbeit am Magazin EVOLVE solch eine Tür, durch die eine in mir vorgebildete Fähigkeit des dialogischen Sprechens und Schreibens einen Horizont fand, um sich auszubilden und Früchte zu tragen. Wie das eigene Leben in diesem Sinne fruchtbar sein kann, ist das kreative Feld der Lebenskunst.

Natürlich geschieht ein solches Lauschen immer in den sozialen Bezügen, in denen wir leben. Es gibt Menschen, die aus einer privilegierten Position eine große Freiheit im Suchen nach dem Ausdruck der eigenen Berufung haben. Aber zur Lebenskunst gehört auch die Kreativität, für das, was mir nun einmal gegeben ist, einen gehbaren Weg zu finden. Ich habe früher oft damit gehadert, in der DDR aufgewachsen zu sein und nicht die Freiheit der Menschen im Westen genossen zu haben. Aber im Laufe der Jahre habe ich gemerkt, welche einzigartigen Geschenke und Gaben durch mein frühes Leben in mir gereift sind. Ein Aspekt der Lebenskunst ist ja, auf dem Boden, der mein Leben nun einmal ist, nach den aufkeimenden Pflanzen Ausschau zu halten. Wenn ich mein Leben betrachte, habe ich auch das Gefühl, dass sich der Samen eines Potenzials mit einer gewissen *Unbedingtheit* entfalten möchte. Ich bin nicht den linearen Weg des Abiturs und Studiums gegangen, um meinem Schreibinteresse zu folgen, sondern es hat sich durch einige chaotische Wendungen hindurchgearbeitet und immer wieder Ausdrucksgelegenheiten gefunden. Wie auch immer sich der Weg des Lebens entfaltet, Lebenskunst beinhaltet auch, Frieden zu finden mit dem Gewordensein, wie es sich nun einmal gezeigt hat – und von dort aus den Blick zu heben in den *jetzt* möglichen Horizont.

WAS UNS DIE ARBEIT AN DER SKULPTUR des eigenen Lebens ermöglicht, ist unsere Entscheidungsfähigkeit. Es ist ein unglaubliches Geschenk der Freiheit, dass ich inmitten von allem, was meine Familie und Gesellschaft mir vorzeichnet, die Kraft der Entscheidung habe, meinen Weg zu gehen. Sich dieser Entscheidungskraft zu bedienen erfordert wiederum Mut. Besonders wenn ich Wege einschlage, die bestimmten Vorstellungen und Konventionen meines Umfeldes widersprechen. Mir dieser Kraft bewusst zu sein und sie als Geschenk zu ehren gibt mir den Pinsel in die Hand, um das Gemälde meines Lebens nach meiner inneren Vision zu malen. *Ich* entscheide über Formen und Farben. In jedem Augenblick kann ich entscheiden, wie ich den Tag gestalte, womit ich meine Zeit verbringe. Natürlich im Rahmen der Bedingungen, die ich mir in grundlegender Weise geschaffen habe und die mir mein Umfeld auch vorgibt. Das Leben ist immer ein Wechselspiel von solchen Gegebenheiten und dem, was ich hineingebe. Aber auch Gegebenheiten kann ich zu einem mir bestimmten Teil und über längere Zeit verändern. Genauso wie Gewohnheiten, Einstellungen und Verhaltensweisen. Es gehört zur Lebenskunst, hier verfeinert an der eigenen Lebensgestalt zu feilen. Dazu kann es hilfreich sein, Übungsfelder in das eigene Leben aufzunehmen, die diese Formung unterstützen. Meditation hat mich gefördert, indem ich innerlich zentrierter wurde. Die ehrenamtliche Arbeit im Hospiz hat mich darin geschult, mitfühlender zu sein. Tanzkurs. Gesangsstunden. – Was immer du wählst, wähle es, um deinen Ausdruck zu stärken.

Um zu wissen, in welche Richtung du diese Formung führen möchtest, ist eine innere Urteilskraft und eine klare Absicht erforderlich. Du musst wissen können, in welche Richtung du dein Leben bewegen willst. Ansonsten wirken einfach die Kräfte äußerer Erwartungen und innerer Gewohnheiten und führen zu einem Leben, das nicht vollends zu deiner möglichen Gestalt gefunden hat. Für die Entwicklung solch eines Unterscheidungsvermögens zwischen innerer Absicht und äußerer Erwartung ist es erforderlich, dir deiner eigenen Werte bewusst zu werden: Was ist mir wirklich wichtig? Was ist wesentlich in meinem Leben? Deine Werte geben die Richtung und den Ausdruck vor, mit denen du das Gedicht deines Lebens sich schreiben lässt.

DIE FRAGE NACH DEM RICHTIGEN LEBEN ist eine Grundfrage des Menschen. In der Philosophie sind als Basiswerte das Wahre, Schöne und Gute formuliert. *Lebenskunst* ist auch die Frage: Was ist für mich ein wahres, ein gutes, ein schönes Leben? Die konkrete Frage danach ergründet, ob ich in meinem Leben wirklich der in mir anwesenden Gestalt Raum gebe, ob sich der in mir liegende Samen vollends entfalten kann. So, dass er diesem »Inbild« entspricht, wie es Karlfried Graf Dürckheim nennt.[4] Also das Bild des Menschen, der ich werden kann, das in mir vorgebildet liegt und im Lauf des Lebens ausgebildet werden will. Bin ich darin entschlossen und ehrlich? Oder lasse ich mich von Ängsten, Gewohnheiten und Konventionen zurückhalten? Lebe ich *mein* Leben? Mein *ehrliches* Leben? Ein wahres Leben fragt auch danach, ob ich aufrecht für das einstehe, was ich als wahr erkannt habe. Oder mache ich Kompromisse? Bin ich in diesem Sinne authentisch, dass die Werte, die ich in mir als wesentlich erfahre, auch in der Welt und in meinen Beziehungen vertrete?

ZUR EHRLICHKEIT MIT SICH SELBST gehört auch die Konfrontation mit dem Schatten – all den inneren Impulsen, Überzeugungen und Mustern, denen ich mir nicht bewusst bin. Die Dichtung war immer auch ein Raum, in dem Menschen den Gang ins Dunkle wagten und in die verborgenen Winkel ihres Wesens vordrangen, um sie durch den Ausdruck in der Sprache gewissermaßen ins Licht des Bewusstseins zu bringen. Für mich war vor allem der französische Dichter Charles Baudelaire mit seinen Gedichten aus *Die Blumen des Bösen* solch ein Erheller des Dunklen.[5] In seinen Gedichten lotet er die Abgründe der Seele unerschrocken aus, bringt sie damit aber auch ins Licht der Dichtung, der Sprache und damit ins Bewusstsein. Denn das Problem an Impulsen wie Ärger, Wut, Hass, Verzweiflung, Minderwertigkeits- oder Schuldgefühlen, Gier, Selbstsucht, Neid oder Eifersucht ist nicht, dass sie da sind, sondern dass wir oft so tun, als wären sie *nicht* da. Wir merken nicht einmal, dass sie uns von innen her lenken. »Man wird nicht erleuchtet, wenn man sich Lichtgestalten vorstellt«, sagt der Tiefenpsychologe C.G. Jung, »sondern indem man sich die Dunkelheit bewusst macht.«[6] Aufbauend auf Jung formulierte Erich Neumann eine Ethik der Schattenintegration. Damit vermeiden wir durch den Prozess der Bewusstwerdung, dass wir das »Böse« in uns – wie blind – auf andere projizieren und so im Außen bekämpfen. Wir erkennen es in uns selbst und übernehmen Verantwortung dafür. Da wir immer auch mit unserem Kollektiv verbunden sind, hat eine solche Verantwortungsübernahme auch gesellschaftliche Bedeutung, wie Neumann ausführt: »Der Einzelne nimmt einen Teil der Last des Kollektivs in die eigene Verantwortung mit hinein und entgiftet und integriert in seiner inneren Verwandlungsarbeit dies Böse.«[7]

Für Neumann hängt die Ethik der Schattenintegration eng mit der Frage nach dem guten Leben zusammen. Ein gutes Leben fragt danach, ob wir durch das Kunstwerk unseres Lebens die Werte, die wir für wesentlich halten, befördern. Dient die Art, wie wir leben, dem Leben? Füge ich dem, was ist, etwas Konstruktives hinzu? Werden andere Menschen dadurch in ihrer Entfaltung unterstützt? Trägst du etwas Lebensdienliches zum Ganzen bei? Wirkst du mit an der Vision eines *bewussten Lebensstils*, in dem Verbundenheit – eine Wertschätzung für Schöpfung und

Mensch – zum Ausdruck kommt? Diese Frage nach dem guten Leben ist natürlich davon abhängig, was wir als gut empfinden. Und das kann sich ändern.

SO WICHTIG, WIE DIE FRAGEN nach dem wahren und guten Leben sind, in einer *POETISCHEN LEBENSKUNST* münden sie unweigerlich auch in die Frage nach dem schönen Leben. Das Schöne ist der Quell, aus dem das Wahre und Gute sich finden. Die Poesie ist ein Ausdruck des Schönen, versenkt sich in das Schöne, will davon künden und damit sprechen. Und wie wir auch schon vertieft haben: Die Erfahrung des Schönen verbindet uns mit der Welt. In ihr wird sie sprechend und spricht uns an. Im inneren Empfinden von Harmonie und Form verstehen wir die Wesen und Ereignisse des Lebens gleichsam von innen. Wenn wir selbst schöpferisch tätig sind, verstehen wir auch die kreative Kraft des Lebens im inneren Nachvollzug.

Der Philosoph Michel Foucault entwarf in seinem Spätwerk eine Lebenskunst, die er als *Ästhetik der Existenz* bezeichnete.[8] Aus antiken Quellen schöpfte er die Idee der Selbsttechnik in einer »Sorge um sich«, die uns eine »Kunst der Existenz« gestalten lässt. Diese Praktiken ermöglichen es den Menschen, »sich selber zu transformieren, sich in ihrem besonderen Sein zu modifizieren und aus ihrem Leben ein Werk zu machen, das gewisse ästhetische Werte trägt.«[9] Durch diese transformativ-ästhetische Praxis kann sich der Mensch so verändern, dass er einen gewissen »Zustand des Glücks, der Reinheit, der Weisheit, der Vollkommenheit oder der Unsterblichkeit« erlangt.[10]

Für Friedrich Schiller war die *ästhetische Erziehung* der Kern der Lebenskunst, weil sich nur in einem harmonischen Ausgleich von Verstand und Gefühl der Weg zu einem freien, schöpferischen Leben öffnet.[11] Der »ästhetische Zustand« war für ihn ein Bewusstseinsraum, in dem Denken und Empfinden,

Vernunft und Sinnlichkeit, Geist und Natur zu einer Harmonie kommen können. Dann werden wir weder durch impulsive Gefühle noch durch trennend-abstraktes Denken bestimmt, sondern finden in einer inneren Harmonie zur Veredelung unseres Charakters, zu einer »schönen Seele«. Und wenn sich innerlich eine seelische Harmonie verwirklicht, wird sie sich auch in unserem Erkennen des Wahren und unserem Mitgefühl der Güte zeigen. Wir entwickeln zudem ein inneres *ästhetisches Organ* für das Angemessene, Stimmige in einer Situation. Daraus erwachsen Intuition und Herzensintelligenz – eine innere Stimme. Wenn ich auf tiefgreifende Entscheidungen meines Lebens zurückblicke, dann sehe ich, dass dies nicht allein rationale Erwägungen waren, sondern dass sie auch meinem inneren Empfinden folgten in dem, was in der jeweiligen Situation das Richtige sei.

DIE ERFAHRUNG DES SCHÖNEN ERÖFFNET auch eine Quelle des Lebens, die in einer *POETISCHEN LEBENSKUNST* impulsgebend wird. Kathleen Raine verglich das Wahre, Gute und Schöne einmal mit der indisch tradierten Vorstellung von *Sat, Chit* und *Ananda* – Sein, Bewusstsein und Glücksseligkeit.[12] Jeder wache Moment der Existenz ereignet sich in diesem Sein, so wie es ist, in der wachen Bewusstheit für das, was ist, und in der Glückseligkeit, die im Grund des Bewusstseins anwesend ist. Diese Glückseligkeit erwächst aus der liebenden Verbundenheit mit dem Ganzen. Es ist ein Zustand der *Verzückung*, der daher rührt, dass ich im Schönen der dem Leben innewohnenden Liebe gewahr werde.

EIN ERFÜLLTES LEBEN IST EIN SCHÖNES LEBEN. Es ist ein »bejahenswertes« Leben, wie es der Lebenskunstphilosoph Wilhelm Schmid nennt. Gemeint ist nicht das »konsumtive Glück«, das von der »Spirale des Verbrauchs und des Verschleißes« lebt, sondern ein poetisches Glück, »das für einen Moment die Zeit vergessen lässt und den unscheinbaren Ort zum Universum macht, ein schöner Augenblick, der das Maß, die Existenz und selbst Geschichte sprengt, und von dem sich, wenn überhaupt, nur zärtlich, also poetisch reden lässt«.[13] Ein schönes Leben bedeutet auch, mich für diese Augenblicke zu bereiten, sie zu feiern und genießen zu können. Die Schönheiten, die mir geschenkt werden, kann ich mit offenen Armen empfangen und als Kraftquelle verstehen. Und oft stellen sich diese öffnenden Augenblicke in schöpferischen Momenten ein. Somit führt auch die Frage »Ist mein Leben schön?« zum Schöpferischen in uns. Schön ist das Leben, in dem die Schöpferkraft des Ganzen einen Ausdruck findet.

ES FÜHRT MICH DAMIT AUCH ZUM POETISCHEN. Ein poetisches Leben würde ich so in Worte fassen, dass sich darin der Samen der im Menschen anwesenden Schönheit des Ganzen ausformen kann. Die Poetik des Lebens erfüllt sich dabei in dem Zusammenspiel des Wahren, Guten und Schönen. Wobei das Schöne der Quellgrund ist, weil wir darin in Liebe mit allem verbunden sind. Lebenskunst in diesem Sinne ist etwas anderes als das Paradigma der »Selbstoptimierung«, das uns heute die Gesellschaft durch das Leistungsdenken vermittelt. Einer *POETISCHEN LEBENSKUNST* geht es nicht darum, wie wir »besser funktionieren« oder leistungsfähiger werden, reibungsloser mit dem Leben zurechtkommen.

Poetisch ist ein Leben dann, wenn die schöpferische Kraft des Ganzen sich darin immer wieder zeigen kann. Das kann auch schmerzlich sein – und umfasst auch die Brüche, das Scheitern, die Unvollkommenheiten. Die Skulptur, die wir hier schaffen, ist keine glatte reibungslose Fläche und Form, sie nimmt ihre Schönheit auch aus den Brüchen und Wunden. So, wie das Gesicht eines alten Menschen mit den Gruben und Falten des Gesichts, die gelebte Erfahrung ausdrücken. Wenn dieses Leben aber als erfüllt empfunden wird, dann leuchtet durch die Furchen des Gesichts ein Strahlen von ganz eigener Schönheit.

ZUR JE EIGENEN SCHÖNHEIT SIND WIR BERUFEN. Gerufen von einer Welt, die sich auch durch unseren schöpferischen Beitrag gestaltet. Was mein Beitrag, dein Vers sein kann, spüren wir darin, dass wir mit der Welt in all ihrer Komplexität verbunden sind. Eine *POETISCHE LEBENSKUNST* erwächst daraus, dass wir – du und ich – uns als Teil und schöpferischen Ausdruck eines größeren Lebensprozesses erfahren. Die Qualitäten, die wir in diesem Buch erforschen – Geheimnis, Staunen, Ehrfurcht, Berührung, Verletzlichkeit, Sehnsucht, Kreativität, Verantwortlichkeit und Dialog –, sind Bereiche unserer Existenz, die als Quelle dafür dienen können, unser Leben zu gestalten.

Insofern ist eine *POETISCHE LEBENSKUNST* eine schöpferische Lebenskunst, eine schöpferische Lebensform und Lebensformung. Nimm das Leben, das dir geschenkt wurde, mit allen Bedingtheiten, Beschränkungen und Verletztheiten vollkommen an. Erfahre dich selbst darin aber als den Ton, als die Farbe, den Klang und die Sprache, die zu formen du berufen bist. Im schöpferischen Lebensprozess sind die Beziehungen zu anderen Menschen und Wesen, zu den politischen Verhältnissen und sozialen Bedingungen miteingeschlossen. Aus dem brodelnden Zentrum einer kreativen Selbstwerdung kann sich diese schöpferische Energie in dein Leben ergießen, es durchfließen, um in Synergie und Ko-Kreation neue Formen des Umgangs mit der Welt zu finden und zu entdecken, die im Atem dieser Schöpferkraft als bejahenswert erscheinen.

»JEDER MENSCH SOLLTE KÜNSTLER SEIN«, schrieb Novalis,[14] ein Satz, der später von Joseph Beuys in seinem Erweiternden Kunstbegriff aufgegriffen wurde.[15] Das eigene Leben wird zu einem Kunstwerk, dessen Vollendung uns der Blick vom Sterben her eröffnet. Existenzielle Lebenskunst nimmt den Blick vom Tod her ein und speist die Frage nach einem gelingenden Leben mit der dringlichen und versöhnenden Intensität, die uns ereilt, wenn wir resümieren, wie »bejahenswert« unser Leben – im Angesicht unseres Sterbens – war, ist und sein wird.

Vor vielen Jahren besuchte ich ein Seminar zum Thema »Tod und Sterben«. In einer Übung sollten wir uns vorstellen, am Ende des Lebens in einem Lehnstuhl zu sitzen – im Inneren eines Tales, etwas erhöht und mit guter Sicht auf die Landschaft des eigenen Lebens –, um darauf zurückzublicken. Im Angesicht des Todes wird deutlich, was wesentlich, was wahr, gut und schön war. Wenn ich mir schon jetzt die Zeit für eine solche Reflexion nehme, kann ich die Dichtung meines Lebens gewandelt weiterschreiben.

Du musst dein Leben ändern

DER IMPULS FÜR EINEN SCHÖPFERISCHEN WANDEL kommt aber nicht nur aus dem Erkennen der existenziellen Endlichkeit, sondern auch aus dem Anfragen der Welt. Die Begegnung mit der Welt und die ungeübte Fähigkeit, auf das, worin sie uns anspricht, angemessen und sinnfindend zu antworten, hat Menschen immer schon dazu geführt, sich auf Übungswege zu begeben, um zu der Gestalt zu werden, die näher, flexibler, treffender, achtsamer auf die Welt antworten kann. Deshalb ist Lebenskunst auch eng verwoben mit einer *Lebenspraxis*, in der wir uns Erfahrungsräume erschließen, um ein noch schlummerndes Potenzial wach werden zu lassen.

ICH KANN MICH AN EINE SITUATION in meinem Zwanzigern erinnern, als ich viele Bücher über Meditation und Buddhismus gelesen habe. Ich merkte, dass ich zwar viel davon intellektuell verstand, aber innerlich gar nicht empfinden konnte. Ich fuhr einmal in der Bahn und las ein Buch des Dalai Lama. Eine Mitfahrerin beschwerte sich, ich hätte ihr keinen Platz gemacht, als sie an mir vorbeiging. In mir stieg Aggression hoch und wir wechselten einige wütende Worte. Danach spürte ich den Schmerz der großen Lücke zwischen dem, was ich erkennen, und dem, was ich leben konnte. Das war einer der konkreten Auslöser dafür, in das Zen-Kloster zu gehen, um intensiv Meditation zu praktizieren.

Eine Übung, egal, welche es ist – Meditation, Kunstform oder Sport –, kann uns in eine »Vertikalspannung« versetzen, wie es Peter Sloterdijk nennt.[16] Wir folgen bestimmten Handlungsformen, um darin eine innere Haltung und/oder eine äußere Fähigkeit immer sensibler und umfassender zum Ausdruck zu bringen. Im Idealfall entwickeln wir darin eine Meisterschaft. Sloterdijk regt dazu an, unsere *übende* Lebensweise als eine neue Kernfähigkeit des zeitgemäßen Menschseins zu deuten, wertzuschätzen und zu entwickeln. Der »Imperativ« des Wandels kommt für ihn aus der Krisenhaftigkeit unserer Zeit, die uns auffordert, unser Leben grundlegend neu zu gestalten. Sloterdijk nimmt dabei eine Forderung Rilkes in dem Gedicht *Archaïscher Torso Apollos* auf.

> **Denn da ist keine Stelle, die dich nicht sieht.**
> **Du musst dein Leben ändern.**[17]

SOLCH EIN WANDLUNGSOFFENES LEBEN wird zum »Alltag als Übung«, wie es Graf Dürckheim in Anknüpfung an die Zen-Kultur Japans formulierte.[18] Sein gleichnamiges Buch ist einer der Texte, die mich intensiv geprägt haben. Als ich es zum ersten Mal las, war ich im Dürckheim-Zentrum in Rütte. Dort lernte ich die Kraft übender Bezüge tiefer kennen: Die tägliche Meditation, die mit dem Geläut der Glocke einer kleinen Kapelle mitten im Ort angekündigt wurde. Die Stunden in bestimmten Übungsformen wie Schwertkampf oder geführtem Zeichnen. An dem Buch *Der Alltag als Übung* inspirierte mich besonders, dass in solch einem *übenden Leben* jedes Handeln – sei es noch so alltäglich – das Tor zum Geheimen öffnen kann. Ein so verstandenes Leben wird von innen her, von seinem verkörperten Vollzug her Sinn-schwanger, weil jeder Augenblick die Potenzialität enthält, uns für das darin wirkende Geheimnis hellhörig werden zu lassen, es schöpferisch aufzunehmen und weiterwirken zu lassen. Aus dieser Sicht wird der ganze Alltag zum Erfahrungsfeld der inneren und äußeren Wandlung.

Eine *übende* Lebenskunst lebt von der Bereitschaft, sich wandeln zu lassen. Wir selbst werden der offene Raum, in dem sich das Mögliche unseres Menschseins gestaltend und Ausdruck-findend erkennt. So ist der Wille und die Liebe zur Wandlung die Signatur einer Lebenskunst, die sich immer neue Möglichkeitsräume und Seinsräume eröffnen will. Das ist eine Lebenshaltung, in der wir immer bereit sind, aufzubrechen und neu zu werden. Jeder und jede von uns kann so im Gang unseres ganz alltäglichen Lebens dem Geheimnis des Poetischen den Boden bereiten. Das ist nichts weniger als eine Wiederverzauberung unseres Seins mit den Mitteln unserer eigenen Entschlusskraft, Sensibilität und Kreativität. Wir werden in diesen universalen Übungsraum des Lebens gerufen von einer Welt, die übende, schöpfende Menschen braucht, um den Weg zu ihrer Zukunft zu finden. Eine POETISCHE LEBENSKUNST ist eine *übende* Lebenskunst, der es nicht um ein wie auch immer geartetes perfektes Endbild geht, sondern um das Wagnis des Prozesses, des Experiments, um darin auszuloten, wer wir werden können.

Ein Strömen von innen
Ein Wachsen von weit

Der Blick offen und sichtig
So

Inmitten des Lebens
Erfunden zu sein

Gefunden vom
Nächstoffenen Horizont

Und unter uns
Leuchten die Tage uns
Frei
Zueinander

KAPITEL 11

Beginne ganz nah – Verantwortlichkeit

In der schöpferischen Vision kann sich der Blick in eine Welt öffnen, die unseren Träumen von einem gerechteren, bewussteren, verbundeneren Leben entspricht. Wir wollen aktiv werden, uns einbringen, antworten. Hier wird das Poetische politisch. In diesem Kapitel gehe ich der Möglichkeit eines poetischen Aktivismus nach und dem, was jeder und jede von uns tun kann für die vorstellbare Welt, die wir in unserem Herzen tragen.

DER IMPERATIV EINER ÜBENDEN LEBENSKUNST »Du musst dein Leben ändern« umfasst in unserer Verbundenheit mit der Welt auch eine politische Aufforderung: Du musst die Welt verändern. Eigentlich können wir gar nicht anders, als die Welt zu verändern. Denn immer schon wirke ich durch mein Tun und Lassen, durch das, was ich kaufe, womit ich meine Zeit verbringe, durch die Menschen, mit denen ich mich verbinde, durch die Anliegen, für die ich mich einsetze, in das Gefüge unseres Zusammenlebens miteinander und mit der Erde hinein.

Die Poesie weiß zuinnerst von dieser Wechselwirkung und sie hält in ihrem visionären Blick häufig auch das Bild einer möglichen Welt, in der diese Verbundenheit Ausdruck findet in dem, wie wir als Menschen miteinander und mit der großen Familie der lebendigen Wesen umgehen. Im Herzen des poetischen Spürens sehnen wir uns nach einer Welt, in der Gerechtigkeit, Frieden und Lebensfreundlichkeit darin sichtbar werden, wie wir unsere gesellschaftlichen Beziehungen bilden und politische Entscheidungen treffen. Wenn wir so über die politische Relevanz des Poetischen sprechen, stellt sich die Frage: Was können wir tun? Das ist die Frage nach dem Einsatz für die mögliche Welt, die sich in meiner, in unserer Vision zeigt.

Denn wir alle können daran mitwirken, eine neue Geschichte unseres Lebens als Menschen zu erzählen, können am Gedicht einer neuen Kultur mitwirken. In einem poetischen Aktivismus können wir die Welt neu entdecken und gleichzeitig neu erfinden.

Die Tiefenökologin Joanna Macy spricht von drei Formen des Aktivismus: Die erste Form ist der Einsatz gegen die Zerstörung, zum Beispiel die Protestaktionen im Hambacher Forst gegen die Rodung der Bäume. Die zweite Form ist die Gestaltung alternativer Lebensformen, in denen sich die neu gefundene Welt schon als Samen zeigt und entfalten kann. Das könnten Gemeinschaftsprojekte sein, Gemeinwohlökonomie in einem Unternehmen oder ein gemeinschaftlicher Garten in der Stadt. Die dritte Form des Wandels ist die Transformation unserer Weltsicht, des Bewusstseins und unseres sozialen Miteinanders.[1]

DIE NOTWENDIGKEIT EINER VERTIEFUNG des eigenen Bewusstseins wird vielen Aktivisten, die sich für ökologischen und sozialen Wandel einsetzen, immer deutlicher. Eigentlich beginnt ja jeder Aktivismus im Erkennen, dass etwas in der Welt falsch läuft. Oder in einer Erfahrung der Liebe zur Schöpfung, wie sie mir Timo Luthmann in einem Gespräch beschrieb. Aus dem Erleben der Verbundenheit mit der Natur war es für ihn als junger Mensch nicht mehr auszuhalten, wie wir mit der Erde umgehen. Seit vielen Jahren ist er in der Klimabewegung aktiv und hat die Initiative *Ende Gelände* mitbegründet. Im Laufe der Zeit sah er aber auch, dass viele der Aktivisten ausbrannten, weil sie die Intensität der Aktionen nicht durchhielten und auch nicht wussten, wie sie konstruktiv mit Gefühlen der Wut, Ohnmacht, Trauer, Verzweiflung und Erschöpfung umgehen konnten. Deshalb konzipierte Luthmann einen »nachhaltigen Aktivismus«, in dem Meditation und wertschätzende Kommunikation einen Raum bieten, um immer wieder auch die Heilkräfte im eigenen Bewusstsein wirken zu lassen.[2]

Luthmanns »nachhaltiger Aktivismus« entspricht im Grundsatz auch den Zielen des *Sacred Activism*.[3] Hier kommt das Handeln aus der Verbundenheit mit der Erde oder mit unterdrückten Menschen und Wesen – es ist beseelt von einer möglichen Vision eines nachhaltigen Zusammenlebens. Aggressivität, Schuldzuweisungen und eine Haltung des »Gegen-die-anderen-Kämpfen« wird hier als dem wandelnden Handeln nicht zuträglich angesehen. Auch in den Grundsätzen von *Extinction Rebellion* zeigt sich diese Haltung, nicht nach den wenigen Schuldigen suchen zu wollen, sondern darauf zu fokussieren, wie wir alle mit unserem Handeln entweder zur Zerstörung oder zur Regeneration des Planeten beitragen. Die Aktionen sprechen die Kreativität, Inspirationskraft und das Mitgefühl der Menschen an. Mit ästhetischen Elementen aus Performance und Theater, dem Einbezug von Ritualen und der partizipativen Struktur im Stile von Bürgerräten wirken sie an einer Poetisierung des Protests mit.

WIE EIN POETISCHER AKTIVISMUS AUSSEHEN KÖNNTE, zeigte sich mir besonders eindrücklich in einem Gespräch mit Robin Alfred, der viele Jahre als Aktivist in London engagiert war und seit langer Zeit im Ökodorf Findhorn in Schottland lebt.[4] Auch er erlebte ein Burn-out in seiner aktivistischen Tätigkeit und suchte nach tieferen Quellen im Einsatz für den Wandel. Daraus konzipierte er ein Fünf-Schritte-Programm für einen regenerativen Aktivismus: Im ersten Schritt erkenne ich, dass ich Teil und Ausdruck eines evolutionären Prozesses bin, der in Milliarden Jahren alles hervorgebracht hat, was existiert. Auch mich. Das geht einher mit Dankbarkeit und Wertschätzung für dieses kostbare Dasein. Als Zweites öffne ich mich in einer radikalen Gegenwärtigkeit dem, was ist. Auch dem Leiden und dem Schmerz der Welt. Ich fühle es, schaue ihm in die Augen, ohne mich abzulenken oder davon zu trennen, halte den Schmerz im Herzen. In einem dritten Schritt öffne ich mich für die Anwesenheit einer größeren, mich übersteigenden Kraft. Ein Wunder des Seins, das meinen Schmerz in sich aufnimmt. Die Hand eines Göttlichen, die mich trägt. In einem vierten Schritt gehe ich in die Stille und höre, was als Antwort auf das, was ich in meiner Gegenwärtigkeit wahrnehme, aufsteigen möchte. Ich höre mir selbst zu. Aus dem Zuhören setze ich meinen fünften Schritt direkt in ein konkretes Handeln. Für diesen Schritt ins Tun zitiert Alfred gern ein Gedicht von David Whyte mit dem Titel *Beginne ganz nah.*

Beginne ganz nah,
mach nicht den zweiten Schritt
oder den dritten,
beginne mit der ersten
wichtigen Frage
ganz nah,
mit dem Schritt,
den du nicht tun willst.[5]

EINIGE ZEIT LANG WAR ICH IN EINER INITIATIVE AKTIV, die sich unter dem Motto *Stiller Aufstand* solch einem Aktivismus des nahen Anfangens widmet.[6] Initiiert von dem Kommunikationswissenschaftler und Achtsamkeitslehrer Claus Eurich ist das Ziel dieses Zusammenschlusses, Menschen in ihrer Sorge, Trauer und ihrem Antworten auf die Zerstörung der Erde und ihrer Wesen zu verbinden. Gemeint ist ein Aufstehen, sich in die Verantwortung stellen, und die Zerstörung, die geschieht, erst einmal zu spüren. Miteinander zu spüren. Still ist es, weil es nicht darum geht, die Schuldigen zu finden und zu bekämpfen oder in aufsehenerregenden Aktionen diesen Emotionen Ausdruck zu geben – so wichtig das auch sein mag. Ein stilles Aufstehen beginnt klar, kompromisslos, existenziell und ganz nah: Wie kann ich in meinem Leben auf die Zerstörung antworten – mit meiner Ernährung, meinem Konsum, meinem Umgang mit Geld, Müll, Reisen, überhaupt Mobilität? Wohin gebe ich meine Zeit und Aufmerksamkeit, welche Medien frequentiere ich, welche Freundschaften und Beziehungen pflege ich, welcher Arbeit gehe ich nach – und *wie* tue ich das alles? Im Grunde wird dann das *ganze* Leben zum Raum des Aktivismus, das Engagement für den Wandel ist keine isolierte oder spezielle Tätigkeit, sondern ein inneres, umfassendes Anliegen. Ein sinngebender wie weitreichender Impuls.

Solch eine existenzielle Radikalität scheut aber auch nicht, die Systeme, in denen wir leben, zu hinterfragen und neu zu denken. So, wie es Claus Eurich mit der Idee anregt, ein »Erdparlament« zu gründen, damit bei politischen Entscheidungen auch die nicht-menschlichen Wesen eine Stimme erhalten. Oder die Überlegung, statt der Menschenrechte gleich die Lebensrechte in das Grundgesetz aufzunehmen: »Die Würde des Lebens ist unantastbar.«[7]

Die Fähigkeit zu antworten

DIE FRAGE »WIE KANN ICH ANTWORTEN?« ist eigentlich immer relevant. Das Leben stellt uns immer und immer wieder die Frage nach unserer Fähigkeit zu reagieren. In diesem Sinne möchte ich hier Verantwortung auch verstehen als *Response-*

Ability: Die Fähigkeit, Antwort zu geben. Als Fähigkeit, in das Gespräch des Daseins einzutreten. Wo diese Antwort liegt, spüre ich im mitfühlenden Herzen. Es müssen auch nicht immer die großen Antworten sein. Wie groß sie sein werden, liegt nicht bei mir. Greta Thunberg »begann ganz nah«, indem sie sich mit dem Schild »Schulstreik fürs Klima« freitags vor das schwedische Parlament setzte. Sie wusste nicht, dass daraus die globale Bewegung *Fridays for Future* entstehen würde. Die Wirkung meiner Antwort liegt nicht in meiner Hand. Ein Aktivismus, der sich allein davon leiten lässt, wie viele Menschen oder wie viel Aufmerksamkeit erreicht wird, operiert selbst in einem berechnenden, instrumentellen Denken, das uns in viele unserer Krisen geführt hat. Ist es weniger wert, einem Sterbenden die Hand zu halten, als an einer Demonstration teilzunehmen? Solche Vergleiche sind im Raum des existenziellen Antwortens nicht stimmig, sie gehen am Eigentlichen vorbei.

EIN POETISCHER AKTIVISMUS FOKUSSIERT SICH vielmehr auf die *existenzielle Qualität* eines Handelns. Was nützt es, wenn ich gegen die Folgen unserer Trennung von der lebendigen Welt demonstriere, selbst aber in dieser Trennung denke? Oder wenn ich globale Ungerechtigkeit kritisiere, aber meinen Konsum und meine Lebensgewohnheiten nicht verändere? Statt unsere Lebenssysteme nur von *außen* zu hinterfragen, verändere ich sie von *innen*, indem ich mein Bewusstsein und mein Leben wandle. Dazu gehört auch das Antworten auf Notlagen, die mich besonders berühren oder bei denen ich durch mein Talent oder meine Betroffenheit etwas zu geben habe. Der Einsatz für den Wandel kommt dann auch aus der inneren Inspiration und Herzintelligenz. Dann kann Aktivismus zu einer Feier des Lebens werden: Ich entfalte mein in mir wohnendes Potenzial und finde Wege, es zum Ausdruck zu bringen und darin auf die Welt, wie sich mich berührt, konsequent zu antworten. Im handelnden Antworten verbinde ich mich mit Menschen, die meine Sorgen und Inspiration teilen. So können in meinem Einsatz für den Wandel schon die Wertschätzung, Verbundenheit und Gerechtigkeit lebendig sein, die mir in den gesellschaftlichen Systemen fehlen.

Ein wunderbares Beispiel für poetischen Aktivismus ist Uta Hauthal, eine Freundin und Autorin aus Dresden. Mit einem Fahrrad, versehen mit dem Schild »Poesie-Tankstelle«, macht sie sich immer wieder auf den Weg durch Ostdeutschland oder die Schweiz. Von Marktplatz zu Marktplatz. Sie spricht Passanten an: »Möchten Sie, dass ich Ihnen ein Gedicht lese?« Im Gepäck hat sie eigene Texte oder solche von Erich Kästner und anderen Dichtern. Die trägt sie den Menschen vor, die häufig seit ihrer Schulzeit kein Gedicht mehr gelesen oder gehört haben. Kommt mit ihnen ins Gespräch. Erfährt von ihren Sorgen, fragt nach, zeigt Verständnis. Sie setzt so einen ganz nahen Impuls für Menschlichkeit und Wertschätzung an einem konkreten Ort, um dann weiter zum nächsten zu radeln.[8]

JEDER VON UNS WIRD EINE ANDERE ANTWORT finden auf die Ansprache der Welt. Ein Leitstern dabei kann nicht allein die intellektuelle Reflexion, sondern vielmehr die innere Berührung sein, um dort zu wirken, wo wir sind: Welche Gaben und Talente kann ich schenkend mit der Welt teilen? Welches Anliegen zieht mich innerlich an oder ruft mich besonders laut? Wo sind andere Menschen, mit denen ich mich in meinem Engagement verbinden kann? Bei welcher Aufgabe erlebe ich tiefe Freude und vielleicht auch eine herausfordernde Aufregung? Wo und wie will ich liebend der Welt antworten? Und dabei ganz nah beginnen?

Trage mich frei
In die unsichtbar unsichere Welt

Sie fernt uns hervor

Du neigst dich in den begonnenen Horizont
Und deine Taten künden
Gesang an

Wir hören zu
Vertrauen dem Leben

Du hast nichts anderes
Um dich wachzuhalten

Bei allem was ist
Und sein wird

Gehe gelassen
Und werde zu dem
Der dich wirft

Über alle Ziele hinaus

KAPITEL 12

Niemand überlebt ein echtes Gespräch – Dialog

Eine *POETISCHE LEBENSKUNST* eröffnet ein Gespräch mit allem, was ist. Wir werden ansprechbar, lauschen hinein, antworten dichtend. Dialog ist die innerste Lebensform des Poetischen. In diesem Kapitel zeige ich auf, wie uns eine dialogische Haltung in ein Zwiegespräch mit uns selbst, mit den Ereignissen, mit anderen Wesen, mit unseren Mitmenschen führt. Ich gebe einige Hinweise zu Haltungen, die den Dialog unterstützen und am Ende komme ich wieder dort an, wo unsere Reise begann – denn im Grunde ist Poesie die Einladung in das nie endende Gespräch mit dem Mysterium unseres Hierseins.

WIR SITZEN IM KREIS. ES IST STILL. Wir spüren den Raum zwischen uns. Es ist nicht nur der physische Raum, in dem wir jetzt sind. Auch in unserer gemeinsamen Anwesenheit entspannt sich ein Feld. Wir beginnen einen Dialog. Es gibt kein vorgeschriebenes Thema. Worüber wir sprechen, entsteht aus diesem Feld zwischen uns. Wir sind offen für das, was sich darin zeigen will. Jemand sagt: »Ich spüre eine stille Verbundenheit und wie kostbar es ist, so in einem gemeinsamen Lauschen zu sein.« Jemand anderes fügt hinzu: »Ja, und darin ist eine offene Erwartung, was sich jetzt im Gespräch zeigen möchte.« Ich merke, wie dadurch, dass Verbundenheit, Kostbarkeit und Erwartung angesprochen werden, sie auch in meiner Wahrnehmung lebendig sind. Ich empfinde eine Zartheit im vorsichtigen Weben des Gesprächs zwischen uns. Eine Frau merkt an, dass in solch einem Sprechen die Worte nicht auf Dinge oder Gegenstände außerhalb des Gespräches verweisen, sondern auf sich selbst. Sie werden zu Türen, zu Öffnungen, durch die wir wie auf das Leben selbst schauen. Das Leben selbst scheint sich darin zu zeigen und sich durch uns zu entdecken. Ich spüre meine Resonanz mit dem Gesagten nicht aus meinem Verstand kommend, nicht aus dem, was ich schon zu wissen glaube. Sie kommt aus einem inneren Angesprochensein, einem Widerhall, von dem ich selbst noch gar nicht weiß, was es genau ist. Erst als ich es ausspreche, wird mir klar, was ich sagen will. Was der Dialog durch mich sagen will: »Es ist, als würden wir jetzt gemeinsam ein Gedicht sprechen, in ein Gedicht sprechen. Das fließende Sprechen ist wie ein gemeinsames Dichten.« Je mehr Anwesende ihre Stimme erheben, sich hineinfallen lassen in dieses sprechende Fließen, um so gehaltvoller, mehrschichtiger wird das Weben des Gesprächs. Ein junger Mann sagt: »Ich spüre eine Lebendigkeit in meinem ganzen Körper, mein Herz pocht warm und etwas aufgeregt. Ich merke, wie gespannt ich bin, wenn jemand spricht, der bisher still war. Es ist, als würde der Raum zwischen uns eine neue Stimme bekommen.« Eine Frau gegenüber erwidert: »Ich wünschte, ich würde in allen Gesprächen in solch einer Bewusstheit anwesend sein. Wie anders wäre dann mein Alltag. Meine Beziehungen. Wie anders könnten auch Gespräche in meinem Team oder politische Diskussionen geführt werden?« »Ja, und wir können es jetzt üben«, nimmt jemand den Faden auf, »jetzt können wir diese Offenheit lernen, nicht nur mit unserer schon vorgebildeten Meinung da zu sein, sondern offen für das, was hier entstehen will.« Und ein junger Mann fügt hinzu: »Dazu braucht es ein echtes Zuhören. Ich habe das Gefühl, dass ich meistens gar nicht zuhöre. Aber jetzt bin ich so sehr bei allem, was gesagt wird.« Es ergreift jemand, der bisher geschwiegen hat, das Wort: »Also, ich weiß nicht, ob ich das mitempfinden kann, was ihr sagt. Ich spüre noch Angst, mich einzulassen. Für ein tiefes Gespräch braucht es auch ein Vertrauen. Und dann ist es mir ein bisschen zu harmonisch. Denn einfach nur durch Zuhören wird man nicht alle Fragen lösen können.« »Ja, da hast du sicher recht«, antwortet jemand, »aber zuzuhören ist doch ein erster Anfang. So wie ich jetzt dir zuhöre, obwohl du eine andere Wahrnehmung und ein anderes Bedürfnis hast als ich«. Und eine Frau sagt jetzt: »Mit deiner Frage hast du gerade unseren dialogischen Raum erweitert und kreativer gemacht. Was bedeutet denn eigentlich Vertrauen in so einem Gespräch? Wie zeigt sich Vertrauen hier neu?« In mir entsteht eine Resonanz darauf: »Ich merke, dass es ein besonderes Vertrauen ist, weil es nicht nur aus meiner Beziehung zu den einzelnen Anwesenden kommt, sondern aus der offenen Mitte des Gesprächs. Niemand will das Gespräch dominieren, es atmet daraus, dass es offenbleiben darf.« Und jemand führt den Gedanken fort: »Ja, und in dieser offenen Mitte ist etwas anwesend, das uns alle übersteigt. Das Ganze unseres Gesprächs ist mehr als wir Teilnehmenden. Da ist eine Intelligenz, die aus dem gemeinsamen Einlassen kommt.« Darauf ein anderer: »Gleichzeitig erfahre ich mich selbst neu in diesem Gespräch. Ich entdecke jetzt in unserem Austausch neu für mich, was Vertrauen eigentlich bedeuten kann. Und wie wichtig diese Haltung der Offenheit ist. Dabei spüre ich auch, wie verschlossen ich oft bin.« Eine Frau stimmt zu: »Ja, ich spüre auch, dass sich mein Selbstgefühl wie in diese lebendige Mitte hin erweitert. Es entsteht ein Wir, in dem ich mich neu erfahre. Die Verbundenheit, von der wir zu Anfang gesprochen haben, erschließt sich mir jetzt auf einer tieferen Ebene. Ich spüre sie wie in meine Zellen eingesunken.« Mit dieser Kreisbewegung zum Anfang scheint unser Gespräch eine vorläufige Ankunft gefunden zu haben. Wir enden mit einer Stille und spüren, wie sich unsere Wahrnehmung des gemeinsamen Raumes im Laufe des Sprechens und Lauschens verändert hat.

MIT DIESER SKIZZE EINES DIALOGES möchte ich das letzte Kapitel beginnen. Ich spreche damit etwas an, das man als »dialogische Antwortkunst« bezeichnen könnte. Auf das Leben zu antworten bedeutet, die schöpferische Kraft in uns, zwischen uns und um uns wahrzunehmen. Die Verantwortung, in der wir als Menschen stehen, wenn wir in ein Gespräch mit dem Leben eintreten. Der *Dialog* selbst ist sozusagen die Daseinsform dieses schöpferischen, verantwortlichen Sprechens mit der Welt. In gewissem Sinne habe ich in diesem Buch von nichts anderem gesprochen als von der Möglichkeit, mit dem Leben in eine dialogische Resonanz zu kommen.

Eine dialogische Haltung ist der Quellpunkt der Poesie. Die Poesie will mit der Welt in ein Gespräch eintreten, in Worten von der Begegnung künden. Wenn ich ein Gedicht schreibe, dann trete ich in einen Dialog mit mir selbst und mit dem, was mir begegnet. Das poetische Sprechen will Dinge, Wesen, Ereignisse nicht benennen und »festnageln«, sondern freilassen und *zum Sprechen bringen*. Ich warte, bis sich aus dem inneren Zuhören ein Wort ergibt, in dem sich etwas Erlebtes ausdrückt. Im Fluss des dichtenden Sprechens ziehe ich die Welträume, aus denen und zu denen ich spreche, hinein in das Gespräch. So wird im Dichten die ganze Welt sprechend und ansprechbar. Wenn ich ein Gedicht lese, dann spricht mich die Dichterin, der Dichter an und ich kann über Zeit und Raum in einen lebendigen Dialog eintreten.

Die dialogische Dynamik des Dichtens ist für mich ein Bild für eine poetische Lebensform, in der ich immer mehr zu jemandem werde, der mit der Welt sprechen will und sich von ihr ansprechen lässt. Deshalb geht es in dieser Sicht nicht nur um neue Wege des Miteinander-Sprechens, sondern um eine neue Seinsform, die für mich heute dringend notwendig ist. Denn ich denke, dass viele unserer Krisen damit zu tun haben, dass wir nicht mehr *zuhören* und *zusprechen* können – uns selbst, einander, den lebendigen Wesen um uns, den Möglichkeiten unserer Zukunft. Wir können heute neu lernen, dass wir Gespräch sind – und bald vielleicht Gesang, wie es Hölderlin in seinem Gedicht *Friedensfeier* beschrieb:

Viel hat von Morgen an,
Seit ein Gespräch wir sind und hören voneinander,
Erfahren der Mensch; bald sind wir aber Gesang.[1]

VON DEN FORMEN DES VERBUNDENEN, schöpferischen Sprechens geht ein wichtiger Impuls aus, hin zu einer poetischen Lebensweise. Deshalb ist für mich im Laufe der Jahre die Erforschung, Praxis und Vermittlung des *Dialogs* eine unerschöpfliche Quelle der Erkenntnis, des Lernens, der Transformation und Ko-Kreativität geworden. In einer inneren Resonanz mit dem Schreiben und Lesen von Gedichten ist es ein gemeinsames Sprechen und Angesprochen-Werden. *Dialog* ist ein gemeinsames Dichten. Wir nutzen Sprache dabei als die kreative Substanz, durch die sich in uns und zwischen uns neue Wahrnehmungen, Einsichten, innere Wandlungen sowie auch Ideen und Lösungen zeigen können. Das Spektrum des *Dialogs* reicht von einer Praxis des tieferen Spürens von Gegenwart, wie in dem Kreis, mit dem ich dieses Kapitel begonnen habe – über Gespräche zu bestimmten Themen – eine tiefere Begegnung in Beziehungen oder neue Kreativität in Teams – bis hin zum Austausch im gesellschaftlichen und politischen Kontext.

Jede Ausgabe des EVOLVE-Magazins zum Beispiel ist das Ergebnis eines dialogischen Erforschens des Themas, bei dem sich durch neue Einsichten und Impulse der Inhalt nach und nach erschließt. Die EVOLVE-Salons[2], die es in mehr als 20 Städten gibt, setzen dann diese Erkundungen mit den Lesern fort, und oft entfaltet sich darin der Inhalt noch weiter und führt häufig schon zum möglichen Thema einer nächsten Ausgabe. Mit der Initiative EVOLVE LIVE bringen wir dann brennende gesellschaftliche Themen in den Raum eines dialogischen Prozesses, wie im Februar 2020 bei einer EVOLVE-Konferenz über den Einfluss der Digitalisierung auf unser Menschsein.[3] Derartige inhaltliche Dialoge schöpfen aus der Praxis der *Emergent Dialogues*, die wir in der Arbeit des EMERGE BEWUSSTSEINSKULTUR e. V.[4] entwickeln. Impulsgeber dieser Dialogform sind der Philosoph Thomas Steininger und die Entwicklungspsychologin Elizabeth Debold sowie eine Gruppe langjährig Übender. Gemeinsam praktizieren wir hier den *Dialog* auch als eine *spirituelle Praxis* in Verbindung mit Meditation, philosophischer Reflexion, leiblicher Sensibilisierung, Naturbegegnung und Aktivismus. Aus dieser Arbeit schöpfe ich, wenn ich hier zum Abschluss des Buches das dialogische Wesen einer *POETISCHEN LEBENSKUNST* auffächern möchte.

Unterwegs zum Herzland

IM DIALOG VERGEGENWÄRTIGEN WIR eine Grundvoraussetzung unseres Daseins: Wir sind immer in Beziehung, eingewoben in ein unendliches, vielschichtiges Netz aus Erlebnissen, Begegnungen, Freundschaften, Partnerschaften, Gedanken und Empfindungen.[5] Wir sind Teil eines unendlichen kreativen Prozesses namens Universum. Sind als Leib ein Wesen der Natur, im Geistigen eingebunden in das Denken und Wirken vieler anderer Menschen. In der Imagination leben Ideen, Bilder und Symbole, in der Inspiration werden wir durch Eingebungen angesprochen. In unserer *Innerlichkeit* haben wir teil am Geheimnis des Bewusstseins. Im *Dialog* gestalten wir den Raum der universellen Durchdringung und machen ihn miteinander fruchtbar. Wir lauschen hinein und sprechen daraus. Lernen uns darin und dadurch immer wieder neu kennen. Lernen die Welt und die Zukunft neu hören.

Poesie ist ihrem Wesen nach *dialogisch*, weil darin das ganze Leben zum Gespräch wird. Jetzt, in diesem Moment, wo ich diese Zeilen schreibe, reicht ein ganzes Universum von Erlebnissen und Erfahrungen in mich hinein. Es ist die Frühlingswiese vor mir mit ihrer gelben Pracht, der Birnbaum neben dem Haus mit seinen zartoffenen Blüten. Der Wald in der Weite, der sich in jungem Grün sonnt, der Berg, auf dem noch letztes Weiß ruht. Es ist die Frage einer Welt, die gerade nach Wegen aus einer Pandemie sucht. Es ist die Suche nach den richtigen Worten, um das zu vermitteln, was ich sagen möchte. So viel mehr.

In meinem Interview mit David Whyte wies der Dichter immer wieder daraufhin, dass für ihn in einer poetischen Haltung die gesamte Wirklichkeit zu einem Gespräch wird. Er bezeichnet es als »the conversational nature of reality« – das Wesen der Wirklichkeit ist ein Gespräch.[6] Das bedeutet zunächst, ich gehe in Verbindung mit dem, was mir begegnet. Ich höre zu, ich erlausche. Was ist das, was mir hier begegnet? Fragen sind entscheidend in diesem Gespräch, um darin auch etwas Unbekanntes Platz nehmen zu lassen. Ein gutes Gespräch ist eines, in dem ich etwas über das Leben und die Welt erfahre, was mir bisher nicht zugänglich war. Mir wird Neuland erschlossen. Wir finden zusammen neue Wege, die wir bisher nur erahnten. Solch ein Gespräch verwandelt. Das, was ich bin, wird im Gespräch aus sich herausgezogen, in eine Begegnung, die ich nicht kennen und kontrollieren kann.

»Niemand überlebt ein echtes Gespräch«, bringt es David Whyte auf den Punkt.[7] Weil ich darin nicht mehr derselbe bin, weil ich zu etwas Neuem werde. Analog zur »Einleibung«, die wir im Kapitel 4 nachvollzogen haben, entsteht eine »Einsprechung«, durch die ich mit dem, was in diesem Moment mein Gesprächspartner ist, *ein* Wesen bilde. Einen Weltzusammenhang durch Reden und Hören. Durch Anwesenheit, die beidem vorausgeht.

WEIL WIR DARIN UNSER SELBSTSEIN *überschreiten*, kann ein Gespräch auch Angst machen. Ich kann mich dem Gespräch verschließen, mich isolieren. Nur noch Selbstgespräche führen, denen aber die vibrierende Schwingung des noch Ungeahnten fehlt. Deshalb laufen sie sich tot, machen unlebendig. Mein Lebendigsein hängt auch davon ab, dass ich mich immer wieder hinauswage in den unsicheren Raum einer Begegnung. Mit einem Menschen, einer Idee, einem Baum, einem Falken, einer Sonnenblume. Die Frage einer *POETISCHEN LEBENSKUNST* ist dann: Wie gesprächsbereit bin ich? Wie offen, ernsthaft und freudvoll nehme ich die Gesprächsangebote des Lebens an? Die immer auch Öffnungen in eine erweiterte Identität sind – sei es in einer Beziehung, als Mutter oder Vater, in einer Arbeit, in der Meditation, bei einem Spaziergang. Immer, ja, immer will die Welt mit uns reden. Und wir werden erst als Redende zu dem, was wir sein können. Wie stimmig, wie eingestimmt ist meine Antwort?

Der Psychologe und Kommunikationsexperte Ferdinand Schulz von Thun benennt als übergreifendes Ideal einer gelingenden Kommunikation die *Stimmigkei*t. Eine authentische Kommunikation entsteht, wenn ich darin meinem eigenen Wesen gerecht werde. Wenn sie also mit dem, was in mir präsent ist, in Übereinstimmung ist. Gleichzeitig gibt es eine situative Stimmigkeit, in der die Kommunikation übereinstimmt mit dem, was sich ereignet. Eine solche Kommunikation bezeichnet er als Lebenskunst, in der ich wahrnehme, welcher Ruf aus mir heraus erklingen will, welche Potenziale sich entfalten können. Gleichzeitig achte ich darauf, womit die Welt mich anruft, in der Lebenssituation, in die ich gestellt bin.[8]

EINE POETISCHE LEBENSKUNST IST eine Vergegenwärtigung dieser Grundsituation unseres Daseins: dass wir immer angesprochen sind. In diesem Sinne ist die Wirklichkeit selbst im Grunde poetisch, sie bildet sich als Gespräch. Eine poetische Haltung zeigt sich darin, dass ich Hörender werde und mich auf dieses Gespräch einstimme, in Resonanz gehe und durch meine aufmerksame Zu-wendung meine Stimme hinzufüge. Das ist das Beglückende daran: Du kannst mitsprechen und was du sagst, versetzt die Welt in Schwingung. *POETISCHE LEBENSKUNST* ist also auch eine Einübung ins Stimmig-Sein. Darin nimmst du deine eigene Wesensstimme wahr, lauschst auf die Stimme der Welt und antwortest eingestimmt mit dem, was du denkst, fühlst, sagst und tust.

Wenn ich mich auf diese Weise immer wieder auf das, was in mir und um mich ist, einstimme, bin ich im Gespräch. Das Wunder daran ist, dass wir uns *verstehen*. Ich kann die Welt verstehen, kann dich verstehen. Wenn ich einen Baum betrachte, kann ich ihn jenseits seines Namens und seiner Fakten verstehen, indem ich jetzt lauschend, ansprechend und angesprochen da bin. Er erzählt mir von der Kraft des Windes. Von der Stärke seiner Wurzeln. Von der Zartheit seiner Blüten. Und was ich von ihm »höre«, kann ich innerlich mitempfinden und aussprechen in der Art, wie ich schaue, ihn berühre. Ihn in mein Herz nehme. Vielleicht ein Gedicht schreibe. Dir davon erzähle.

GEDICHTE SIND AUSDRUCK UND NIEDERSCHLAG solcher Gesprächsmomente. Oder sie wollen selbst einen solchen Moment erzeugen. Paul Celan bezeichnete das Gedicht als »Flaschenpost«. Für ihn ist es »seinem Wesen nach dialogisch« und als solches unterwegs, um »irgendwo und irgendwann« an »Herzland« zu stranden. Gedichte, so sagt er, »halten auf etwas zu«, »auf etwas Offenstehendes, Besetzbares, auf ein ansprechbares Du vielleicht, auf eine ansprechbare Wirklichkeit«.[9]

Gemeinsames Dichten

DURCH DAS GESPRÄCH KÖNNEN WIR einander verstehen, zumindest erste und immer wieder neue Schritte in diese Richtung setzen. In einem dialogischen Gespräch kommt noch eine Dimension hinzu. Martin Buber erklärt, dass im *Dialog* neben dem Ich und dem Du ein Drittes anwesend ist – eine *Präsenz* oder *Lebendigkeit*, die uns beide, als zwei Personen, noch übersteigt.[10] In der Begegnung zeigt sich im Zwischenraum ein Drittes, das für diesen Moment als Raum oder Feld zwischen uns geboren wird. Es kann auch die Einwohnung des Geheimnisses sein, das aufscheint, wenn wir uns wirklich aufeinander einlassen. Hier findet das Jesuswort eine Resonanz: »Denn wo zwei oder drei in meinem Namen versammelt sind, da bin ich mitten unter ihnen.«[11]

Beim *Dialog* geht es nicht nur darum, den anderen zu verstehen und ihm oder ihr als Du zu begegnen, sondern gemeinsam das Leben tiefer zu verstehen. In dem offenen Zwischenraum des *Dialogs* erhält die schöpferische Kraft, die in unserem Bewusstsein wirkt und sich in Resonanz bildet, einen Entfaltungsraum. *Dia-Logos* bedeutet so viel wie das Fließen des Logos. Es fließt das Wort im Sprechen, aber es fließt auch das Verstehen. Es entsteht ein dynamisches, fließendes Verstehen, das uns aus der unvorhersehbaren Kreativität des Gesprächs immer wieder überrascht. *Dialog* bedeutet, immer *überraschungsbereit* zu sein.

IN DER ARBEIT MIT EMERGENT DIALOGUES haben wir einige Grundhaltungen für den Dialog entwickelt und erforscht, die ich hier kurz skizzieren möchte – sie können auch in jedem Gespräch unseres Alltags zu einer tieferen Offenheit und schöpferischen Kraft führen.[12] Die erste Haltung ist ein Nichtwissen, in dem ich mehr an dem interessiert bin, was ich *noch nicht* weiß, als an dem, was ich *schon* weiß. Das ist eigentlich die Voraussetzung für jedes Gespräch, in dem ich nicht nur meine schon bestehenden Sichtweisen und Erfahrungen *bestätigen* will, sondern neugierig bin und Raum für etwas Neues lasse – auch dafür, dass aus dem Anderssein des Gegenübers eine neue Erkenntnis aufscheinen kann. Der Blick des Nichtwissens kommt dann aus einem *Loslassen* dessen, was ich über einen Menschen oder ein Thema schon zu wissen glaube. Meine Aufmerksamkeit richtet sich auf diesen Moment der gemeinsamen Gegenwärtigkeit und auf das, was darin aufscheint. Bewegt vom Interesse am anderen, an einer neuen Erkenntnis, an der Erforschung eines Themas.

Um so gegenwärtig zu sein, ist das Zuhören wesentlich. Die Bedeutung des Zuhörens haben wir schon angesprochen. Hier erhält es noch eine besondere Nuance, weil wir nicht nur einander zuhören, sondern auch dem, was im »Dritten« – in der Präsenz, im gemeinsamen Bewusstseinsraum – geschieht und sich zeigt. Wenn wir so tiefer zuhören, dann sprechen wir *synergetisch* in einem Fluss, in dem das, was ich sage, auf dem aufbaut und das weiterführt, was du gesagt hast. Dieses Fließen wird bewegt vom aufrichtigen Interesse am anderen und an den unterschiedlichen Perspektiven und Wahrnehmungen der anderen. Aus der Verschiedenheit der Sichtweisen kann in der Verbundenheit des Dialogs eine *kreative Reibung* entstehen, wo Gegensätze und Widersprüche in einem Ganzen gehalten werden können und zu neuen Lösungen oder Ausblicken führen. In der Kreativität des Gesprächs können wir spüren, dass wir in einem Ganzen verbunden sind, das auch davon abhängt, dass jeder sich wirklich einbringt.

IM EMERGENT DIALOGUES GIBT ES keine Beobachter oder »Randfiguren«, denn *wir alle* sind Mitwebende an der sich hier und jetzt bildenden Intelligenz. Um diese Lebendigkeit zu stärken und den Dialograum in seiner Offenheit zu halten, ist es unterstützend, nicht zu sehr in abstrakte Ideen und Konzepte zu lenken oder in nur individuelle Gefühle abzutauchen. Abstrakte Gedanken und persönliche Gefühle sind natürlich präsent und gehören zu unserem eigenen Resonanzraum, aber diese individuellen Fähigkeiten und Aspekte werden dem gemeinsamen Fließen des Dialogs zur Verfügung gestellt. Daraus resultiert ein Gefühl zunehmender Verbundenheit im Überschreiten der getrennten Ich-Wahrnehmung hin zu einer gemeinsamen Verständigung. Darin ist jeder als Individuum vollkommen präsent, aber eingestimmt auf das lebendige Ganze. Darin gewinnen auch die je eigenen Potenziale der Einzelnen neuen Glanz, mehr Kontur und Intensität.

Der betonte Bezug zum Ganzen bringt uns auch die Erfahrung, dass jeder (einzelne) Dialog nicht isoliert stattfindet, sondern immer eingebunden ist in ein vielstimmiges Netz von (mehreren) Dialogen: Jedes Gespräch, das wir führen, ist Teil des großen ewigen Menschheitsgesprächs, in dem wir uns immer tiefer verstehen können, um die Welt mit mehr Güte, Wahrheit und Schönheit zu erfüllen.

Ich finde, man kann das dialogische Gespräch auch als gemeinsames Dichten verstehen. Du äußerst ein Wort und ich spreche in Resonanz damit etwas aus, von dem ich bisher nicht wusste, dass es in mir ist. Darauf antwortet jemand anderes mit einem Impuls. Und so webt sich nach und nach das Gedicht dieses Gesprächs. Ganz eigenartig und einzigartig. Wie würden sich unsere Gespräche verändern, wenn wir in *jede* Begegnung mit dem Bewusstsein gehen, dass daraus ein Gedicht entstehen könnte?

Eine immerwährende Einladung

ICH ERLEBE DIALOGE IMMER WIEDER als eine bereichernde Praxis des Sym-poetisierens. Gemeinsam poetisieren wir die Wirklichkeit, indem wir *zwischen uns* den Raum lassen, in dem die Wirklichkeit zu uns sprechen kann. Alle Qualitäten des Poetischen, die ich in diesem Buch erforscht habe, wirken in dieser Form der Begegnung. Wir versammeln uns im Geheimnis, in dem wir nichtwissend offenbleiben für das Leben, das sich in jedem Augenblick neu zeigt. Wenn es uns überrascht, sind wir in Staunen versetzt. Umgekehrt macht die Haltung des Staunens auch den Blick frei – auf das Geheimnis. Und manchmal, wenn sich eine fast heilige Präsenz zwischen uns niederlässt, ist da auch Ehrfurcht vor dem Wunder des Seins und Miteinanderseins.

Im Sprechen berühren wir einander, ich empfinde es auch als leibliche Berührung, eine Einleibung in den gemeinsamen »Körper des Gesprächs«. Wenn ich spreche, ohne schon zu wissen, was ich sagen werde, erlaube ich Verletzlichkeit, zeige mich ungeschützt. In einer solchen Begegnung dämmert die Sehnsucht auf, einander als Menschen tiefer und offener zu begegnen. »Wie wäre es, wenn ich so in meiner Beziehung, in meinem Team sprechen könnte, wenn sich politische Gespräche in dieser Offenheit ereignen würden?«, ist häufig ein Kommentar, der diese Sehnsucht ausdrückt.

Die gemeinsame Kreativität, die sich darin entfaltet, indem wir neue Wahrnehmungen, Einsichten, Erkenntnisse miteinander bewegen, lässt mich die schöpferische Kraft in mir und zwischen uns spüren. Ich empfinde mich selbst als wirksam, weil ich antworten und mich für den Dialog verantwortlich zeigen kann. Dazu gehört auch, selbst zum Impulsgeber einer neuen Gesprächskultur zu werden. Dazu ist jedes Gespräch eine neue Gelegenheit. In diesem Sinne verstehe ich eine *POETISCHE LEBENSKUNST* auch als eine dialogische Lebenskunst.

POESIE IST EINE IMMERWÄHRENDE EINLADUNG in den Dialog mit dem Leben. Weil das Leben selbst aber immer schöpferisch, überraschend und unverfügbar ist, sind wir eingeladen in ein Gespräch mit dem Mysterium, das unserem Dasein zugrunde liegt und es durchwirkt. Hier schließt sich der Kreis und wir sind wieder am Ausgangspunkt – der Offenheit für das Geheimnis, in dem wir in jedem Augenblick lebendig sind und werden.

Im Verstehen geborgen
Gehen wir frei
Unter dem Himmel
Der sich öffnet
Als Erde
Die wir begrüßen

Ein immer offenes Tor
Das eine neue Lichtung freigibt

Komm lass uns sehen
Wem wir begegnen
Jedes Mal neu

Sei Poetin, sei Poet! – Ein Ausblick

WÄHREND ICH AN DEN LETZTEN KORREKTUREN zu diesem Buch arbeitete, fuhren Monika und ich am Nachmittag zu einem nahe gelegenen See. Dort angekommen, gab es eine Fahrradpanne, die Kette von Monikas Rad war gerissen. Während wir noch den Schaden inspizierten, kam schon ein älterer Mann mit langen grauen Haaren und Rauschebart hinzu und schaute mit uns. Als er sah, was geschehen war, bot er uns Hilfe an. Er und seine Frau würden nicht weit weg wohnen und wir könnten bei ihnen unser Rad reparieren. Während ich mit dem hilfsbereiten Herrn die Kette wieder zusammenbaute, bereitete seine Frau mit Monika in der Küche einen Tee. Als das Fahrrad repariert war, setzten wir uns dazu.

Es brannten Kerzen, wir saßen im Erdgeschoß des Hauses in einer Werkstatt, wo das ältere Paar früher Kinderspielzeuge aus Holz ersonnen und Prototypen dazu gebaut hatte. Rund ums Haus waren mir schon verzierte Äste, bemooste Rindenstücke, Steine und andere Fundstücke aus der Natur aufgefallen, die die Bewohner als leidenschaftliche Bastler zu erkennen gaben. Im Gespräch, bei dem wir uns langsam kennenlernten, kamen wir auch darauf, dass ich gerade an einem Buch über *poetische Lebenkunst* schreibe. Als ich das sagte, erhellten sich die Augen unserer Gastgeber und wir waren schnell in einem Gespräch über die Zauberkraft der Poesie. Dabei erzählten die beiden, dass sie früher in München oft in den CIRCUS RONCALLI gegangen waren. Dort erhielt man, wie wir jetzt erfuhren, beim Eintritt einen Stempel, auf dem stand: »Sei Poet!« Zum Abschied erklärte unsere Gastgeberin unser spontan entstandenes Miteinander zu einem wunderbar zufälligen Zusammentreffen – zu einem poetischen Moment. »Poetische Lebenskunst«, so bemerkte sie, »bedeutet doch, aus dem, was einem im Augenblick begegnet, etwas Besonderes zu machen.«

JETZT, WO UNSERE REISE ZU DEN POETISCHEN Dimensionen des Lebens zu einem Ende kommt, möchte ich dich mit diesem so treffenden Ruf, dieser stimmigen Einladung weitergehen lassen:

Sei Poetin! Sei Poet!

DENN EIGENTLICH BEGINNT DIE REISE ERST. Poesie eröffnet einen ständigen Neuanfang. Wo und wie immer wir auch sind, im poetischen Sehen und Sprechen können wir jederzeit unser Lebensgespräch neu beginnen.

In unserem Lebensgespräch stehen wir in Beziehung mit dem Ganzen der Welt, mit den Menschen, die uns nah sind, mit den Systemen und gesellschaftlichen Verhältnissen, in denen wir leben. Wie ich schon mehrfach angesprochen habe, sehe ich in der Poesie eine bisher kaum beachtete Wandlungskraft für jeden von uns, aber auch für unser soziales und ökologisches Miteinander. Denn »Gedichte sind letztlich keine Worte«, so Mary Oliver, »sondern ein wärmendes Feuer für die Frierenden; Seile, die zu den Verlorenen heruntergelassen werden; etwas so Lebensnotwendiges wie Brot in den Taschen der Hungrigen.«[1]

Der Entschluss, dieses Buch zu schreiben, kam für mich aus der ähnlichen Überzeugung, dass die existenziellen Haltungen und Wahrnehmungen, die uns die Poesie eröffnet, dazu beitragen können, ökologische Gefühllosigkeit, soziale Kälte, polarisierenden Hass und politische Fantasielosigkeit zu wandeln in Anteilnahme, Verbundenheit, Liebe und Visionskraft.

POET, POETIN ZU SEIN BEDEUTET FÜR MICH auch, zu diesem Wandel beizutragen. Nicht so sehr mit großen Ideen oder Bekenntnissen, sondern mit dem ganz konkreten Sein und Handeln im Leben, wie es uns gegeben ist und wie wir es täglich gestalten. Die amerikanisch-palästinensische Dichterin Naomi Shihab Nye sagt: »Wir leben in einem Gedicht.« Denn, so erklärt sie weiter, »wenn du denkst, wenn du an einem stillen Ort bist, wenn du dich erinnerst, wenn du ein Bild in dich aufnimmst, wenn du deinem Geist erlaubst, ruhig von einem Gedanken zum anderen zu springen – das ist ein Gedicht.«[2] Wenn du durch eine Landschaft, eine Stadt gehst oder fährst, wenn du mit einem Menschen sprichst, einem Tier begegnest, wenn du kreativ etwas in die Welt gibst, dich für ein Anliegen einsetzt, das dir wichtig ist – dann bist du im Gedicht. Die Lyrikerin Friederike Mairöcker nannte es unser »Lebendgedicht«.[3]

WELCHEN AUSDRUCK UNSER LEBEN im Gedicht, als Gedicht findet, bleibt jedem von uns überlassen – das Feld ist weit und offen. Ich habe mich bemüht, hier viele, auch konkrete Anregungen zu geben. Den eigenen Weg findet jeder und jede von uns für sich selbst und im Dialog mit dem, was mit uns ist. Und wenn wir uns als Ko-Poetinnen und Ko-Poeten miteinander vernetzen, voneinander lernen und schöpferisch werden, erhält der Wandel im Größeren neue Energie.

Wie auch immer wir dabei unser Poet-Sein zum Ausdruck bringen, die 12 Qualitäten der *poetischen Lebenkunst* werden auf die eine oder andere Weise wirken. Die Kunst, unser Leben zu poetisieren, beginnt immer wieder damit, dass wir empfänglich werden für das ewig anwesende Geheimnis des Lebens. Wir öffnen staunend unsere Augen, werden wach und verzaubert. Spüren in Ehrfurcht, dass wir Teil sind eines lebendigen, tragenden Ganzen, das uns birgt und liebt. Wir kommen in tiefe Berührung mit allem, was ist. Erfahren die Heilkraft der Verletzlichkeit, die uns mitfühlend werden lässt. Spüren die Sehnsucht im Herzen und folgen ihrem Ruf. Wir finden offene Heimat auf dieser Erde und in uns. Werden dankbar für alles, was uns geschenkt wird. Erleben uns zutiefst verbunden mit dem Strom des Lebendigen.

Als schöpferisches Wesen in dieser alles umfassenden, grandiosen Entfaltung gestalten wir kreativ die werdende Welt mit. So können wir einstimmend antworten auf das, was uns begegnet – und in den alles umfassenden Dialog eintreten, der das Leben ständig ist. So können wir die verlorene Welt wiederfinden, um sie poetisch neu zu erfinden:

Werde wach mit allem

Die Nähe wird weit
Die Ferne ganz innig

Was war,
kommt jetzt sprechend zu dir
Was möglich sein wird,
atmet schon
Im tastenden Spüren
Schenke dich frei
Ohne Rückhalt
Segne dich wieder
Und alles mit dir

Verbinde das Getrennte
Und lausche dem Herzen

Der Welt

DANK

EIN BUCH WIE DIESES ENTSTEHT aus einem unaufhörlichen Gespräch – und ganz konkret dieses Buch auch aus den vielen Dialogen in der Redaktion des EVOLVE-Magazins. In einem sich ständig erweiternden und vertiefenden Prozess erforschen wir ein breites Spektrum an Themen einer integralen, dialogischen Bewusstseinskultur. In diesem Rahmen ist mein Verständnis einer *POETISCHEN LEBENSKUNST* gereift und hat Form angenommen.

EINE WEITERE GRUNDLEGENDE QUELLE der Erfahrungen und Einsichten in diesem Buch bilden die *Emergent Dialogues*, die für mich zu eine Kernpraxis der *POETISCHEN LEBENSKUNST* geworden sind. In diesen ko-kreativen Dialogen haben sich viele der Wahrnehmungen und Erkenntnisse gezeigt, aus denen ich in diesem Buch schöpfe.

Deshalb gilt mein besonderer Dank meinen Redaktionskollegen und Mentoren Thomas Steininger und Elizabeth Debold sowie meiner Kollegin Nadja Rosmann. Dankbar bin ich auch meinen spirituellen Freunden Marlene Potthoff, Maria Zacherl, Gilla Fischer, Maria Brandau, Peter Willer und allen anderen aus dem HigherWe-Programm von EMERGE BEWUSSTSEINSKULTUR e. V., mit denen ich den Weg des Dialogs und der Meditation und so viel mehr vertiefen darf.

Bei der Enstehung dieses Buches haben mir viele Menschen wertvolles Feedback gegeben, mein Dank gilt Elizabeth Debold, Thomas Steininger, Axel Malik, Maria Zacherl, Nadja

Rosmann, Stefanie Spessart-Evers, Uta Galuska, Claus Eurich, Doris Harder, Steffen Karneth, Elke Janssen, Vera Griebert-Schröder, Thilo Hinterberger, Maik Hosang, Rüdiger Sünner, Franz-Theo Gottwald, Sylvia Kéré Wellensiek, Andreas Weber, Vivian Dittmar, Ariadne von Schirach, Barbara von Meibom, Syvia Wetzel, Dirk Grosser, Alfred Bast und Annette Kaiser.

Besonderen Dank an Petra Schmelzer, die das Manuskript durchgesehen hat.

Ein herzlicher Dank gilt den Freundinnen und Freunden aus dem Netzwerk Bewusstseinskultur, dem Kreis der Herbstakademie Frankfurt und der Initiative Stiller Aufstand, denen ich viele Inspirationen zu diesem Buch verdanke. Insbesondere danke ich allen Weggefährtinnen und Weggefährten, mit denen ich eine Zeit des Lebens teilen durfte, und den Lehrerinnen und Lehrern, von denen ich lernen konnte.

GANZ BESONDERS MÖCHTE ICH MICH bei meinem Verleger Joachim Kamphausen bedanken, der sich auf dieses Buchexperiment eingelassen hat und mich mit seiner Begeisterung für das Thema beflügelte. Und bei Klaus Altepost, der für die Produktion des Buches verantwortlich war und es mit großer Achtsamkeit und Wertschätzung begleitete. Ohne die Lektorin Ina Kleinod wäre dieses Buch in dieser Form nie entstanden. Ihr danke ich dafür, dass sie mir so kreativ, kritisch und kundig half, meine Autorenstimme zu finden.

Ein besonderer Dank gilt meinen Eltern, Horst und Margot Kauschke, meinen Geschwistern Frank und Gabi sowie meiner ganzen Familie für ihre Unterstützung und Liebe.

Von Herzen möchte ich mich bei meiner Partnerin Monika Cyrani bedanken, ohne ihre Unterstützung und ihre Inspirationen hätte dieses Buch nicht zu diesem Ausdruck gefunden.

Immer wieder hat sie mich angeregt, meiner poetischen Stimme zu vertrauen. Und viele der Erlebnisse, die mich zu meinen Reflexionen inspirierten, wurden uns gemeinsam geschenkt.

QUELLEN

Vorwort

1 LUSSEYRAN, JACQUES: *Das Leben beginnt heute – Erinnerungen und Begegnungen eines Blinden*, Stuttgart 2019.

TEIL I

Kapitel 1

1 AUSLÄNDER, ROSE: *Mysterium*, aus: Dies. *Wieder ein Tag aus Glut und Wind. Gedichte 1980–1982*, © S. Fischer Verlag GmbH, Frankfurt/M. 1986.

2 NOVALIS: *Briefe und Werke, Dritter Band – Die Fragmente*, Berlin 1943. S. a. *Fragmente und Studien – Die Christenheit oder Europa*, Stuttgart 1986 (www.projekt-gutenberg.org/novalis/fragmen1/titlepage.html).
Zur Zeit der Frühromantik s. a. *Geheimes Deutschland – Eine Reise zur Spiritualität der Frühromantik*, Film von RÜDIGER SÜNNER, 2006. (www.ruedigersuenner.de/GD.html).

3 Ebd.

4 EINSTEIN, ALBERT: *Mein Glaubensbekenntnis* (Zit. nach www.einstein-website.de/z_biography/glaubensbekenntnis.html).

5 NOVALIS: *Briefe und Werke, Dritter Band – Die Fragmente*, Berlin 1943.

6 GRAF DÜRCKHEIM, KARLFRIED: *Licht und Dunkel auf dem Weg des Menschen zum eigenen Selbst*, Vortrag 1980. Audio CD (in Auditorium: https://shop.auditorium-netzwerk.de/).

7 NEUMANN, ERICH: *Der schöpferische Mensch*, Hrsg. WALCH, GERHARD M., Frankfurt/M. 1995.

8 BÖHME, JAKOB: *Beschreibung der drei Prinzipien göttlichen Wesens*, Norderstedt 2017.

9 RAINE, KATHLEEN: *That Wondrous Pattern – Essays on Poetry and Poets*, Berkeley 2017.

Kapitel 2

1 EINSTEIN, ALBERT: Zit. nach www.tagesspiegel.de/wissen/wissenschaftsjahr-grund-zum-staunen/1670114.html.

2 PLATON: *Theaitetos*, www.zeno.org/Philosophie/M/Platon/Theaitetos.

3 ARENDT, HANNAH: *Vita activa oder Vom tätigen Leben*, München 2020.

4 GOETHE, JOHANN WOLFGANG: Zit. nach WAHL, DANIEL C.: *Zarte Empirie – Goethean Science as a Way of Knowing Wahl* (www.janushead.org/wp-content/uploads/2020/07/Wahl.pdf).

5 ECKERMANN, JOHANN PETER: *Gespräche mit Goethe in den letzten Jahren seines Lebens*, Frankfurt/M. 1981.

6 SHELLEY, PERCY BYSSHE: *A Defence of Poetry*, Zit. nach: www.poetryfoundation.org/articles/69388/a-defence-of-poetry.

7 RILKE, RAINER MARIA: *Vor lauter Lauschen und Staunen sei still*, in: *Die Gedichte in einem Band*, Frankfurt/M. 1986.

8 DOMIN, HILDE: *Wozu Lyrik heute – Dichtung und Leser in der gesteuerten Gesellschaft*, Frankfurt/M. 1993.

9 LORCA, FEDERICO GARCÍA: Zit. nach ZUMDICK, WOLFGANG: *Nicht auf der Erde lasten – Zur Poesie von Nachhaltigkeit*, Weltgewissen, Heft 34/1998 (https://europahaus.eu/wp-content/uploads/2021/04/weltgewissen_2019_Nr_34.pdf).

10 RILKE, RAINER MARIA: *Briefe an einen jungen Dichter*, Frankfurt/M. 2007 (www.rilke.de).

11 HANDKE, PETER: *Lied vom Kindsein*, in: HANDKE, PETER und WENDERS, WIM: *Der Himmel über Berlin – Ein Filmbuch*, Frankfurt/M. 1987.

12 *Der Himmel über Berlin*, Film von WIM WENDERS, 1987.

13 SHELDRAKE, MERLIN: *Verwobenes Leben – Wie Pilze unsere Welt formen und unsere Zukunft beeinflussen*, Berlin 2020. S. a. Interview mit MERLIN SHELDRAKE, in: EVOLVE, Ausgabe 29/2021: *Wissenschaft – Ihre Grenzen, ihre Macht* (www.evolve-magazin.de/magazin-archiv/ausgabe-29-2021/).

14 NASR, AMIR: *Mein Isl@m – Bloggen für die Freiheit*, Bielefeld 2016 (Das Buch ist vergriffen, Restexemplare können bei mir erworben werden: info@mike-kauschke.de).

15 PLOTIN: *Über das Schöne*, in: PLOTIN, *Die Enneaden – Band*, Berlin 1878 (www.zeno.org/nid/20009262822).

16 O'DONOHUE, JOHN: *Divine Beauty – The Invisible Embrace*, New York City 2004. Dt. erschienen: *Buch der Schönheit – Keltisches Wissen vom Reichtum des Lebens*, Frankfurt/M. 2004.

17 SHELLEY, PERCY BYSSHE: *A Defence of Poetry*, Zit. nach: www.poetryfoundation.org/articles/69388/a-defence-of-poetry.

18 *Systemprogramm des deutschen Idealismus* (Autorenschaft unklar, möglicherweise GEORG WILHELM FRIEDRICH HEGEL, FRIEDRICH WILHELM JOSEPH SCHELLING oder FRIEDRICH HÖLDERLIN), (www.zeno.org/nid/20009176381).

19 SCHILLER, FRIEDRICH: *Über die ästhetische Erziehung des Menschen – In einer Reihe von Briefen*, Stuttgart 2000.

20 S. EVOLVE, Ausgabe 27/2020: *Schönheit in einer zerrissenen Welt* (www.evolve-magazin.de/magazin-archiv/ausgabe-27-2020/).

21 HEIDEGGER, MARTIN: *Zu Hölderlin – Griechenlandreisen*, in: Ders. Gesamtausgabe, Bd. 75, Frankfurt/M. 2000.

22 HAN, BYUNG-CHUL: *Die Errettung des Schönen*, Frankfurt/M. 2015.

22 SALAMI, MINNA: *Sinnliches Wissen – Eine schwarze feministische Perspektive für alle*, Berlin 2021.

Kapitel 3

1 O'DONOHUE, JOHN: *Divine Beauty – The Invisible Embrace,* New York City 2004. Dt. erschienen: *Buch der Schönheit – Keltisches Wissen vom Reichtum des Lebens,* Frankfurt/M. 2004.

2 STEINER, RUDOLF: *Wie erlangt man Erkenntnisse höherer Welten,* Dornach 1975.

3 BÉCQUER, GUSTAVO ADOLFO: *Rimas – Reime,* Stuttgart 2013.

4 SCHWEITZER, ALBERT: *Die Ehrfurcht vor dem Leben – Grundtexte aus fünf Jahrzehnten,* München 2020. S. a. EURICH, CLAUS: *Radikale Liebe: Die Lebensethik Albert Schweitzers – Hoffnung für Mensch und Erde,* Petersberg 2013.

5 OTTO, RUDOLF: *Das Heilige – Über das Irrationale in der Idee des Göttlichen und sein Verhältnis zum Rationalen,* München 2014.

6 RILKE, RAINER MARIA: *Erste Duineser Elegie,* in: *Die Gedichte in einem Band,* Frankfurt/M. 1986.

7 S. EVOLVE, Ausgabe 18/2018: *Was ist heute heilig – Das Mysterium und wir* (www.evolve-magazin.de/magazin-archiv/ausgabe-18-2018/).

8 JOAS, HANS: *Die Sakralität der Person – Eine neue Genealogie der Menschenrechte,* Frankfurt/M. 2015.

9 SLOTERDIJK, PETER: *Den Himmel zum Sprechen bringen – Über Theopoesie,* Frankfurt/M. 2020.

10 HEIDEGGER, MARTIN: *Einführung in die Metaphysik,* Frankfurt/M. 1987.

11 HEIDEGGER, MARTIN: *Wozu Dichter?,* in: *Gesamtausgabe Bd. 5 Holzwege,* Frankfurt/M. 1977.

12 HEIDEGGER, MARTIN: *Erläuterungen zu Hölderlins Dichtung,* Frankfurt/M. 1987.

13 Ebd.

14 Ebd.

15 HEIDEGGER, MARTIN: *Wozu Dichter?,* in: *Gesamtausgabe Bd. 5 Holzwege,* Frankfurt/M. 1977.

16 RILKE, RAINER MARIA: *Die Gedichte in einem Band,* Frankfurt/M. 1986.

17 HEIDEGGER, MARTIN: *Wozu Dichter?,* in: *Gesamtausgabe Bd. 5 Holzwege,* Frankfurt/M. 1977.

18 HÖLDERLIN, FRIEDRICH: *Hyperion,* Stuttgart 1998.

19 SCHWEITZER, ALBERT: *Die Ehrfurcht vor dem Leben – Grundtexte aus fünf Jahrzehnten,* München 2020.

TEIL II

Kapitel 4

1 EVOLVE, Ausgabe 05/2015: *Vom Körper, den wir haben, zum Leib, der wir sind* (www.evolve-magazin.de/magazin-archiv/ausgabe-05-2015-2/).

2 SCHMITZ, HERMANN: *Der Leib, der Raum und die Gefühle,* Bonn 2007.

3 LASKER-SCHÜLER, ELSE: *Liebe*, in: *Die Gedichte*, Frankfurt/M. 1996.
4 BÖHME, GERNOT: *Leib – Die Natur, die wir selbst sind*, Berlin 2019.
5 Ebd.
6 Ebd.
7 PAZ, OCTAVIO: *Der Bogen und die Leier*, in: *Poetologischer Essay*, Frankfurt/M. 19190.
8 S. EVOLVE, Ausgabe 09/2016: *Ganz nah – Intimität als Herz des Lebens* (www.evolve-magazin.de/magazin-archiv/ausgabe-09-2016/).
9 GORMAN, AMANDA: *The Hill We Climb* (www.cnbc.com/2021/01/20/amanda-gormans-inaugural-poem-the-hill-we-climb-full-text.html 1998).
10 KLODT, REINHARD: *Im Atemkreis der Dinge – Einübung in die Philosophie der Korrespondenz*, Freiburg/München 2017.
11 WEYMANN, ECKHARD: *Zwischentöne – Psychologische Untersuchungen zur musikalischen Improvisation*, Aichwald 2004.
12 CYRANI, MONIKA: *Der Stern in uns*, Audio CD (www.monikacyrani.de/musik/cd-der-stern-in-uns/).
13 SACHS, NELLY: *Musik*, aus: Dies. *Späte Gedichte*, © Suhrkamp Verlag, Frankfurt/M. 1961. Alle Rechte bei und vorbehalten durch Suhrkamp Verlag Berlin.
14 ROSA, HARTMUT: *Resonanz – Eine Soziologie der Weltbeziehung*, Berlin 2019.

Kapitel 5

1 WHYTE, DAVID: *Consolations – The Solace, Nourishment, and the Underlying Meaning of Everyday Words*, Langley 2015. Dt. erschienen: *Zuwendungen – Das geheime Leben alltäglicher Wörter*, Winterthur 2022. Ausgewählte Gedichte von DAVID WHYTE in einer dt. Übersetzung von CHRISTOPH QUARCH finden sich in: *Süßes Dunkel*, Langley 2018.
2 KUHNLEIN, ANDREAS, in: EVOLVE, Ausgabe 31/2021, *Wir alle leben in Mythen – In welchen wollen wir leben?* (www.evolve-magazin.de/magazin-archiv/ausgabe-31-2021/).
3 DERRIDA, JACQUES: Zit. nach WEBER, ANDREAS: *Lebendigkeit – Eine erotische Ökologie*, München 2014.
4 LAVANT, CHRISTINE: *Gedichte aus dem Nachlass*, Göttingen 2017.
5 TRAKL, GEORG: *Frühling der Seele*, in: *Das dichterische Werk*, München 1998.
6 WHYTE, DAVID, in: EVOLVE, Ausgabe 13/2017, *Liebe in Zeiten von Trump – Die radikale Kraft der Verbundenheit* (www.evolve-magazin.de/magazin-archiv/ausgabe-13-2017/).
7 BÖHME, GERNOT, in: EVOLVE, Ausgabe 05/2015, *Vom Körper, den wir haben, zum Leib, der wir sind* (www.evolve-magazin.de/magazin-archiv/ausgabe-05-2015-2/).
8 BROWN, BRENÉ: *Verletzlichkeit macht stark – Wie wir unsere Schutzmechanismen aufgeben und innerlich reich werden*, München 2017.

9 HAN, BYUNG-CHUL: *Palliativgesellschaft – Schmerz heute,* Berlin 2020.

10 LEITNER, INGRID: *Die Sternentaucherin – Ein poetisch-autobiografischer Roman,* Frankfurt/M. 2019.

11 NOVALIS: *Fragmente und Studien – Die Christenheit oder Europa,* Stuttgart 1986.

12 BASHO, MATSUO, in: *Haiku – Japanische Dreizeiler,* Stuttgart 1995.

13 WHYTE, DAVID: *Consolations – The Solace, Nourishment, and the Underlying Meaning of Everyday Words,* Langley 2015. Dt. erschienen: *Zuwendungen – Das geheime Leben alltäglicher Wörter,* Winterthur 2022.

14 CAVE, NICK: *The Secret Life of the Love Song* (www.nickcave.com/releases/the-secret-life-of-the-love-song/), (www.anothermag.com/design-living/12391/from-the-archive-the-love-song-a-lecture-by-nick-cave-tilda-swinton).

15 *One More Time With Feeling,* Film von ANDREW DOMINIK, 2016 (www.nickcave.com/films/one-more-time-with-feeling/).

16 CAVE, NICK, in: *The Red Hand Files,* ISSUE #179/January 2022 (www.theredhandfiles.com/what-is-your-favourite-poem/).

17 CAVE, NICK, in: *The Red Hand Files,* ISSUE #182/January 2022 (www.theredhandfiles.com/if-you-could-live-forever-would-you/).

18 MACY, JOANNA, in: *Joanna Macy on Rainer Maria Rilke* (Vortrag: www.youtube.com/watch?v=oC7yXlTeNZU).

19 HAN, BYUNG-CHUL: *Palliativgesellschaft – Schmerz heute,* Berlin 2020.

Kapitel 6

1 LEITNER, INGRID: *Die Sternentaucherin – Ein poetisch-autobiografischer Roman,* Frankfurt/M. 2019.

2 EICHENDORF, JOSEPH VON: *Sämtliche Gedichte und Versepen,* Frankfurt/M. 2001.

3 EICHENDORF, JOSEPH VON: *Aus dem Leben eines Taugenichts,* Stuttgart 2001.

4 TESSON, SYLVAIN: *Kurzer Bericht von der Unermesslichkeit der Welt,* Berlin 2014.

5 AL-ARABI, IBN: https://goldensufi.org/de/liebe-und-sehnsucht-die-weiblichen-mysterien-der-liebe/.

6 RUMI, DSCHALAL AD-DIN MUHAMMAD: *Masnawi,* Zit. nach BREHMER, MARIAN: *Der Schatz unter den Ruinen – Meine Reisen mit Rumi zu den Quellen der Weisheit,* Freiburg 2022.

7 AL-ARABI, IBN: Zit. nach KERMANI, NAVID: *Grosse Liebe,* München 2014.

8 RUMI, DSCHALAL AD-DIN MUHAMMAD: *Masnawi* (http://www.eslam.de/manuskripte/gedichte/rumi/rumi_lied_der_rohrfloete.htm).

9 HIRSHFIELD, JANE, in: *On Being* – Interview with KRISTA TIPPETT (https://onbeing.org/programs/jane-hirshfield-the-fullness-of-things/#transcript).

10 KERMANI, NAVID: *Jeder soll von da, wo er ist, einen Schritt näher kommen – Fragen nach Gott,* München 2022.

11 KERMANI, NAVID: *Grosse Liebe,* München 2014.

12 CAVE, NICK: *The Secret Life of the Love Song* (www.nickcave.com/releases/the-secret-life-of-the-love-song/), (www.anothermag.com/design-living/12391/from-the-archive-the-love-song-a-lecture-by-nick-cave-tilda-swinton).

13 Ebd.

TEIL III

Kapitel 7

1 *One World Bearing Witness* (www.oneworldindialogue.com/owbw/).

2 MARRA, LOUISE, www.oneworldindialogue.com/owbw-2020/. S. a.: EVOLVE, Ausgabe 23/2019, *Was das Geld mit uns macht – Fluch und Segen einer menschlichen Erfindung* (www.evolve-magazin.de/magazin-archiv/ausgabe-23-2019/).

3 EVOLVE, Ausgabe 24/2019: *Offene Heimat – Wie kann sie gelingen?*, (www.evolve-magazin.de/magazin-archiv/ausgabe-23-2019/).

4 WEIL, SIMONE: *Die Verwurzelung – Vorspiel zu einer Erklärung der Pflichten dem Menschen gegenüber,* Zürich 2011.

5 FISCHER-RIZZI, SUSANNE: *Das Geheimnis deines Ortes – Anleitung zum heimisch werden,* Stuttgart 2020.

6 BUBER, MARTIN: *Das dialogische Prinzip,* Gerlingen 1992.

7 WHYTE, DAVID: *The House of Belonging,* in: *River Flow – New and Selected Poems.* Langley 2015 (S. a. DAVID WHYTE liest: www.youtube.com/watch?v=AMxg5rIZIoQ).

Kapitel 8

1 HÖLDERLIN, FRIEDRICH: *Lebenslauf,* in: *Sämtliche Gedichte und ›Hyperion‹*, Frankfurt/M. 1999.

2 STEINDL-RAST, DAVID: *Dankbarkeit – Das Herz allen Betens,* Freiburg 2018. *Einfach leben – dankbar leben – 365 Inspirationen,* Freiburg 2014. S. a. EVOLVE, Ausgabe 03/2014: *Maschinen editieren nicht – Unsere Zukunft zwischen Geist und Technik* (www.evolve-magazin.de/magazin-archiv/ausgabe-03-2014/).

3 MAYRÖCKER, FRIEDERIKE: *Für Heinz Lunzer,* aus: Dies. *Gesammelte Gedichte 1939–2003*, Hrsg. von MARCEL BEYER, © Suhrkamp Verlag Frankfurt/M. 2004. Alle Rechte bei und vorbehalten durch Suhrkamp Verlag Berlin.

4 MAYRÖCKER, FRIEDERIKE, in: *Über das Schreiben,* FRIEDERIKE MAYRÖCKER im Interview mit ROMINA ACHATZ (www.youtube.com/watch?v=MfklcmjUh-0&t=205s).

5 GRAF DÜRCKHEIM, KARLFRIED, in: *Meditation und Transpersonale Psychotherapie – Der Alltag als Übung,* Petersberg 1999.

6 MEISTER RYŌKAN: *Alle Dinge sind im Herzen – Poetische Zen-Weisheiten,* Freiburg 2018.

7 MEISTER RYŌKAN: *Eine Schale, ein Gewand – Zen-Gedichte von Ryokan,* Leimen 1999.

8 Ebd.

9 MINGWEI, LEE, in: EVOLVE, Ausgabe 28/2020, *Der Sinn des Lebens und die Krisen unserer Zeit* (www.evolve-magazin.de/magazin-archiv/ausgabe-28-2020/).

9 YUNKAPORTA, TYSON, in: EVOLVE, Ausgabe 32/2021, *Der Markt – Ein Mythos verliert seine Kraft* (www.evolve-magazin.de/magazin-archiv/ausgabe-32-2021/).

10 Interview zum Vermögenspool mit MARKUS DISTELBERGER (www.ethik-heute.org/wir-brauchen-einen-neuen-umgang-mit-geld/).

Kapitel 9

1 OLIVER, MARY: *Wild Geese,* in: *Devotions – The Selected Poems of Mary Oliver* (www.best-poems.net/mary_oliver/wild_geese.html).

2 SHELDRAKE, MERLIN: *Verwobenes Leben – Wie Pilze unsere Welt formen und unsere Zukunft beeinflussen,* Berlin 2020.

3 SCHROTT, RAOUL: *Was liegt südlich vom Südpol?,* in: NZZ vom 06. 04. 2017 (www.nzz.ch/feuilleton/poesie-und-physik-was-liegt-suedlich-vom-suedpol-ld.147711).

4 ROVELLI, CARLO: *Helgoland – Wie die Quantentheorie unsere Welt verändert,* Reinbek 2021.

5 MANN, FRIDO und CHRISTINE: *Es werde Licht – Die Einheit von Geist und Materie in der Quantenphysik,* Frankfurt/M. 2017.

6 ROVELLI, CARLO: *Helgoland – Wie die Quantentheorie unsere Welt verändert,* Reinbek 2021.

7 DÜRR, HANS-PETER: *Auch die Wissenschaft spricht nur in Gleichnissen – Die neue Beziehung zwischen Religion und Naturwissenschaften,* Freiburg 2004. S. a. *Das Pendel,* Ausschnitt aus einem Vortrag. Umwelttage Basel Juni 2009 (www.youtube.com/watch?v=6xQwigIn05Q).

8 Ebd.

9 BARAD, KAREN: *Meeting the Universe Halfway – Quantum Physics and the Entanglement of Matter and Meaning,* Harrogate 2007.

TEIL IV

Kapitel 10

1 GEBSER, JEAN: *Ursprung und Gegenwart,* Schaffhausen 1978.

2 KUHNLEIN, ANDREAS, in: EVOLVE, Ausgabe 31/2021, *Wir alle leben in Mythen – In welchen wollen wir leben?* (www.evolve-magazin.de/magazin-archiv/ausgabe-31-2021/)

3 WHITMAN, WALT: *O Me O Life,* (www.poetryfoundation.org/poems/51568/o-me-o-life), in: *Der Club der toten Dichter,* Film von PETER WEIR, 1989.

4 GRAF DÜRCKHEIM, KARLFRIED: *Vom doppelten Ursprung des Menschen,* Freiburg 1973.

5 BAUDELAIRE, CHARLES: *Die Blumen des Bösen*, München 1982.
6 JUNG, C. G.: www.gutezitate.com/zitat/156620.
7 NEUMANN, ERICH: *Tiefenpsychologie und neue Ethik*, Frankfurt/M. 1993.
8 FOUCAULT, MICHEL: *Ästhetik der Existenz – Schriften zur Lebenskunst*, Frankfurt/M. 2007.
9 Ebd.
10 Ebd.
11 SCHILLER, FRIEDRICH: *Über die ästhetische Erziehung des Menschen – In einer Reihe von Briefen*, Stuttgart 2000.
12 RAINE, KATHLEEN: *Paradigms of Reality*, Vortrag (www.youtube.com/watch?v=VJhskHNlLK4&t=2411s).
13 SCHMID, WILHELM: *Schönes Leben? – Einführung in die Lebenskunst*, Frankfurt/M. 2000.
14 NOVALIS: *Briefe und Werke, Dritter Band – Die Fragmente*, Berlin 1943.
15 BEUYS, JOSEPH, in: *Jeder Mensch ist ein Künstler – Kosmopolitische Übungen mit Joseph Beuys*, Berlin 2021.
16 SLOTERDIJK, PETER: *Du musst dein Leben ändern! – Über Anthropotechnik*, Frankfurt/M. 2012.
17 RILKE, RAINER MARIA: *Archaïscher Torso Apollos*, in: *Die Gedichte in einem Band*, Frankfurt/M. 1986.
18 GRAF DÜRCKHEIM, KARLFRIED: *Alltag als Übung – Vom Weg zur Verwandlung*, Bern 2001.

Kapitel 11

1 www.workthatreconnects.org/spiral/the-great-turning/three-dimensions-of-the-great-turning/.
2 LUTHMANN, TIMO, in: EVOLVE, Ausgabe 25/2020, *Ende oder Wende – Zwingt uns die Klimakrise zu einem Neubeginn?* (www.evolve-magazin.de/magazin-archiv/ausgabe-25-2020/).
3 EVOLVE, Ausgabe 12/2016, *Was können wir tun? – Das Herz eines neuen Aktivismus* (www.evolve-magazin.de/magazin-archiv/ausgabe-12-2016/).
4 ALFRED, ROBIN, in: EVOLVE, Ausgabe 28/2020, *Der Sinn des Lebens und die Krisen unserer Zeit* (www.evolve-magazin.de/magazin-archiv/ausgabe-28-2020/).
5 WHYTE, DAVID: *Start Close*, in: *River Flow – New and Selected Poems*, Langley 2015 (DAVID WHYTE liest: www.youtube.com/watch?v=030YqrN4SFc).
6 www.stiller-aufstand.de
7 EURICH, CLAUS: *Aufstand für das Leben – Vision für eine lebenswerte Erde*, Peterberg 2016. S. a. EVOLVE, Ausgabe 11/2016, *Lebendigkeit – der Impuls der alles bewegt* (www.evolve-magazin.de/magazin-archiv/ausgabe-11-2016/).
8 HAUTHAL, UTA, in: EVOLVE, Ausgabe 17/2017, *Die Postmoderne und darüber hinaus – 1968–2018* (www.evolve-magazin.de/magazin-archiv/ausgabe-17-2017/).

Kapitel 12

1 HÖLDERLIN, FRIEDRICH: *Friedensfeier*, in: *Sämtliche Gedichte und ›Hyperion‹*, Frankfurt/M. 1999.

2 https://www.evolve-magazin.de/salons/

3 www.evolve-magazin.de/evolve-livee/konferenz2020/

4 www.emerge-bewusstseinskultur.de; www.evolve-world.org

5 EVOLVE, Ausgabe 22/2019, *Soziale Achtsamkeit – Die Kraft des Beziehungsraums* (www.evolve-magazin.de/magazin-archiv/ausgabe-22-2019/).
EVOLVE, Ausgabe 06/2015, *Wir-Räume – Die Transformation unserer Beziehungen* (www.evolve-magazin.de/magazin-archiv/ausgabe-06-2015/).

6 WHYTE, DAVID, in: EVOLVE, Ausgabe 13/2017, *Liebe in Zeiten von Trump – Die radikale Kraft der Verbundenheit* (www.evolve-magazin.de/magazin-archiv/ausgabe-13-2017/).

7 Ebd.

8 SCHULZ VON THUN, FRIEDEMANN; PÖRKSEN, BERNHARD: *Kommunikation als Lebenskunst – Philosophie und Praxis des Miteinander-Redens*, Heidelberg 2016. S. a. PÖRKSEN, BERNHARD und SCHULZ VON THUN, FRIEDEMANN: *Ein Dialog über den Dialog* (www.youtube.com/watch?v=2qkw4eZxmCI).

9 CELAN, PAUL: *Rede anlässlich der Verleihung des Bremer Literaturpreises 1958*, in: *Gesammelte Werke in sieben Bänden, Dritter Band*, Frankfurt/M. 2000.

10 BUBER, MARTIN: *Das dialogische Prinzip*, Gerlingen 1992.

11 *Neues Testament*, Matthäus 18:20.

12 STEININGER, THOMAS; DEBOLD, ELIZABETH: *Emergent dialogues – Dialog-Praxis und das Higher-We – Eine Einführung*, Frankfurt/M. 2020.

AUSBLICK

1 OLIVER, MARY: *The Poetry Handbook*, Boston 1994.

2 SHIHAB NYE, NAOMI, in: *On Being* – Interview with KRISTA TIPPETT (https://onbeing.org/programs/naomi-shihab-nye-before-you-know-kindness-as-the-deepest-thing-inside/#transcript).

3 MAYRÖCKER, FRIEDERIKE: *Gesammelte Gedichte 1939–2003*, Hrsg. BEYER, MARCEL, Frankfurt/M. 2004.

ÜBER DEN AUTOR

MIKE KAUSCHKE wuchs in Brandenburg auf und vertiefte sich seit seiner Jugend ins poetische Schreiben und später in die journalistische Arbeit als Redaktionsleiter des Magazins EVOLVE. Er praktizierte Zen-Buddhismus bei Lehrern in den USA und Europa, erforschte eine integrale, transkonfessionelle Spiritualität und war als Krankenpfleger in der Palliativpflege und Hospizarbeit tätig.

Mike Kauschke ist Autor, Dichter, Redakteur, Fotograf, Übersetzer und Dialogbegleiter.